KB202002

大學
中庸
대학중용

유교경전번역총서 편찬위원회

위원장 오석원

편집위원 오석원, 이기동, 최일범

교열위원 안재순, 최영진

집필 및 교열 윤무학, 이행훈, 임옥균

대학중용

초판 1쇄 발행 2007년 2월 20일
초판 11쇄 발행 2024년 3월 29일

지은이 | 유교경전번역총서 편찬위원회
펴낸이 | 유지범
펴낸곳 | 성균관대학교 출판부

등 록 | 1975년 5월 21일 제1975-9호
주 소 | 03063 서울특별시 종로구 성균관로 25-2
전 화 | 760-1252~4
팩 스 | 762-7452
홈페이지 | press.skku.edu

ⓒ 2007, 유교문화연구소

값 18,000원

ISBN 978-89-7986-705-3 93140
ISBN 978-89-7986-673-5(세트)

* 잘못된 책은 구입한 곳에서 교환해드립니다.

대학중용

유교경전번역총서 3

大學中庸

유교문화연구소 옮김

성균관대학교
출 판 부

간행사

경전이란 인류의 지혜의 총화이며, 그것이 인류에게 미친 영향은 아무리 강조해도 지나치지 않을 것입니다. 유교의 사서삼경, 불교의 불경, 기독교의 성경, 이슬람교의 코란이 인류의 역사에 미친 영향을 생각해보면 쉽게 알 수 있을 것입니다. 인류가 경전의 새로운 해석을 통해서 앞날을 개척해 갔던 사실을 우리는 역사에서 많이 볼 수 있습니다.

근대 이전에 동양사회에서 유교의 사서삼경은 사람들에게 생각과 행동의 틀을 제시해 주는 중요한 역할을 하였습니다. 그러나 서양의 사상과 과학· 기술이 근대 이후의 동양사회를 지배하면서 유교의 경전들은 무시되거나 심지어 해로운 것으로까지 매도되기에 이르렀습니다. 급변하는 내외적 상황에 의해 재해석될 여지까지 빼앗기고 사장되어 버렸다고 해도 과언이 아닐 것입니다. 다행히 21세기를 맞이한 오늘날 유교경전에 대한 사람들의 인식이 바뀌고, 또한 그 재해석의 필요성을 느끼고 있는 것은 반가운 일입니다.

이러한 시점에서 우리 성균관대학교 유교문화연구소에서 사서삼경의 번역을 새로이 내놓게 되었다는 소식을 접하고 총장으로서 매우 기쁘고, 큰 기대를 갖게 되었습니다. 이번 번역은 조선 말기의 사서삼경 해설을 발굴하여 그것을 중심으로 번역하고 해설한 것이라고 합니다. 이 총서의 간행이 유교문화연구소에서 장기적으로 계획하고 있는 『표준 사서삼경』 간행의 주춧돌이 될 것이라고 확신합니다.

한편으로 사서삼경 번역본을 우리 성균관대학교에서 순차적으로 간행하게 될 것은 더욱 뜻깊은 일이라고 할 수 있습니다. 유교적 이상사회를 건설하려고 했던 조선조 최고의 교육기관으로서, 퇴계 · 율곡을 비롯해서 우리나라의 정신사에서 빼놓을 수 없는 수많은 인재를 양성했던 성균관의 맥을 성균관대학교가 계승하고 있기 때문입니다. 아무쪼록 이 번역총서의 발간을 통해 조선 말의 유학자들이 사서삼경을 어떤 눈으로 보았

는지를 알게 되는 동시에, 현재 우리가 어디에 있는가를 다시금 생각해 보는 계기가 되기를 바랍니다.

금년 『논어』·『맹자』에 이어 『대학·중용』이 발간됨을 진심으로 축하드리며, 넉넉하지 못한 살림살이에도 불구하고 의욕적으로 일을 기획하고 추진하신 유교문화연구소 오석원 소장님, 그리고 실무를 담당하여 수고한 연구진 여러분께 감사와 격려를 함께 보냅니다.

2007년 새해를 맞으며
성균관대학교 총장
서 정 돈

『유교경전번역총서』를 발행하며

유교문화연구소는 2000년 3월 1일 성균관대학교 동아시아학술원 내에 본교의 건학이념인 유교사상을 중심으로 하여 동아시아 문화 전반을 연구함으로써 유교의 현대화를 통하여 인류문화에 이바지 하려는 목적으로 설립되었다. 그동안 유교의 현대화를 위한 구체적인 방안을 모색하고 제반 학문영역과의 학제적 만남을 위해 국내외 학술대회를 지속적으로 개최하여 왔으며, 『유교문화연구』와 『연구총서』 등을 간행하여 유교에 관한 연구업적들을 축적하여 왔다.

그러나 유학사상의 본질을 올바르게 이해하기 위해서는 무엇보다도 먼저 유교경전에 대한 바른 이해가 선행되어야 하며, 이를 위해서는 경전에 대한 번역이 중요함은 재언의 여지가 없을 것이다. 유교의 현대화 작업을 위한 필수적인 사업은 현대인이라면 누구나 쉽게 읽을 수 있는 표준 유교경전 번역서의 간행이라고 할 수 있겠다. 그러므로 본 연구소에서는 이러한 표준 번역서들을 간행하기 위해 장기적인 경전번역사업 계획을 수립하고 이를 추진하고 있다.

유교의 여러 경전 가운데에서도 특히 『논어』, 『맹자』, 『대학』, 『중용』 등의 사서(四書)가 그 중심을 이루고 있다. 그러므로 경전번역의 첫 단계로 우선 사서(四書)에 대한 주자(朱子)의 해석을 올바르게 이해할 수 있는 바탕을 마련하기 위해 관본 언해본을 기본으로 한 조선시대의 경전 번역본을 선정하고, 이를 현대어로 다시 바꾸는 제2의 창작 작업 끝에 『논어』와 『맹자』에 이어 『대학·중용』을 간행하게 되었다.

그 동안 사서(四書)에 대한 번역서들이 수없이 많이 나왔으나, 몇몇의 역저들을 제외하고는 대부분 일본어판의 글을 차용하거나 자의적인 해설에 의존한 글들이 대부분을 차지하고 있다. 좀 더 정확하고 완전한 번역이 요청되는 시점에서 무엇보다도 먼저 조선의 선비들이 읽었던 내용으로서 철저히 주자의 주석에 근거한 사서번역을 염두에 두고 이 책을 선정하였던 것이다.

본서의 특징은 주자의 경전해석에 충실한 내용으로 이루어져 있다는 점이다. 유교 경전에 대해서 다양한 주석이 있으므로 주자의 주석만을 고집할 수는 없으며 학자들 간에는 주자학의 한계를 언급하는 경우도 있다. 그러나 주자의 주석을 기본으로 이해하지 않고는 유교경전의 본질에 올바르게 접근할 수 없으며, 주자학을 외면한 경전이해가 자칫 유학의 본질을 더 크게 오도할 수 있는 점도 유의해야 할 것이다.

따라서 본『유교경전번역총서』시리즈는 주자의 주석에 근거하여 경전의 난해한 부분들에 대해 명료하면서도 쉽게 해석하고 있으며, 또한 의해(義解)와 요지(要旨) 등을 통해 문장의 대의를 올바르게 이해할 수 있는 장점을 갖추고 있어 일반 번역서들과 다른 특징이 있다. 그러므로 사서의 본질을 올바르게 이해하고자 하거나 사서를 가르치고자 하는 사람들이 제일 먼저 읽어야 할 기본이 되는 필독서라고 생각한다.

물질문명의 발달로 인해 정신적 도덕의 위상이 추락의 위기를 맞이하고 있는 현재의 상황에 비추어 볼 때, 새로운 정신문화가 절실히 요구되는 상황에서 이 책이 주는 의미는 매우 크다고 하겠다. 오늘날 유학사상에 대한 관심과 전통문화에 대한 이해와 연구의 폭이 점차 확대되어 가고 있는 터에 본 번역총서의 발행이 다소 늦은 감이 있으나, 이제서나마 사서(四書)를 완간하게 된 것은 매우 다행스러운 일이라고 생각한다.

끝으로 본 사서의 완간을 위해 애쓴 편집위원 및 집필에 수고하신 여러 선생님들에게 거듭 감사의 뜻을 전하고, 아름다운 책으로 만들어준 성균관대학교 출판부의 노고에 진심으로 감사하는 바이다.

2007년 1월

유교문화연구소 소장 오석원

일러두기

1. 이 책은 관본 언해본『대학 · 중용』를 기본적인 대본으로 하고,『대학 · 중용』의 원문 해석 및 이 책의 내용은 1985년 오성사(旿晟社)에서 영인한『언해사서(諺解四書)』와 2003년 성지학사(聖志學社)에서 영인한『유교경전언해총서(儒教經典諺解叢書)』, 그리고 1965년 성균관대학교(成均館大學校) 대동문화연구원(大東文化研究員)에서 영인한 내각본(內閣本)『경서(經書)』 등을 참고하였다.

2. 이 책의 언해와 토는 관본 언해본의 언해와 토를 위주로 하였으며, 율곡 및 퇴계의 언해와 토를 참조하였다.

3. 번역은 원문에 충실하게 하되, 주자의 주를 기본으로 해서 번역하여 조선시대 성리학자들의 유교경전에 대한 입장을 이해하는데 도움이 될 수 있도록 하였다. 특히 이 책은『주자집주』를 따르는 입장에서『사서집성(四書集成)』,『사서석의(四書釋義)』,『왕정사서(汪訂四書)』 등을 기본으로 하여 번역하였다.

4. 이 책의 내용은 원문, 언해, 직역, 자해, 의해, 요지의 순으로 구성되어 있다.

5. 원문은 한자의 정확한 쓰임과 유교경전에서 쓰이고 있는 한자의 본음에 대한 이해 및 성독을 위해 전통적으로 사용된 한자음을 각 글자 위에 붙였다.

6. 직역은 원문에 충실하게 하되 현대 한국어의 맞춤법에 근거하여 번역하였다.

7. 경전강독에 도움이 되도록 하기 위하여 직역 하단에 원문의 난해자(難解字)에 대한 자해를 첨가하였다.

8. 각 장의 문장에는 원문의 뜻을 성리학적 입장에서 이해할 수 있는 의해와 각 장의 대의를 알 수 있는 요지를 실었다. 의해와 요지는 오성사(旿晟社)에서 영인한 『언해사서』에 실린 것을 주로 참조하여 현대적 의미로 풀었다.

9. 각 편의 장수(章數)는 아라비아 숫자로 표시하였다.

10. 이 책의 사용 부호는 다음과 같다.

- • : 자해에서 새로운 난자어 표시.
- ◑ : 의해에서 각 장의 새 절에 대한 표시.

目 次

중용(中庸)

大學

대학장구서(大學章句序)

대학의 글은 옛날 태학에서 사람을 가르치던 법이다.

주 : 이상은 첫째 절로서 이 서문의 요지이다. 위의 대학은 이 글을 말하고, 아래 태학은 학교를 말한다.

대개 하늘이 사람을 낳을 때부터 이미 인의예지의 성품을 주지 않음이 없지만,

주 : 인(仁)은 온화하고 자애하는 도리이고, 의(義)는 결단하고 제재하는 도리이며, 예(禮)는 공경하고 준절(撙節)하는 도리이고, 지(智)는 옳고 그름을 분별하는 도리이다.

그 품수 받은 기운과 바탕이 간혹 서로 같지 않기 때문에, 모든 사람이 그 성품이 있는 것을 알아서 온전하게 할 수 있는 것은 아니다.

주 : 기운에는 맑고 흐린 것이 있다. 맑은 자는 (본래의 성품이 내게 있음을) 알 수 있고, 흐린 자는 알지 못한다. 바탕에는 순수하고 잡된 것이 있으니, 순수한 자는 (내게 있는 본래의 성품을) 온전하게 할 수 있고, 잡된 자는 온전히 할 수 없다.

만일 한 번이라도 총명하고 예지(叡智)하여 그 성품을 (온전하게) 다 (발휘)할 수 있는 자가 그 사이에 나오게 되면,

주 : 총(聰)은 귀가 밝은 것이고, 명(明)은 눈이 밝은 것이며, 예(睿)는 통하여 밝음이요, 지(智)는 지혜로움이다.

곧 하늘이 반드시 그에게 명하여 만백성의 임금과 스승으로 삼아서,

그로 하여금 다스리고 가르쳐서 그 성품을 회복하게 하니, 이것이 복희(伏羲)와 신농(神農)과 황제(黃帝)와 요(堯)와 순(舜)이 하늘을 이어 극(極 : 궁극적인 기준과 법칙)을 세운 소이이며, 사도(司徒)의 벼슬과 전악(典樂)의 관원이 설치된 이유이다.

주 : 복희(伏羲)·신농(神農)·황제(黃帝)·요(堯)·순(舜)은 모두 옛 성인이다. 극(極)은 황극(皇極)의 극(極)으로, 본래 집의 대들보이니 지극히 높고 지극히 가운데 됨을 비유한 것이다. 사도(司徒)는 오륜을 가르치는 벼슬로서 백성을 통할(統轄)하여 가르치고, 전악(典樂)은 풍류를 맡은 관원으로서 오로지 맏아들을 가르친다.

삼대(三代)의 융성하던 시기에 그 법이 점점 갖추어진 뒤에, 임금의 궁과 나라의 도읍으로부터 여항(閭巷)에 이르기까지 학교가 없는 곳이 없어서, 사람이 태어나 여덟 살이 되면 왕공(王公)으로부터 아래 서인의 자제에 이르기까지, 모두 소학에 들어가게 하여 쇄소(灑掃)·응대(應對)·진퇴(進退)의 절차와 예(禮)·악(樂)·사(射)·어(御)·서(書)·수(數)의 글을 가르치고,

주 : 삼대(三代)는 하(夏)나라와 은(殷)나라와 주(周)나라를 말한다. 쇄(灑)는 물을 땅에 뿌려 티끌을 적시는 것이고, 소(掃)는 비로 티끌을 쓰는 것이며, 응(應)은 옳게 여겨 허락하는 것이고, 대(對)는 대답하여 진술하는 것이며, 진퇴(進退)는 부모님이 계신 곳에서 나아가고 물러감에 공경하고 삼가는 것이다. 예(禮)는 도수(度數)와 절문(節文)이니, 길례(吉禮)는 열두 가지요 흉례(凶禮)는 다섯 가지요, 빈례(賓禮)는 여덟 가지요, 군례(軍禮)는 다섯 가지요, 가례(嘉禮)는 여섯 가지이다. 풍류는 육악(六樂)이니 첫째는 운문(雲門)이요, 둘째는 함지(咸池)요, 셋째는 대소(大韶)요, 넷째는 대하(大夏)요, 다섯째는 대호(大濩)요, 여섯째는 대무(大武)이다. 사(射)는 오사(五射)이니 첫째는 백시(白矢)요, 둘째는 삼련(三連)이요 셋째는 섬주(剡注)요, 넷째는 양척(襄尺)이요, 다섯째는 정의(井儀)이다. 어(御)는 오어(五御)이니 첫째는 명화란(鳴和鸞)이요, 둘째는 축수곡(逐水曲)이요, 셋째는 과군표(過君表)요, 넷째는 무교구(舞

交衢)요, 다섯째는 축금좌(逐禽左)이다. 서(書)는 육서(六書)이니 첫째는 상형(象形)이요, 둘째는 회의(會意)요, 셋째는 전주(轉注)요, 넷째는 처사(處事)요, 다섯째는 가차(假借)요, 여섯째는 형성(形聲)이다. 수(數)는 구수(九數)이니 첫째는 방전(方田)이요, 둘째는 속포(粟布)요, 셋째는 최분(衰分)이요, 넷째는 소광(少廣)이요, 다섯째는 상공(商功)이요, 여섯째는 균수(均輸)요, 일곱째는 영눅(盈朒)이요, 여덟째는 방정(方程)이요, 아홉째는 구고(句股)이다.

열다섯 살이 되면, 곧 천자의 원자(元子)와 중자(衆子)로부터 공(公)·경(卿)·대부(大夫)·원사(元士)의 맏아들과 일반 백성 가운데 준수한 자에 이르기까지 모두 태학에 들어가게 하여, 이치를 궁구하고 마음을 바르게 하고 몸을 닦고 사람을 다스리는 도를 가르치니, 이것이 또한 학교의 가르침에 크고 적은 절차가 나누어진 이유이다.

주 : 원자(元子)는 천자의 대를 이어서 천하를 다스릴 사람이요, 중자(衆子)는 제후가 될 사람이요, 공(公)과 경(卿)과 대부(大夫)와 원사(元士)의 맏아들은 장차 국가의 직책을 맡을 사람이요, 백성의 준수한 자는 장차 국가를 도와 다스릴 사람이다.

무릇 학교의 설치가 그 넓음이 이와 같고, 가르치는 법의 차례와 절목의 자세함이 또한 이와 같지만, 가르치는 것은 또 모두 임금이 몸으로 행하고 마음으로 얻은 것이 밖으로 넘쳐나는 것에 기초하고, (그 내용은) 백성들의 일상에 필요한 떳떳한 윤리이다. 그러므로 당세의 사람들이 배우지 않은 이가 없고, 그 배우는 자가 그 성분(性分)의 고유한 바와 직분의 당연한 바를 알아서 각각 힘써 힘을 다하지 않음이 없었다. 이것이 옛날 융성할 때에 위로 다스림이 융성하고 아래로 풍속이 아름다웠던 까닭이니, 후세가 (이에) 미칠 수 있는 바가 아니다.

주 : 이상은 둘째 절이니, 옛적에 사람을 가르치는 법의 처음과 끝을 말한 것이며, 소학을 겸하여 말하였다.

옛 주나라가 쇠함에 현성(賢聖)한 임금이 나오지 않고, 학교의 정사(政事)가 닦여지지 못하여, 교화가 능이(陵夷)하고 풍속이 퇴패(頹敗)하니,

주 : 능(陵)은 작은 산이요, 이(夷)는 평평함이니, 언덕이 떨어지고 무너져서 점점 평지와 같이 평평하게 됨을 말한다.

이 때에는 공자와 같은 성인이 계셨지만, 임금과 스승의 지위를 얻어서 그 정사와 가르침을 행하지 못하였다. 이에 홀로 선왕의 법을 취하여 외워 전하시어 후세에 알리셨으니, 「곡례(曲禮)』·「소의(小儀)」·「내칙(內則)」·「제자직(弟子職)」과 같은 여러 편은 진실로 소학의 지류(支流)와 여예(餘裔)요,

주 :「곡례」·「소의」·「내칙」은 『예기(禮記)』의 편 이름이요, 제자직은 『관자(管子)』의 편 이름이다. 지류(支流)는 물이 가닥으로 흘러 나감이요, 여예(餘裔)는 옷깃의 끝이다. 혹자는 말하기를, 지(支)라고 하는 것은 나무의 끝이요, 류(流)라 하는 것은 물의 끝이요, 여(餘)라 하는 것은 밥[食]의 끝이요, 예(裔)라 하는 것은 옷[衣]의 끝이라고 한다.

이 편은 소학이 이룬 공(功)을 바탕으로 대학의 밝은 법을 나타내니, 밖으로는 그 규모의 큼을 극진하게 함이 있고, 안으로는 그 절목의 자세함을 다함이 있다. 삼천의 무리가 대개 그 말씀을 듣지 않은 이가 없지만, 증씨(曾氏)의 전(傳)함이 홀로 그 종지(宗旨)를 얻었고, 이에 전의(傳義)를 지어서 그 뜻을 발명하였다.

주 : 규모(規模)의 큰 것은 삼강령(三綱領)을 말하고, 절목의 자세함은 팔조목(八條目)을 말한다. 삼천의 무리는 공자 제자의 수효이다. 증씨(曾氏)는 공자 제자이니 이름은 삼(參)이요, 자(字)는 자여(子輿)이다. 전의(傳義)는 증자(曾子)가 대학의 전(傳) 십장(十章)을 지어서 공자의 뜻을 발명(發明)한 것이다.
◑ 이상은 셋째 절이니, 대학의 글이 지어진 까닭을 말한 것이다.

맹자가 몰(歿)함에 이르러 그 전함이 끊겼으니, 비록 그 글은 있더라도 아는 자가 적었다. 그 이후부터는 속된 선비가 기송(記誦)과 사장(詞章)을 익히는 공이 소학보다 배가 되었지만 쓸 것이 없었고, 이단(異端)의 허무(虛無)·적멸(寂滅)의 가르침은 그 높음이 대학보다 더하였지만 실상이 없었으며,

주 : 맹자의 이름은 가(軻)요, 자(字)는 자여(子輿)이다. 기송(記誦)은 입과 귀의 배움이니, 한(漢)나라 정강성(鄭康成)과 송나라 류원보(柳原父)와 같은 등속이다. 사장(詞章)은 가지와 잎사귀의 글이니, 한(漢)나라 사마상여(司馬相如)와 당(唐)나라 류종원(柳宗元)과 같은 등속이 모두 하던 것이다. 이단(異端)은 성인의 도가 아닌 것으로서 따로 한 끝이 되는 것이고, 허무(虛無)는 노자(老子)의 가르침이요, 적멸(寂滅)은 불씨(佛氏)의 가르침이다.

기타 권모(權謀)와 술수(術數)의 일체 공명(功名)에 나아가는 말과, 백가(百家)와 중기(衆技)의 부류가 세상을 미혹시키고 백성을 속여, 인의를 덮어 막는 자들이 또한 분분하게 그 사이에 섞여 나와서,

주 : 권모(權謀)와 술수(術數)는 제(齊)나라의 관중(管仲)과 진(秦)나라 상앙(商鞅)과 같은 등속이요, 백가중기(百家衆技)는 농(農)과 포(圃)와 의(醫)와 복(卜)과 같은 등속이다.

군자로 하여금 불행히도 큰 도의 중요함을 들을 수 없게 하고, 소인으로 하여금 불행히도 그 지극한 다스림의 은택을 입을 수 없게 하여, 회맹(晦盲)하고 비색(否塞)하며, 반복(反覆)하고 침고(沈痼)하여, 오계(五季)가 쇠(衰)함에 이르러서는, 무너지고 어지러움이 극에 달하였다.

주 : 회맹(晦盲)은 달이 그믐 같고 눈이 소경 같으며, 비색(否塞)은 기운이 응체된 것 같고 냇물이 막힌 것과 같다. 회맹은 도가 밝지 않음을 말함이요, 비색은 도가 행해지지 못함을 말한다. 반복(反覆)은 엎치고 뒤집어짐이요, 침고(沈痼)는 물에 잠겨 뜨지 못하고 병들어 낫지 못한다는 뜻이다. 오계(五季)는 후량

(後梁)・후당(後唐)・후진(後晋)・후한(後漢)・후주(後周) 다섯 나라의 시대이다.

하늘의 운수는 순환하여, 가서 돌아오지 않음이 없기 때문에, 송나라의 덕이 높고 성하여 다스리고 가르침이 아름답고 밝았다. 이에 하남(河南)에 정씨(程氏) 두 부자(夫子)가 나와서 맹씨(孟氏)의 전함을 접하였다.

주 : 하남(河南)은 지명이다. 정씨(程氏) 두 부자(夫子) 가운데 형의 이름은 호(顥), 자(字)는 백순(伯淳), 호(號)는 명도(明道)이고, 아우의 이름은 이(頤), 자는 정숙(正叔), 호(號)는 이천(伊川)이다.

진실로 처음으로 이 대학편을 높이고 믿어서 표장(表章)하고, 또 그것을 위하여 그 간편(簡編)을 차례로 하여 그 돌아가는 의취(意趣)를 밝게 드러내었다.

주 : 표장(表章)은 정자(程子)가 본래 『예기』의 한 편이었던 『대학』을 특별히 뽑아내어 높여 믿고 그 착란된 글장을 정돈하여 그 뜻을 발명한 것을 말한다.

그런 후에 옛 태학에서 사람을 가르치던 법과 성경(聖經)과 현전(賢傳)의 뜻이 찬연하게 다시 세상에 밝아졌으니, 비록 나[熹]의 불민함으로도 다행히 사숙(私淑)하여 참여하여 들을 수 있었다.

주 : 성경(聖經)은 경 1장을 가리키고, 현전(賢傳)은 전 10장을 가리킨다. 사숙(私淑)은 그윽이 착하였다는 뜻이다. 일찍이 맹자는 공자에게 직접 배우지 못하고 두 번 전한 자사(子思)에게 배웠기 때문에 그윽이 착함을 사람에게서 취하였다고 말하였고, 주자(朱子)도 정자에게 직접 배우지 못하고, 세 번 전한 이연평(李延平)에게 배웠기 때문에 사숙이라고 말한 것이다.

돌아보건대 그 글이 아직도 자못 방실(放失)되어 있기 때문에, (내 자신의 견해가) 고루한 것도 잊고 (여러 가지를) 캐어 모으고, 사이에 또한 그윽이 나의 뜻을 부쳐서 그 빠진 부분을 보충해서 뒤의 군자를 기다리노니, 지극히 참람되고 분수를 넘어서 죄를 피할 바가 없는 줄을 알지만, 국가가 백성을 교화하고 풍속을 이루려는 뜻과, 배우는 자의 몸을 닦고 사람을 다스리는 방법에 있어서는 조금의 도움이 없지는 않을 것이다.

주 : 이상은 네 번째 절로서, 장구(章句)가 지어진 까닭을 말한 것이다.

순희(淳熙) 기유(己酉) 이월(二月) 갑자(甲子)에 신안(新安) 주희(朱熹)는 서(序)하노라.

주 : 순희(淳熙)는 송(宋)나라 효종(孝宗)의 연호(年號)이고, 신안(新安)은 주자(朱子)의 성향(姓鄉)이다.

子程子曰 大學은 孔氏之遺書而初學入德之門也라 於今에 可見古人爲學次第者는 獨賴此篇之存이요 而論孟次之하니 學者必由是而學焉이면 則庶乎其不差矣리라

| 직역 |

정자께서 말하였다. "『대학』은 공씨(孔氏)가 남긴 글이니, 처음 배우는 이가 덕에 들어가는 문이다. 오늘날 예전 사람이 학문을 했던 순서를 알 수 있는 것은 다만 이 대학편이 남아 있음에 의해서이며, 『논어』와 『맹자』는 그 다음의 단계이다. 배우는 자가 반드시 이로 말미암아 배운다면 거의 어긋나지 않을 것이다."

| 자해 |

子程子 : 『춘추공양전』 주석에 보이는 '자심자(子沁子)'라 하는 전례에 따라 '程子' 위에 '子'를 더함으로써 배우는 자가 선유를 높여 스승으로 칭한 것.

경 1 장

經一章

대 학 지 도 재 명 명 덕 재 신 민 재 지 어 지 선
大學之道는 在明明德하며 在親民하며 在止於至善이니라

| 언해 |

大學의 道ᄂᆞᆫ ᄇᆞᆰ은 德을 ᄇᆞᆰ킴애 이시며 民을 새롭게 ᄒᆞᆷ애 이시며 지극ᄒᆞᆫ 善에 止ᄒᆞᆷ애 인ᄂᆞ니라

| 직역 |

대학의 도는 밝은 덕을 밝힘에 있고, 백성을 새롭게 함에 있으며, 지극히 착함에 그치는 데에 있다.

| 자해 |

親 : 정자는 마땅히 '신(新)'자로 써야 한다고 함. • 大學 : 대인(大人)의 학문 • 明 : 밝히다. • 明德 : 사람이 하늘에서 얻어서 비고〔虛〕 신령〔靈〕하며 어둡지 아니하여 그것으로 모든 이치를 갖추고 만 가지 일에 응함. • 新 : 예전 것을 변화시키다. • 止 : 이르러서 옮기지 않는다. • 至善 : 사리(事理)의 지극히 당연함. • 道 : 여기서는 '방법'의 뜻.

| 의해 |

하늘의 도가 흘러 행하여 만물을 발육할 때에, 그를 만들어내는 것이 음양과 오행이다. 그러나 음양과 오행이라고 하는 것도 반드시 이치가 있은 뒤에 기운이 있고, 만물을 내는 때에 이르러서는 반드시 기운이 모아진 뒤에 그를 바탕으로 형상이 있게 된다. 그러므로 사람과 사물이 생겨날 때에는, 반드시 이치를 얻어 건(乾 : 乾은 陽이다) · 순(順 : 順은 陰이다)과 인(仁) · 의(義) · 예(禮) · 지(智)의 성품이 되고, 반드시 기운을 얻어서 혼(魂) · 넋[魄]과 오장(五臟) · 백해(百骸)의 몸이 된다. 주자(周子 : 이름은 敦頤, 字는 武叔, 號는 濂溪)의 이른바 무극(無極)의 진리와 음양 · 오행의 정기가 묘하게 합하여 엉긴다는 것이 바로 이것을 말한다. 이치로써 말한다면, 만물이 하나의 근원이기 때문에, 진실로 사람과 사물의 귀하고 천함에 다름은 없다. 그러나 기운으로써 말한다면, 바르고 통한 것을 얻은 것은 사람이 되고, 한쪽으로 편벽되고 막힌 것을 얻은 것은 사물이 된다. 그러므로 혹은 귀하고 혹은 천하여 가지런하지 못하다. 이렇게 천하여 사물이 된 것은 이미 형상과 기운이 한쪽으로 편벽되고 막힌 것에 한정되어 본체의 온전함을 채우지 못하고, 오직 사람만이 바르고 통한 기운을 얻어서 가장 귀한 성품이 된다. 그러므로 방촌(方寸) 사이에 비고[虛] 신령하고[靈] 환하게 통(通)하여 만 가지 이치가 다 갖추어졌다. 대개 사람이 금수와 다른 점이 바로 여기에 있고, 요(堯)와 순(舜)이 되고, 천지에 참여하고, (만물을) 만들어내고 기르는 일에 동의하여 도와줄 수 있는 것도 여기에서 벗어나지 않는다. 이것이 곧 이른바 명덕(明德)이다. 그러나 통한 것에도 혹 맑고 흐림의 다름이 없을 수 없고, 또한 바른 것에도 혹 아름답고 추함의 차등이 없을 수 없다. 따라서 타고난 기질이 맑은 자는 지혜가 있고, 흐린 자는 미련하며, 아름다운 자는 어질고, 추한 자는 불초(不肖)하다. 그러나 그 가운데에도 또한 같지 않은 자가 있으니, 반드시 상등(上等)의 지혜와 크게 어진 이의 자품(資品)이라

야 본체를 온전히 할 수 있어서 조금도 밝지 않음이 없다. 이에 미치지 못하면 이른바 명덕이란 것이 이미 가려져서 온전함을 잃지 않을 수 없는데, 하물며 기질에 가려진 마음으로써 사물의 무궁한 변화에 접하면, 눈이 색을 좋아하고자 하는 것과, 귀가 소리를 듣고자 하는 것과, 사지가 편안하고자 함이 덕에 해가 되는 것을 어찌 이루다 말할 수 있겠는가? 그러므로 기질과 물욕의 두 가지가 서로 바탕이 되어 엎치락뒤치락하여 깊고 굳어지니, 이에 밝은 덕이 날로 더욱 어둡고 희미해지고, 신령한 마음으로 아는 것은 정욕과 이해(利害)의 사사로운 것뿐이다. 따라서 비록 사람의 모습을 가지고 있다고 말할 수 있을지라도, 실상은 어떻게 금수와 큰 차이가 있겠으며, 비록 요순이 되고 천지에 참여한다고 말할 수 있다고 하지만, 스스로 설 수가 없다. 그러나 근본이 밝은 체(體)는 하늘에서 얻어온 것으로서 끝내 어둡게 할 수 없다. 그러므로 비록 아주 심하게 어두워지고 가려졌다 하더라도, 잠깐 동안이라도 한 번의 깨달음이 있으면, 빈 틈 가운데로 나아가서 명덕의 본체가 명확해진다. 그러므로 성인이 가르침을 베풀 때, 이미 소학으로 기르고 다시 대학의 도로 열어주는 것이다. 반드시 격물치지(格物致知)를 먼저 말하는 것은 사람들로 하여금 기른 것 가운데에서도 드러난 바를 바탕으로 (밝히도록) 밝히는 단서를 열어주기 위한 것이요, 이어서 성의(誠意)·정심(正心)·수신(修身)의 조목을 말하는 것은 사람들로 하여금 그 이미 밝혀진 단서를 바탕으로 몸에 돌이켜서 밝히는 실상을 이루게 하고자 함이다. 대개 이미 밝히는 단서를 열고 또한 밝히는 실상을 이루면, 곧 내가 하늘로부터 얻어온 것으로 일찍이 밝지 아니함이 없던 것이 초연히 기질과 물욕의 누(累)가 없게 되어서, 다시 본체의 온전함을 얻게 될 것이다. 이것이 이른바 명덕을 밝히는 것이니, 나의 성품 밖에서 조작하는 것이 아니다. 이른바 명덕이라는 것은 모든 사람이 똑같이 얻은 것이요, 내가 사사롭게 할 것이 아니다. 이전에 (다른 사람이나 나나) 똑같이 물욕에 의해 가려졌을 때에는, 어질고 어리석은 것이 크게 서로 다를 것이 없다가, 이제 내가 다행히 스스로 (명덕을) 밝히고 보니, 모든 사람들이 똑 같이 이것을 얻고서도, 스스로 밝히지 못한 자가 바야흐로 마음에 달게 여기고, 미혹하여, 낮고, 더럽고, 구차하고, 천한 가운데에 빠져서 스스로 알지 못하는 것을 보건대, 어찌 측은히 여겨 구원하고자 생각하지 않겠는가? 그러므로 반드시 내가 스스로 밝힌 것을 미루어 나가되, 집을 가지런히 하는 일을 처음으로 삼고, 나라를 다스리는 일을 중간으로 삼고, 천하를 화평하게 하는 일을 마침으로 삼아, 저 명덕을 두고 스스로 밝히지 못하는 자로 하여금 모두 스스로 밝혀서, 예전의 물들어 더러운 것을 버리게 하니, 이것이 이른바 백성을 새롭게 하는 것인데, 이 또한 붙여주고 더하여 준 것은 아니다. 그러나 내 몸의 덕을 마땅히 밝히는 것과, 백성을 마땅히 새롭게 하는 일이 모두 사람의 힘으로 할 수 있는 것이 아니요, 내가 밝히고 새롭게 하는 것도 사사로운 뜻으로 구차 하게 하는 것이 아니다. 하늘에서 얻어서 날마다 쓰는 사이에 보이는 것에는 진실로 각각 근본과 (그것이) 그러할 수밖에 없는 일정한 법칙이 있는데, 이것은 지극히 정미한 의리로서 이름을 붙일 수 없기 때문에 지선(至善)이라고 지목한 것이다. 전(傳)에 이른바 임금의 인(仁)과, 신하의 공경함과, 아들의 효도함과, 아비의 사랑과, 다른 사람과 사귀는 신(信)은 (그것에 관한) 큰 조목이다. 이것은 모든 사람의 마음에 진실로 없지 않음이 없지만, 혹 알지 못하고, 배우는 자는 혹 알더라도 반드시 지선에 이르러서 굳게 지키고 옮기지 아니하는 이가 드물다. 따라서 이치가 비록 대강은 회복되었지만 순전하지 않음이 있고, 또한 몸의 사사로움을 대강 이겼지만 다하지 못할 수 있다. 이것이 대학의 가르침을 일삼는 자가 장차 몸을 닦고 사람을 다스리는 도의 극진함이 없을까 염려하는 이유이다. 그러므로 반드시 지선을 가르쳐서 그것으로 명덕과 신민의 표준을 삼는다면, 덕을 밝히고 백성을 새롭게 하고자 하는 자가 진실로 이에 이르기를 구하여, 조금도 과불

급(過不及)에 어그러짐이 없게 된다. 이렇게 한다면 인욕을 버리고 천리를 회복하는 일에 터럭만큼도 유한(遺恨)이 없을 것이다. 대개 「대학」 한 편의 뜻을 총합하여 말하면 여덟 조목에 지나지 않고, 여덟 조목의 요지를 총합하여 말하면 세 가지에 지나지 않으니, 이것이 대학의 강령이 된다.

지지이후 유정 정이후 능정 정이후 능
知止而后에 有定이니 定而后에 能靜하고 靜而后에 能
안 안이후 능려 려이후 능득
安하며 安而后에 能慮하고 慮而后에 能得이니라

| 언해 |

止홀ᄃᆡ를 안 后에 定홈이 인ᄂᆞ니 定ᄒᆞᆫ 后에 能히 靜ᄒᆞ며 靜ᄒᆞᆫ 后에 能히 安ᄒᆞ며 安ᄒᆞᆫ 后에 能히 慮ᄒᆞ며 慮ᄒᆞᆫ 后에 能히 得ᄒᆞᄂᆞ니라

| 직역 |

그칠 곳을 안 뒤에 정(定)함이 있으니. 정한 뒤에 고요할 수 있고, 고요한 뒤에 편안할 수 있으며, 편안한 뒤에 생각할 수 있고, 생각한 뒤에 얻을 수 있다.

| 자해 |

止 : 마땅히 그칠 곳, 곧 지극히 착함. • 定 : 뜻에 일정한 방향이 있음. 靜 : 마음이 망령되이 움직이지 않음. • 安 : 처한 곳에 편안함. • 慮 : 일을 처리함이 정밀하고 자세함. • 得 : 그칠 곳을 얻음.

| 의해 |

명덕(明德)과 신민(新民)을 어떻게 하면 지극한 선에 이르러 머

물게 할 수 있을까? 반드시 먼저 이치를 궁구하고 사물을 살피되 (그 일에) 오래 동안 힘써서 (마침내 그 이치와 사물에) 무르익어 통하여서, 명덕과 신민이 마땅히 그쳐야 할 바를 참되게 알면, 이치를 보는 일이 밝아질 것이다. 그런 뒤에야 뜻을 쓰는 일이 나누어지지 않아서, 확실하게 일정한 방향이 정해질 수 있다. 뜻이 (확고하게) 정(定)해지면, 마음은 오직 지극히 착한 것을 주장하여, 바깥 사물에 의해 흔들리지 않고, 이단에 의해 미혹되지 않게 되어, 고요해 질 수 있다. 마음이 고요하면, 이치에 순하게 맞아서 자연히 종용(從容)하고 한가하여, 몸이 처한 바를 따라서 편안할 수 있을 것이다. 편안하면, 날마다 쓰는 사이에 마주치는 일과 물건에 대해서는, 평상시 알고 있던 바를 바탕으로 해서, 그 곡절과 정미함을 남김없이 다 생각해 낼 수 있을 것이다. (그렇게) 생각하고 나면, 일을 따라서 이치를 보고, 깊은 것을 극진하게 하고, 기미를 연구하여, 명덕과 신민이 각각 그칠 바를 얻어서 그치게 될 것이다. 그칠 것을 얻는 것이 그칠 데를 아는 것으로부터 말미암음이 이와 같다.

물유본말 사유종시 지소선후 즉근도의

物有本末하고 事有終始하니 知所先後면 則近道矣리라

| 언해 |

物이 本과 末이 잇고 일이 終과 始ㅣ 이시니 몬져ᄒᆞ며 후에 ᄒᆞᆯ 바를 알면 곧 道애 갓가오리라

| 직역 |

물(物)에는 근본과 말단이 있고, 일에는 마침과 시작함이 있으니, 먼저 하고 뒤에 할 바를 알면 도에 가까울 것이다.

| 자해 |

本 : 명덕(明德). • 末 : 신민(新民). • 終 : 능득(能得). • 始 : 지지(知止).

| 의해 |

합해서 보면 사람과 내가 모두 물건이다. 그러나 반드시 내가 덕을 밝힐 수 있는 뒤에야 백성을 새롭게 할 수 있기 때문에 근본과 끝이 있다. 아는 것과 얻는 것이 모두 일[事]이지만, 반드시 먼저 그칠 곳을 안 뒤에야 얻을 수 있기 때문에, 마침과 시작함이 있다. 대개 이미 마침과 시작함과 근본과 끝이 있다면, 하는 일 가운데 본래 먼저하고 뒤에 할 것이 있을 것이니, 이것을 안다면 하는 일에 차례가 있게 되고, 나아가는 방향이 어그러지지 않아서, 가까운 것을 소홀히 여기고 먼 것에 힘쓰거나, 아래에 처하여 높은 것을 엿보지 않게 되어, 대학의 도에서 멀지 않을 것이다. 이것은 위 구절의 뜻을 매듭지은 것이다. 그러나 '먼저 선(先)' 한 글자가 아래 구절의 '먼저 선(先)' 일곱 글자를 일으키고, '뒤 후(後)' 한 글자가 아래 구절의 '뒤 후(後)' 일곱 글자를 일으켰으니, 이것이 바로 혈맥이 관통한다는 것이다.

고지욕명명덕어천하자 선치기국 욕치기국자
古之欲明明德於天下者는 先治其國하고 欲治其國者는
선제기가 욕제기가자 선수기신 욕수기신자
先齊其家하며 欲齊其家者는 先修其身하고 欲修其身者
선정기심 욕정기심자 선성기의 욕성기의
는 先正其心하며 欲正其心者는 先誠其意하고 欲誠其意
자 선치기지 치지 재격물
者는 先致其知하니 致知는 在格物하니라

| 언해 |

녜 ᄇᆞᆰ은 德을 天下에 ᄇᆞᆰ키고져 ᄒᆞᄂᆞᆫ 者ᄂᆞᆫ 몬져 그 나라ᄒᆞᆯ 다ᄉᆞ리

고 그 나라흘 다ᄉᆞ리고져 ᄒᆞᄂᆞᆫ 者ᄂᆞᆫ 몬져 그 집을 ᄀᆞᄌᆞ기ᄒᆞ고 그 집을 ᄀᆞᄌᆞ기 ᄒᆞ고져 ᄒᆞᄂᆞᆫ 者ᄂᆞᆫ 몬져 그 몸을 닷고 그 몸을 닷고져 ᄒᆞᄂᆞᆫ 者ᄂᆞᆫ 몬져 그 ᄆᆞᄋᆞᆷ을 正ᄒᆞ고 그 ᄆᆞᄋᆞᆷ을 正ᄒᆞ고져 ᄒᆞᄂᆞᆫ 者ᄂᆞᆫ 몬져 그 意를 誠ᄒᆞ고 그 意를 誠ᄒᆞ고져 ᄒᆞᄂᆞᆫ 者ᄂᆞᆫ 몬져 그 知를 致ᄒᆞ니 知를 致홈은 物을 格홈애 인ᄂᆞ니라

| 직역 |

옛날 밝은 덕을 천하에 밝히고자 하는 자는 먼저 그 나라를 다스렸고, 그 나라를 다스리고자 하는 자는 먼저 그 집을 가지런히 하였으며, 그 집을 가지런히 하고자 하는 자는 먼저 그 몸을 닦았고, 그 몸을 닦고자 하는 자는 먼저 그 마음을 바르게 하였으며, 그 마음을 바르게 하고자 하는 자는 먼저 그 뜻을 성실하게 하였고, 그 뜻을 성실하게 하고자 하는 자는 먼저 그 아는 것을 지극히 하였으니, 아는 것을 지극히 함은 사물의 이치를 궁구하는 데 달려 있다.

| 자해 |

心 : 몸의 주재(主宰). • 誠 : 진실함. • 意 : 마음이 발(發)하는 바. • 致 : 미루어 극진하게 함. • 知 : '알 식(識)'자와 같음, 곧 지식(知識). • 格 : 이르다. • 物 : '일 사(事)'자와 같음, 사물의 이치.

| 의해 |

이 절은 대학의 차례를 자세히 말한 것으로서 세 가지 강령의 조목이다. 격물 · 치지 · 성의 · 정심 · 수신은 명덕(明德)을 밝히는 일이요, 제가 · 치국 · 평천하는 백성을 새롭게 하는 일이다. 격물 · 치지는 지극한 선(善)을 알고자 하는 것이고, 성의로부터 평천하에 이르기까지는 지극한 선을 얻어서 (그곳에) 머물고자 하는 것이다. 이른바 명덕을 천하에 밝힌다고 하는 것은 스스로 명덕을 밝히고, (이를) 미루어서 백성을 새롭게 하여, 천하 사람으로 하여금 모두 자신의 명덕을 밝히게 하는 것이다. 사람이 모두

명덕을 밝히면, 각각 뜻을 성실하게 하고, 각각 마음을 바르게 하고, 각각 몸을 닦고, 각각 어버이를 친히 하고, 각각 어른을 어른으로 대하여, 천하가 화평하지 않음이 없을 것이다. 그러나 천하의 근본이 나라에 있기 때문에 천하를 화평하게 하고자 하는 자는 반드시 먼저 나라를 다스리고, 나라의 근본이 집에 있기 때문에 나라를 다스리고자 하는 자는 반드시 먼저 집을 가지런히 하며, 집의 근본은 몸에 있기 때문에 집을 가지런히 하고자 하는 자는 반드시 먼저 몸을 닦는 것이다. 몸을 주재하는 것은 곧 마음이니, 한 번 (몸의) 근본이 되는 마음이 바르지 못하면, 몸을 주재하는 바가 없게 되어, 비록 억지로 닦고자 하지만 또한 닦을 수 없을 것이다. 그러므로 몸을 닦고자 하는 자는 반드시 먼저 마음을 바르게 해야 하고, 마음의 발함은 곧 뜻이니, 한 번 사사로운 욕심이 그 가운데 섞여서 착한 일을 하거나 악한 것을 버리는 일에 혹 진실하지 못하면, 곧 마음이 더럽혀져서, 비록 억지로 바르게 하고자 하더라도 또한 바르게 될 수 없을 것이다. 그러므로 마음을 바르게 하고자 하는 자는 반드시 먼저 뜻을 성실하게 해야 한다. 무릇 지식이라고 함은 마음의 신명이 모든 이치를 운전하고 만 가지 일을 주재하는 것이다. 사람마다 이것이 있지 않음이 없지만, 혹 겉과 속이 투명하지 못하면 은미한 사이에 참된 것과 망령된 것이 어지러이 섞여서, 비록 억지로 성실하게 하더라도 성실하게 되지 못할 것이다. 그러므로 뜻을 성실하게 하고자 하는 자는 반드시 먼저 앎을 이르게 해야 하니, 이른다는 것은 미루어 이른다는 뜻으로, 말하자면 미루어서 극진한 곳에 이른다는 것이다. 천하의 일에는, 반드시 각각 그럴 수밖에 없는 까닭과 마땅히 그래야할 법이 있으니, 이것이 이른바 이치이다. 이것은 사람이 알지 못함이 없지만, 혹 정밀한 것・거친 것・은미한 것・드러난 것 모두를 남김없이 극진히 궁구해서 이치를 드러내지 못하면, 아는 것이 가려져서, 비록 억지로 이르고자 하나 또한 이를 수 없을 것이다. 그러므로 앎에 이르는 도는 일에 나아가서 이치를 보아서 물을 격하는 것에 있다. 격이라고 하는 것은 극진한 데에 이른다는 말이니, 궁구하여 극진한 데에 이른다는 뜻이다. 이것이 대학의 조목이니, 성인과 현인이 서로 전하여, 사람의 배우는 차례를 가르침이 지극히 자세하고 극진하다.

物格而后(물격이후)에 知至(지지)하고 知至而后(지지이후)에 意誠(의성)하며 意誠而后(의성이후)에 心正(심정)하고 心正而后(심정이후)에 身修(신수)하며 身修而后(신수이후)에 家齊(가제)하고 家齊而后(가제이후)에 國治(국치)하고 國治而后(국치이후)에 天下平(천하평)이니라

| 언해 |

物이 格ᄒᆞᆫ 后에 知ㅣ 至ᄒᆞ고 知ㅣ 至ᄒᆞᆫ 后에 意ㅣ 誠ᄒᆞ고 意ㅣ 誠ᄒᆞᆫ 后에 ᄆᆞᄋᆞᆷ이 正ᄒᆞ고 ᄆᆞᄋᆞᆷ이 正ᄒᆞᆫ 后에 몸이 닷고 몸이 닷근 后에 집이 ᄀᆞ족ᄒᆞ고 집이 ᄀᆞ족ᄒᆞᆫ 后에 나라히 다술고 나라히 ᄃᆞ순 后에 天下ㅣ 平ᄒᆞᄂᆞ니라

| 직역 |

사물의 이치가 이른 뒤에 앎이 지극해지고, 앎이 지극해진 뒤에 뜻이 성실해지며, 뜻이 성실해진 뒤에 마음이 바루어지고, 마음이 바루어진 뒤에 몸이 닦이며, 몸이 닦인 뒤에 집이 가지런해지고, 집이 가지런해진 뒤에 나라가 다스려지며, 나라가 다스려진 뒤에 천하가 화평해진다.

| 자해 |

物格 : 만물 이치의 극진한 곳에 이르지[到] 않음이 없음. • 知至 : 내 마음의 아는 바가 다하지 않음이 없음.

| 의해 |

이것은 위 구절의 뜻을 뒤집어 말한 것이다. 물격(物格)이라고 하는 것은 사물의 이치가 각각 극진한 데에 나아가서 나머지가 없음을 말한다. 물(物)에 있는 이치가 이미 극진한 데에 나아가서 나머지가 없으면, 내게 있는 앎 또한 나아간 데를 따라서 다하지 않음이 없을 것이요, 아는 것이 다하지 않음이 없으면 마음의 발한 것이 이치에 한결 같아서 스스로 속임이 없을 것이다. 뜻이 스스로 속이지 않으면 마음의 본체를 외물이 움직일 수 없어서 바르지 않음이 없을 것이요, 마음이 바른 것을 얻으면 몸이 처한 곳이 편벽된 데에 빠지지 않아서 몸이 닦이지 않음이 없을 것이다. 몸이 닦이지 않음이 없으면 미루어 나아가 국가와 천하에 이르기까지 다스려지고 화평해질 것이니, 어찌 이것을 버리고 지혜와 꾀와 공리의 말단에서 구하겠는가? '신수(身修)' 이상은 명명덕(明明德)의 일이요, '가제(家齊)' 이하는 신민(新民)의 일이니, 물격(物格)하고 지지(知至)함은 그칠 바를 앎이요, '의성(意誠)' 이하는 모두 그칠 바를 얻는 차례이다.

자천자 이지어서인 일시개이수신위본
自天子로 以至於庶人히 壹是皆以修身爲本이니라

| 언해 |

天子로브터 ᄡᅥ 庶人에 니르히 ᄒᆞᆫᄀᆞᆯᄀᆞ티 다 몸 닷ᄀᆞ모로ᄡᅥ 本을 삼ᄂᆞ니라

| 직역 |

천자로부터 서인에 이르기까지 일체 모두 몸을 닦는 것으로써 근본을 삼는다.

| 자해 |

壹是 : 일체(一切).

| 의해 |

종합하여 말하면, 격물 · 치지 · 성의 · 정심이 모두 수신을 위하여 베푼 것이요, 제가 · 치국 · 평천하가 모두 수신으로부터 미루어 나아간 것이니, 수신이 진실로 중요한 것이다. 천자로부터 서인에 이르기까지 천하 국가의 책임이 있는 자는 격물 · 치지 · 성의 · 정심하여 그것으로써 몸을 닦아서 제가 · 치국 · 평천하의 근본을 삼아야 한다.

其本이 亂而末治者는 否矣며 其所厚者에 薄이요 而其所薄者에 厚는 未之有也니라

| 언해 |

그 本이 亂ᄒᆞ고 末이 다ᄉᆞᆯ 者ㅣ 否ᄒᆞ며 그 厚ᄒᆞᆯ 바애 薄ᄒᆞ고 그 薄ᄒᆞᆯ 바애 厚ᄒᆞ리 잇디 아니ᄒᆞ니라

| 직역 |

그 근본이 어지러우면서 끝이 다스려지는 자는 없으며, 그 두텁게 해야 할 곳에 엷게 하면서 엷게 해야 할 곳에 두텁게 하는 자는 있지 않다.

| 자해 |

本 : 몸을 가리킴. • 所厚 : 집을 가리킴.

| 의해 |

몸이 근본이며, 집과 나라와 천하는 끝이 된다. 만일 몸을 닦을 수 없다면 근본이 어지러우니, 집이 가지런하고 나라가 다스려지며 천하가 화평하여 끝이 다스려지기를 바라면 안 될 것이다. 집으로부터 미루어 나라와 천하에 대하여 말하면, 집은 마땅히 후하게 할 것이고, 나라와 천하는 마땅히 박하게 할 것이다. 내가 몸을 닦아서 집을 가지런히 하지 못한다면, 이는 후하게 할 것에 박하게 하는 것이다. 따라서 나라가 다스려지고 천하가 화평함에 박하게 할 것을 후하게 하는 이는 있지 않다. 그러니 수신이 근본이 되어서 몸을 닦지 않을 수 없을 것이니, 이것이 이른바 명덕이 신민의 근본이 된다는 것이다. 대학에 뜻을 둔 자가 밝은 덕을 밝히기를 힘써서 수신하지 않을 수 있겠는가? '자천자(自天子)'와 '기본란(其本亂)' 두 절은 위에 '고지욕명명덕(古之欲明明德)'과 '물격이후(物格而后)' 두 절의 뜻을 맺은 것이니, '자천자(自天子)'의 구절은 바르게 맺은 것이고, '기본란(其本亂)'의 구절은 뒤집어 맺은 것이다.

이상은 경(經) 1장이니, 대개 공자의 말씀을 증자가 기록한 것이고(총 205 글자), 전(傳) 10장은 증자의 뜻을 문인이 기록한 것이다.

| 요지 |

공자가 선왕의 학문을 세우고 사람을 가르치는 법을 밝힌 것을 증자가 기록한 것으로, '대학'의 두 글자를 끌어내서 몸을 닦고 사람을 다스리는 대인의 학문을 보인 것이다. 체(體)는 명덕에 있고 그 용(用)은 신민에 있으며, 체와 용의 표준은 지선(至善)에 그치는 데에 있으니, 그치는 방법은 아는 것과 얻는 것에 있다. 그러므로 격물치지는 그칠 데를 아는 일이요, 성의·정심·수신으로부터 천하를 화평함에 이르기 까지는 그칠 데를 얻는 일이다. 앞

의 세 구절은 강령을 종합하여 말하여서 그칠 데를 얻는 이유를 미루어 근원하여 먼저 할 것과 뒤에 할 것으로 맺어서 차례를 아는 것으로써 사람에게 보인 것이고, 뒤에 네 구절은 조목을 뒤집어서 자세히 말하고 수신으로써 맺은 것이다.

대개 전문이 경(經)과 전(傳)을 섞어 이끌어서 실마리와 벼리가 없는 것 같지만, 문리가 접속하고 혈맥이 관통하여 깊은 것과 얕은 것과 시작과 마침이 지극히 정밀하니, 오래 동안 익숙하게 읽고 자세히 맛을 들이면 (그것이) 마땅히 보일 것이니, 이제 모두 해석하지 않는다.

전 1 장

傳一章

康誥(강고)에 曰(왈) 克明德(극명덕)이라 하고

| 언해 |

康誥애 ᄀᆞᆯ오ᄃᆡ 능히 德을 ᄇᆞᆰ키다 ᄒᆞ며

| 직역 |

강고(康誥)에 이르기를, "능히 덕을 밝힌다"고 하고,

| 자해 |

康誥 : 『서경』「주서(周書)」의 편명. 무왕이 아우 강숙(康叔)을 위(衛) 나라에 봉할 때 경계한 글. • 克 : 능함.

| 의해 |

이것은 문왕이 덕을 밝히심을 말한 것이다. 대개 사람이 마땅히 밝혀야 할 덕을 알아서 밝히고자 않는 이가 없지만, 기품이 앞에 거리끼고 물욕이 뒤에 가려서 비록 밝히고자 해도 할 수 없는 경우가 있다. 그러나 문왕의 마음은 혼연한 하늘의 이치와 같아서 하기를 기다릴 것도 없이 스스로 밝을 터이지만, "능히 밝힌다"고 말한 것은 그 홀로 능히 밝히고 다른 사람은 능히 밝히지 못함을 보인 것이다. 또한 능히 밝히지 못하고 있는 자에게는 그가 하는

공부를 능히 이루어 낼 수 있다는 것을 보여 주는 것이다.

태갑　　왈　고시천지명명
太甲에 曰 顧諟天之明命이라 하며

| 언해 |

太甲애 ᄀᆞᆯ오ᄃᆡ 이 하ᄂᆞᆯ ᄇᆞᆰᄋᆞᆫ 命을 顧ᄒᆞ다 ᄒᆞ며

| 직역 |

태갑(太甲)에 이르기를, "하늘의 밝은 명(命)을 돌아본다"고 하며,

| 자해 |

太甲 : 『서경』 「상서(商書)」의 편명. 상(商)나라 정승 이윤(伊尹)이 성탕(成湯)의 덕을 들어 당시의 임금 태갑(太甲)에게 훈계한 글. • 顧 : 항상 눈에 둠. • 諟 : '이 차(此)'자와 같음. 혹은 '살필 심(審)'자의 뜻이라고 함. • 明命 : 하늘이 내게 주어서 내가 덕(德)으로 삼은 것.

| 의해 |

사람이 천지의 중(中)을 받아서 났기 때문에, 사람의 명덕은 다름이 아니라 곧 하늘이 나에게 명(命)한 것으로 지극히 착한 것이다. 전체와 대용(大用)이 때로는 일용(日用) 사이에 발현하지 않음이 없지만, 사람이 오직 이것을 살피지 못하는지라, 인욕에 골몰하여 스스로 밝힐 줄을 알지 못한다. (만일) 이 하늘의 밝은 명을 항상 돌아보아 눈에 두어서, 진실로 눈앞에 와서 참여하고, 수레에 있어서는 수레 앞 나무에 의지한 것과 같이 하면, 본래의 성품이 이루어지고 도(道)와 의(義)가 나오게 될 것이다.

제전 왈 극명준덕
帝典에 曰 克明峻德이라 하니

| 언해 |

帝典애 ᄀᆞᆯ오ᄃᆡ 능히 큰 德을 ᄇᆞᆰ키다 ᄒᆞ니

| 직역 |

제전(帝典)에 이르기를, “능히 큰 덕을 밝히다”고 하였으니,

| 자해 |

帝典 : 『서경』 「요전(堯典)」의 편명. • 준(峻) : 큼.

| 의해 |

이것은 요임금이 능히 큰 덕을 밝힌 것을 말한다. 사람에게 있는 명덕(明德)은 모든 이치를 갖추고 만 가지 일에 응하는 것으로, 본래 높고 큰 것이지만, 사람들은 사사로운 욕심에 가려서 (그를) 좁고 적게 만들어버린다. 오직 요임금만이 공경하고 밝고 공손하고 사양함으로써 큰 덕을 밝혀서, (그 덕을)꿰어 통하고 (그 덕이) 무르녹아 합하여 한량이 없는 것이다.

개 자 명 야
皆自明也니라

| 언해 |

다 스스로 ᄇᆞᆰ키미니라

| 직역 |

모두 스스로 밝히는 것이다.

| 의해 |

이상의 강고(康誥), 태갑(太甲), 요전(堯典)의 말이 이와 같으니, 대개 모두 스스로 덕을 밝힌다는 뜻이다. 세상의 오르고 내림을 막론하고, 자품이 성인이거나 현인이거나를 막론하고, 옛적 대왕이 모두 이것으로 일을 삼았으니, 그런즉 덕을 마땅히 밝혀야 할 것이며, 그 밝히는 일을 먼저 해야 할 것이다. 이것이 대학의 도에서 '밝은 덕을 밝힌다'는 것을 첫머리로 한 이유이다. 이 글에서 덕(德)·명명(明命)·준덕(峻德)이라 한 것은 곧 경(經)의 이른바 명덕(明德)이요, 극명(克明)·고시(顧諟)·극명(克明)이라 한 것은 곧 경의 이른바 명명덕(明明德)이다. 그러므로 모두 "스스로 밝힌다"고 말한 것이다.

이상은 전(傳) 1장이니, 명명덕을 해석한 것이다.

◑ 이 글로부터 아래 셋째 장의 '지어신(止於信)'까지는 구본(舊本)에 잘못되어 '몰세불망(沒世不忘)' 아래에 있었다.

| 요지 |

이 글은 명명덕의 뜻을 풀어 쓴 것이다. 강고·태갑·요전 세 글을 인용한 것에 차례가 있다. 첫째 구절은 대개 명덕을 마땅히 밝힐 것을 말하되 '능할 극(克)'자를 중시한 것이고, 둘째 구절의 '고시명명(顧諟明命)'이란 것은 명덕의 근원을 미루어 말한 것이며, 셋째 구절은 요임금이 큰 덕을 밝힘을 들어서 명덕의 지극한 것을 보인 것이니, 옛 성현이 모두 명명덕으로 돌아감을 볼 수 있다. 배우는 자는 마땅히 본받아야 한다.

전 2 장

傳二章

탕 지 반 명 왈 구 일 신 일 일 신 우 일 신
湯之盤銘에 曰 苟日新이어든 日日新하고 又日新이라 하고

| 언해 |

湯의 盤ㅅ銘애 ᄀᆞᆯ오ᄃᆡ 진실로 나래 새롭거든 나날 새로이 ᄒᆞ고 ᄯᅩ 날로 새로이 ᄒᆞ라 ᄒᆞ며

| 직역 |

탕왕의 반명(盤銘)에 이르기를, "진실로 날로 새롭거든, 나날이 새롭게 하고, 또 나날이 새롭게 하라"고 하고,

| 자해 |

盤 : 목욕하는 그릇. • 銘 : 그릇에 새겨 스스로 경계하는 말. • 苟 : '진실로'의 뜻. 상(商)나라 임금 성탕(成湯)이 목욕하는 그릇에 새겨서 경계한 것.

| 의해 |

경(經)의 이른바 '재신민(在新民)'이란 것은, 예전에 상고하여, 탕 임금이 목욕하던 그릇에 새긴 글에서 얻었다. 여기에 이르기를, "사람이 마음을 씻는 것이 몸을 씻는 것과 같으니, 진실로 하루 사이에 예전에 물들인 더러운 것을 (씻어)버려 스스로 새로워졌거든, 마땅히 새로워진 것을 바탕으로 날마다 새롭게 하고 또 날

마다 새롭게 하여, 끊임없이 계속 공부해서 혹시라도 때와 티끌에 더럽혀지지 않도록 해야 한다"라고 하였다. 탕임금이 스스로를 새롭게 함이 이와 같았다.

康誥(강고)에 曰(왈) 作新民(작신민)이라 하며

| 언해 |

康誥애 ᄀᆞᆯ오ᄃᆡ 새롭ᄂᆞᆫ 民을 作ᄒᆞ라 ᄒᆞ며

| 직역 |

강고(康誥)에 이르기를, "새로워진 백성을 진작시켜라"고 하며,

| 자해 |

作 : 고동(鼓動)하고 춤추어[舞] 일으킴.

| 의해 |

대개 이미 스스로를 새롭게 했으면, 백성을 새롭게 할 일이다. 무왕(武王)이 강숙(康叔)에게 고하여 말하였다. "위(衛)나라는 본래 은나라의 옛 땅이니, 백성이 비록 은나라 주(紂)왕의 더러운 풍속에 물들었으나, 어찌 스스로 새롭고자 하는 양심이 없었겠는가? 너는 마땅히 진실로 있는 양심에 따라 고동(鼓動)하고 진작시켜, 그들로 하여금 악한 것을 버리고 착한 데로 옮기며, 예전 것을 버리고 새것을 도모하도록 하는 것이 옳다." 무왕이 백성을 새롭게 함이 이와 같았다.

시 왈 주수구방 기명유신
詩에 曰 周雖舊邦이나 其命維新이라 하니

| 언해 |

詩예 ᄀᆞᆯ오ᄃᆡ 周ㅣ 비록 녯나라히나 그 命이 새롭다 ᄒᆞ니

| 직역 |

시에 이르기를, "주(周)나라가 비록 옛 나라이지만, 그 명(命)이 새롭다"라고 하였으니,

| 자해 |

詩 : 『시경』「대아, 문왕(文王)」편.

| 의해 |

대개 사람이 스스로 새롭고 백성을 새롭게 하면, 하늘의 마음이 돌아보아서 천명이 새로울 수 있다. 「문왕」편에서 말하였다. "우리 주나라가 시조 후직(后稷) 이래로 천여 년이 되었으니, 비록 오래된 나라이지만, 문왕에 이르러 성인의 덕이 날마다 새로워서, 백성의 풍속이 또한 크게 변하여 비로소 천명을 받으니 참으로 새롭다." 문왕이 천명을 새롭게 함이 이와 같았다.

시고 군자 무소불용기극
是故로 君子는 無所不用其極이니라

| 언해 |

이런 故로 君子ᄂᆞᆫ 그 極을 ᄡᅳ디 아닐 배 업ᄂᆞ니라

| 직역 |

따라서 군자는 극진한 데 이르지 않는 바가 없다.

| 자해 |

極 : 지선(至善).

| 의해 |

탕임금과 무왕과 문왕으로 말미암아 보면 알 수 있듯이, 대저 군자 된 자는 스스로를 새롭게 하고 백성을 새롭게 하기를, 어느 때 어느 곳이든, 어떤 생각 어떤 일이든, 지극함에 나아가지 않음이 없다. 대개 스스로 새롭게 하기를 반드시 극진한 데에 나아가는 것은 백성을 새롭게 하는 근본을 세우는 것이요, 백성을 새롭게 함에 반드시 극진한 데에 나아가는 것은 백성을 새롭게 하는 역량을 다하는 것이다.

이상은 전(傳) 2장이니, 신민(新民)을 해석한 것이다.

| 요지 |

이 글은 신민(新民)으로써 주장을 삼은 것인데, 말에 차례가 있다. 첫 구절은 스스로를 새롭게 함으로써 신민의 근본을 세우는 것이고, 둘째 구절은 바로 신민의 일을 나타낸 것이며, 셋째 구절은 천명을 새롭게 함이 신민의 효과임을 말한 것이니, 모든 것이 신민하는 도리요, 끝 구절은 군자가 신민의 온전한 공을 다하기를 추구한 것이다.

전 3 장

傳三章

詩에 云 邦畿千里여 惟民所止라 하니라

(시 운 방기천리 유민소지)

| 언해 |

詩예 닐오듸 邦ㅅ畿ㅣ 千里여 民의 止ᄒᆞ연는 배라 ᄒᆞ니라

| 직역 |

시에 이르기를, "나라의 기내(畿內) 천리여, 백성이 머무는 곳이다"라고 하였다.

| 자해 |

詩 : 「상송(商頌)・현조(玄鳥)」편. ◦ 邦畿 : 왕자(王者)의 도읍. ◦ 止 : 거처함.

| 의해 |

경(經)의 이른바 '지어지선(止於至善)'을 일찍이 예전에 상고하여 「상송」에서 얻었다. 거기에서 말하였다. "도읍 땅이 넓이가 천리이니, 예악과 정사의 가르침을 보고 본받음이 가장 가까워서, 오직 백성이 바라고 향하여 머무는 땅이다." 이 시에 의하면, 천하의 모든 물건이 각각 마땅히 머물 곳이 있음을 알 수 있다.

詩에 云 緡蠻黃鳥여 止于丘隅라 하거늘 子曰 於止에 知其所止로소니 可以人而不如鳥乎아 하시니라

| 언해 |

詩예 닐오ᄃᆡ 緡蠻ᄒᆞᄂᆞᆫ 黃鳥ㅣ여 丘隅에 止타 ᄒᆞ야ᄂᆞᆯ 子ㅣ ᄀᆞᆯᄋᆞ샤ᄃᆡ 止홈애 그 止홀 바ᄅᆞᆯ 아도소니 可히 ᄡᅥ 사ᄅᆞᆷ이오 鳥만 ᄀᆞᆮ디 몯ᄒᆞ랴

| 직역 |

시에 이르기를, '면만(緡蠻)하는 황조(黃鳥)여, 구우(丘隅)에 머문다'라고 하였다. 공자가 말씀하기를, "그칠 데에 그칠 곳을 아는 것이니, 사람이 새만 같지 못할 수 있겠는가?"라고 하였다.

| 자해 |

詩 : 「소아(小雅) · 면만(緡蠻)」편. • 緡蠻 : 새 소리, 음은 면만. • 丘隅 : 멧부리가 높고 초목이 우거진 곳.

| 의해 |

물건이 이미 각각 마땅히 그쳐야 할 바가 있으니, 사람이 마땅히 그칠 바를 알지 못할 수 있겠는가? 「면만」의 시에서 이르기를, "면만한 황조여, 구우에 그친다"라고 하였으니, 뫼뿌리가 높고 초목이 울밀한 곳은 그물과 주살이 미치지 못하고, 활과 화살이 미치지 못할 것이다. 공자가 읽고 감탄하여 이르기를, "황조가 오히려 마땅히 그칠 곳을 아는데, 신령한 사람으로서 오히려 그칠 바에 어두워서 새만도 같지 못할 수 있겠는가?"라고 하였다. 시와 공자의 말로 말미암아 보면, 지선(至善)에 있다는 것은 사람이 마

땅히 그칠 데를 아는 것이다.

> 詩에 云 穆穆文王이여 於緝熙敬止라 하니 爲人君엔 止於仁하시고 爲人臣엔 止於敬하시며 爲人子엔 止於孝하시고 爲人父엔 止於慈하시며 與國人交엔 止於信이러시다

| 언해 |

詩예 닐오ᄃᆡ 穆穆ᄒᆞ신 文王이여 於ㅣ라 緝ᄒᆞ야 熙ᄒᆞ야 敬ᄒᆞ야 止ᄒᆞ시다 ᄒᆞ니 人君이 도여ᄂᆞᆫ 仁에 止ᄒᆞ시고 人臣이 도여ᄂᆞᆫ 敬에 止ᄒᆞ시고 人子ㅣ 도여ᄂᆞᆫ 孝애 止ᄒᆞ시고 人父ㅣ 도여ᄂᆞᆫ 慈애 止ᄒᆞ시고 國人으로 더브러 交ᄒᆞ시매ᄂᆞᆫ 信에 止ᄒᆞ더시다

| 직역 |

시에 이르기를, "목목(穆穆)하신 문왕이여. 오호라! 이어서 밝고 공경하여 그치시다"라고 하였으니, 사람의 임금이 되어서는 인(仁)에 그치고, 사람의 신하가 되어서는 경(敬)에 그치며, 사람의 아들이 되어서는 효(孝)에 그치고, 사람의 부모가 되어서는 자(慈)에 그치며, 나라 사람과 더불어 사귀는 데는 신(信)에 그친 것이다.

| 자해 |

詩 : 「대아(大雅) · 문왕(文王)」 편. ◦ 穆穆 : 깊고 멂. ◦ 於 : 감탄사, 음은 오. ◦ 緝 : 계속함, 음은 즙. ◦ 熙 : 광명함. ◦ 敬止 : 공경하지 않음이 없어 그칠 바에 편안함.

| 의해 |

마땅히 그칠 바와 사람이 마땅히 그칠 데를 아는 것이 모두 지선(至善)에 지나지 않으니, 그칠 바를 얻고자 한다면 반드시 문왕과 같이 해야 한다. 시에 이르기를, "목목하게 덕의 모양이 깊고 먼 문왕이시여, 아름답도다! 그 마음이 계속하여 간단(間斷)이 없고, 광명하여 가림이 없어서, 마음이 공경하지 않음이 없으며, 일에 드러나는 것이 모두 그칠 바에 편안하도다"라고 하였다. 이제 (문왕이)그칠 데를 공경하는 일 중에서 큰 것만을 말하자면 다음과 같다. 임금이 되어서는 인(仁)보다 더 선한 것이 없는데, 문왕은 백성을 사랑하고, 제후를 품고, 위태한 나라를 보존하여 주어서, 행한 생각과 일 하나하나가 인(仁)에 그치지 않음이 없었다. 신하가 되어서는 공경보다 더 선한 것이 없는데, 문왕은 조심하여 임금을 섬겨서, 행한 일과 생각 하나하나가 공경에 그치지 않음이 없었다. 아들이 되어서는 효보다 더 선한 것이 없는데, 문왕은 세덕(世德)을 북돋우어 심어서 아들의 도를 다하여 효에 그쳤다. 부모가 되어서는 자애보다 더 선한 것이 없는데, 문왕은 덕을 쌓고 뒤를 창성하게 하여 부모의 도리를 다하여 자애에 그쳤다. 나라 사람과 더불어 교제함에는 신(信)보다 더 좋은 것이 없는데, 문왕은 정사가 마음과 같고 마침이 시작함과 같아서 신(信)에 그쳤다. 이 다섯 가지를 문왕이 한결같이 공경으로써 그 사이에 흘러 통하여, 그친 바가 이같이 지선(至善)이 아님이 없었다. 그러므로 배우는 자는 이에 바르게 궁구하여 미루어보면 천하의 일에 모두 그치는 바를 얻을 수 있을 것이다.

시 운 첨피기욱 녹죽의의 유비군자 여절
詩에 云 瞻彼淇澳한대 菉竹猗猗로다 有斐君子여 如切
여차 여탁여마 슬혜한혜 혁혜훤혜 유비군
如磋하며 如琢如磨로다 瑟兮僩兮며 赫兮喧兮니 有斐君

子여 終不可諠兮라 하니 如切如磋者는 道學也요 如琢如磨者는 自修也요 瑟兮僩兮者는 恂慄也요 赫兮喧兮者는 威儀也요 有斐君子終不可諠兮者는 道盛德至善을 民之不能忘也니라

| 언해 |

詩예 닐오ᄃᆡ 뎌 淇ㅅ澳을 본ᄃᆡ 菉竹이 猗猗ᄒᆞ도다 斐ᄒᆞᆫ 君子ㅣ여 切ᄐᆞᆺ ᄒᆞ고 磋ᄐᆞᆺ ᄒᆞ며 琢ᄃᆞᆺ ᄒᆞ고 磨ᄐᆞᆺ ᄒᆞᆫ디라 瑟ᄒᆞ며 僩ᄒᆞ며 赫ᄒᆞ며 喧ᄒᆞ니 斐ᄒᆞᆫ 君子ㅣ여 ᄆᆞᄎᆞᆷ내 可히 닛디 몯ᄒᆞ리로다 ᄒᆞ니 切ᄐᆞᆺ ᄒᆞ고 磋ᄐᆞᆺ ᄒᆞ다 홈ᄋᆞᆫ 學을 닐옴이오 琢ᄃᆞᆺ ᄒᆞ고 磨ᄐᆞᆺ ᄒᆞ다 홈ᄋᆞᆫ 스스로 닷금이오 瑟ᄒᆞ며 僩ᄒᆞ다 홈ᄋᆞᆫ 恂慄홈이오 赫ᄒᆞ며 喧ᄒᆞ다 홈ᄋᆞᆫ 威儀ㅣ오 斐ᄒᆞᆫ 君子ㅣ여 ᄆᆞᄎᆞᆷ내 可히 닛디 몯ᄒᆞ리로다 홈ᄋᆞᆫ 盛ᄒᆞᆫ 德과 지극ᄒᆞᆫ 善을 民의 能히 닛디 몯홈을 니ᄅᆞ니라

| 직역 |

시에 이르기를, "저 기수(淇水)의 모퉁이를 보니 푸른 대나무가 무성하다. 온유한 군자여. 끊은 듯하고 간 듯하며, 쪼아낸 듯하고 간 듯하다. 엄밀하고 굳세며 빛나고 점잖다. 온유한 군자여, 끝내 잊을 수 없다"고 하였다. '끊은 듯하고 간 듯하다'는 것은 배움을 말함이요, '쪼아낸 듯하고 간 듯하다'는 것은 스스로 닦음이요, '엄밀하고 굳세다'고 하는 것은 두려워함이요, '빛나고 점잖다'는 것은 겉으로 드러나는 위엄이요, '그윽한 군자여, 끝내 잊을 수가 없다'고 하는 것은 성대한 덕과 지극히 착함을 백성들이 잊을 수 없음을 말한다.

| 자해 |

詩 : 「위풍(衛風)」「기욱(淇澳)」 편. • 淇 : 물 이름. • 澳 : 모퉁이. • 猗猗 : 아름답고 무성한 모양. • 斐 : 문채가 나는 모양. • 切 : 칼과 톱으로 끊음. • 琢 : 망치와 정으로 치고 쪼아냄. • 磋 : 환과 대패로 밀다 • 磨 : 모래와 돌로 갈다 • 瑟 : 엄하고 빽빽한 모양. • 僩 : 호방하고 굳센 모양. • 赫 · 喧 : 성대하고 큰 모양. • 諠 : 잊음. • 道 : 말함. • 學 : 외어서 익히고 토론하는 일. • 自修 : 살피고 다스리는 공. • 恂慄 : 조심하고 두려워함, 음은 준율. • 威 : 위엄. • 儀 : 거동.

| 의해 |

명덕(明德)이 지선(至善)에 그친 것을 예를 들면, 위나라 시인이 그 임금인 무공(武公)을 탄미한 시가 있다. "저 기수 모퉁이를 보건대, 푸른 대가 아름답고 무성하도다. 이로부터 우리 문채 나는 군자를 생각해보건대, 공부함의 정밀함이 마치 뿔과 뼈를 다루는 자가 이미 끊고 다시 미는 것과 같고, 공부함의 주밀함이 마치 옥과 돌을 다루는 자가 이미 쪼고 다시 가는 것과 같도다. 이로 말미암아 안으로는 엄하고 주밀하며 무인답고 굳세며, 밖으로는 밝히고 나타나며 성대하고 크니, 저 문채 나는 군자를 마침내 잊을 수가 없다." 이것을 해석하여 말한다면 다음과 같다. 끊는 것 같고 미는 것 같다고 말한 것은, 군자가 이미 이치를 궁구하고 익혀서, 그 학문의 경지를 분변하고 토론하여, 학문의 자세함을 이루니, 배워서 아는 것이 지극히 정밀하다는 뜻이다. 쪼는 것 같고 가는 것 같다고 함은 군자가 욕심을 막음이 이미 살피고 살펴서 기미를 분변하고, 또 익히고 다스려서 순수함을 구하니 닦아 행함이 지극히 주밀하다는 뜻이다. 엄하고 주밀하고 무인답고 굳세다고 함은 군자가 배우고 닦음을 이미 얻으면, 공경하는 마음이 항상 있어서 자연히 공경하고 두려워한다는 뜻이다. 밝히고 나타나고 성대하고 크다고 함은 군자의 공경하는 덕이 가운데 있으면 덕의 모양이 밝게 보여서 자연히 위엄이 있고 거동이 있게 된다는 뜻이다. 문채 나는 군자를 마침내 잊을 수가 없다고 함은 군자

가 학문과 행실을 닦는 공부를 다함에 조심하고 두려워하는 위의의 증험이 있어서, 성대한 덕이 이미 지선(至善)에 이르러서 깊이 백성의 마음에 들어가서 잊을 수 없다는 뜻이다. 이것이 곧 명명덕(明明德)이 지선(至善)에 그치는 실상이다.

詩에 云 於戱라 前王不忘이라 하니 君子는 賢其賢而親其親하고 小人은 樂其樂而利其利하나니 此以沒世不忘也니라

| 언해 |

詩예 닐오ᄃᆡ 於戱ㅣ라 前王을 닛디 몯ᄒᆞ리로다 ᄒᆞ니 君子ᄂᆞᆫ 그 賢ᄒᆞ샤믈 賢히 너기며 그 親ᄒᆞ샤믈 親히 너기고 小人ᄋᆞᆫ 그 樂게 ᄒᆞ샤믈 樂히 너기며 그 利케 ᄒᆞ샤믈 利히 너기ᄂᆞ니 이 ᄡᅥ 世ㅣ 沒ᄒᆞ야도 닛디 몯홈이니라

| 직역 |

시에 이르기를, "오호라! 이전의 임금을 잊지 못한다"고 하였다. 군자는 그 현인을 현인으로 여기고, 그 친한 이를 친하게 여기며, 소인은 그 즐거움을 즐겁게 여기고, 그 이로움을 이롭게 여기니, 이 때문에 세상에 없어도 잊지 못한다.

| 자해 |

詩 : 「주송(周頌) · 열문(烈文)」 편. • 於戱 : 감탄사, 음은 오호. • 前王 : 문왕(文王) · 무왕(武王). • 君子 : 후현(後賢) · 후왕(後王). • 小人 : 후민(後民).

| 의해 |

신민(新民)이 지선(至善)에 그치는 예를 든다면 다음과 같다. 시에서 말하였다. "아름답도다. 오직 우리 문왕과 무왕이 지금까지 사람들로 하여금 잊을 수 없게 하니, 대개 전왕(前王)을 왜 잊지 못하는가? 후현(後賢)과 후왕(後王)으로부터 본다면, 아름다운 말과 착한 행실이 어진 것인데, 뒤의 군자로 하여금 좇아 말미암아 어기지 않아서 어진 것을 어질게 여기는 것이다. 기업(基業)을 창시하고 계통을 전하는 것이 친한 것인데, 뒤의 군자가 잇고 이어서 갈리지 않으니, 이것이 친한 것을 친하게 하는 것이다. 뒤의 백성으로부터 말미암아 본다면, 쉬고 기르고 생활하고 치산(治産)하여 태평을 편안히 누리는 것이 선왕이 남겨준 즐거움인데, 뒤의 백성이 함포고복(含哺鼓腹)하는 것은 선왕이 준 즐거움을 즐겨하는 것이다. 밭을 나눠주고 동리(洞里)를 만들어 각각 떳떳한 업(業)이 있게 한 것은 선왕의 끼쳐준 이로움이다. 이것은 뒤의 백성으로 하여금 편안히 거처하고 밥을 먹어서 이롭게 함을 이롭게 하는 것이다. 그 공과 덕이 천하 후세에 미침이 이와 같다. 따라서 세상이 없어지도록 시간이 지나도 그 성대한 덕업과 끼친 바람과 남은 덕택을 잊지 않는다." 이것이 신민(新民)이 지선(至善)에 그치는 실상이다.

이상은 전(傳) 3장이니, 지어지선(止於至善)을 해석한 것이다.

◑ 이 글에서 기욱(淇澳)의 시 이하부터는 구본(舊本)에서는 잘못되어 성의(誠意) 글 아래에 있었다.

| 요지 |

이 글은 지어지선(止於至善)을 해석한 것이다. 첫째 구절은 물(物)이 각각 그침이 있음을 말한 것이고, 둘째 구절은 사람이 마땅히 그칠 바를 아는 것을 말한 것이며, 셋째 구절은 문왕이 그침의 극

진함을 세운 것을 들어서 그칠 데를 얻음을 말한 것이며, 넷째 구절은 명덕(明德)이 지선에 그친 실상을 말한 것이고, 다섯째 구절은 신민(新民)이 지선(至善)에 그친 실상을 말한 것이다. 삼강령의 통체(統體)로 말하였기 때문에, 시를 인용하고 찬탄하였다.

전 4 장

傳四章

> 子曰(자왈) 聽訟(청송)이 吾猶人也(오유인야)나 必也使無訟乎(필야사무송호)인저 하시니 無情者(무정자) 不得盡其辭(부득진기사)는 大畏民志(대외민지)니 此謂知本(차위지본)이니라

| 언해 |

子ㅣ ᄀᆞᆯᄋᆞ샤ᄃᆡ 訟을 드롬이 내 사ᄅᆞᆷ과 ᄀᆞᄐᆞ나 반ᄃᆞ시 ᄒᆞ여곰 訟이 업게 호린뎌 ᄒᆞ시니 情업슨 者ㅣ 시러곰 그 말ᄉᆞᆷ을 다ᄒᆞ디 몯ᄒᆞᆷ은 크게 民의 ᄠᅳᆮ을 畏케 ᄒᆞᆷ이니 이 닐온 本을 아ᄅᆞᆷ이니라

| 직역 |

공자께서 말씀하였다. "송사를 듣는 것은 나도 다른 사람과 같지만, 반드시 송사가 없도록 해야 한다." 실정이 없는 자가 그 말을 다하지 못하도록 함은 백성의 뜻을 크게 두렵게 하는 것이다. 이것을 일러 근본을 안다고 한다.

| 자해 |

猶人 : 다른 사람과 다름이 없음. • 情 : 실상.

| 의해 |

경에 이르기를, '물(物)에 근본과 끝이 있다'라고 한 것은 대개 사람이 마땅히 근본에 힘써야 함을 보인 것이다. 공자가 일찍이 말

씀하셨다. "백성의 송사를 들어서 곡직(曲直)을 판단하는 것은 나도 다른 사람들과 같지만, 백성으로 하여금 곡직의 두 가지를 잊어버리고 자연히 송사가 없도록 하는 것이 중요하다." 이것은 성인이 진실성이 없는 사람으로 하여금 허탄한 말을 다하지 못하게 한 것이다. 대개 나의 명덕이 이미 밝아서 자연히 그것으로써 백성의 심지(心志)를 두렵게 하여 항복하게 하기 때문에 송사 듣기를 기다릴 것이 없이 자연히 없게 된다. 이 말로 보면, 명덕(明德)이 신민(新民)의 근본이 되어서 마땅히 먼저 할 바를 안다고 할 수 있다. 근본을 이미 안다면 끝이 마땅히 뒤에 할 것을 볼 수 있지 않겠는가. 경문에서 이른바 물(物)에 본말이 있다는 것을 여기에서 볼 수 있다.

이상은 전(傳) 4장이니, 본말(本末)을 해석한 것이다.

◑ 이 글은 구본(舊本)에 잘못되어 '지어신(止於信)' 아래에 있었다.

| 요지 |

이 장은 본(本)과 말(末)을 해석함에 선후(先後)가 그 가운데에 두었다. 본말의 포함됨이 넓지만 다만 송사를 말한 것은 하나를 들어서 나머지의 예를 보인 것이다. 그러므로 '사무송(使無訟)'의 본말선후(本末先後)는 곧 명덕(明德)·신민(新民)의 본말선후(本末先後)이다. 따라서 근본을 아는 뜻이 오로지 '사무송(使無訟)'에 있다.

전 5 장

傳五章

차위지본
此謂知本

| 의해 |

정자(程子)가 말하였다. "연문(衍文)이다."

차위지지지야
此謂知之至也니라

| 언해 |

이 닐온 知ㅣ 至홈이니라

| 직역 |

이것을 일러 앎이 지극하다고 한다.

| 의해 |

이 글 위에 따로 빠진 글이 있으니, 이것은 특별히 맺은 말이다.

이상은 전(傳) 5장이다. 대개 격물치지(格物致知)의 뜻을 해석한 것이지만, 지금은 없다.

◑ 이 글은 구본(舊本)에 아래 장과 함께 잘못되어 경문(經文) 아래에 있었다.

間嘗竊取程子之意하여 以補之하니 曰 所謂致知在格物者는 言 欲致吾之知인댄 在卽物而窮其理也라 蓋人心之靈이 莫不有知요 而天下之物이 莫不有理언마는 惟於理에 有未窮이라 故로 其知가 有未盡也니 是以로 大學始教에 必使學者로 卽凡天下之物하여 莫不因其已知之理而益窮之하여 以求至乎其極하나니 至於用力之久而一旦에 豁然貫通焉이면 則衆物之表裏精粗가 無不到하고 而吾心之全體大用이 無不明矣리니 此謂物格이며 此謂知之至也니라

| 언해 |

근간에 일즉 그으기 程子ㅅ 뜯을 取ᄒᆞ야 ᄡᅧ 補ᄒᆞ여 ᄀᆞᆯ오ᄃᆡ 닐온 밧 知를 致홈이 物을 格홈애 잇다 홈은 내의 知를 致코져 홀딘댄 物에 卽ᄒᆞ야 그 理ᄅᆞᆯ 窮홈애 이쇼믈 니ᄅᆞ니라 人心의 靈이 知ㅣ 잇디 아님이 업고 天下앳 物이 理ㅣ 잇디 아닌이 업건마는 오직 理예 窮티 몯홈이 인ᄂᆞᆫ 故로 그 知ㅣ 盡티 몯홈이 인ᄂᆞ니 일로ᄡᅧ

大學 비로소 ᄀᆞᄅᆞ치매 반ᄃᆞ시 學者로 ᄒᆞ여곰 믈읫 天下앳 物에 卽ᄒᆞ야 그 이믜 아ᄂᆞᆫ 理를 因ᄒᆞ야 더욱 窮ᄒᆞ야 ᄡᅧ 그 極에 至홈을 求티 아님이 업게 ᄒᆞᄂᆞ니 힘을 ᄡᅳᆷ이오라 ᄒᆞᄅᆞ 아ᄎᆞᆷ의 豁然히 貫通홈애 니르면 衆物의 表와 裏와 精과 粗ㅣ 니르디 아니미 업고 吾心의 全體와 大用이 ᄇᆞᆰ디 아니미 업스리니 이 닐온 物이 格홈이며 이 닐온 知ㅣ 至홈이니라

| 직역 |

근간에 일찍이 정자(程子)의 뜻을 저으기 취하여 다음과 같이 보충하였다. "이른바 앎을 이룸이 물(物)을 이르게 함에 달려 있다고 한 것은, 나의 앎을 이루고자 한다면 물(物)에 나아가 그 이치를 궁구함에 달려 있음을 말한다. 사람 마음의 신령함이 아는 것이 있지 않음이 없고, 천하의 물(物)에 이치가 있지 않을 수 없지만, 다만 이치에 궁구하지 못함이 있기 때문에 그 아는 것이 다하지 못하는 경우가 있게 된다. 이 때문에 대학에서 처음 가르침에 반드시 배우는 자로 하여금 무릇 천하의 물(物)에 나아가 그 이미 아는 이치를 바탕으로 더욱 궁구하여 그 극진한 데에 이르는 것을 구하지 않음이 없게 하는 것이니, 힘을 씀이 오래됨에 하루아침에 활연하게 꿰여 관통한 데에 이르면 모든 물(物)의 겉과 속, 정밀함과 거칢이 이르지 않음이 없고, 내 마음의 온전한 체와 큰 용(用)이 밝지 않음이 없을 것이다. 이것을 일러 물이 이른다고 하는 것이며, 이것을 일러 앎의 지극함이라고 한다."

| 자해 |

理 : 사물의 그러한 바의 연고와 마땅히 그러한 바의 법. • 卽物 : 즉사(卽事) · 즉경(卽景)이라는 말과 같음. 나를 따라서 접촉한 바의 사물. • 表 : 사람과 물(物)이 하나같이 말미암는 것. • 裏 : 내 마음에 혼자 얻은 것. • 全體 : 모든 이치를 갖춤. • 大用 : 만 가지 일에 응(應)함.

| 의해 |

하늘의 도가 흘러 행하여 만물을 지어내고 길러냄에, 모든 소리와 빛과 모양과 형상이 있게 되니, 천지 사이에 충만한 것이 모두 물건이다. 이미 물건이 있으면 물건 된 바에 각각 당연한 법칙이 있으니, 이것은 모두 하늘이 준 바를 얻은 것이요, 사람이 능히 할 바가 아니다. 이제 지극히 간절하고 가까운 것으로 말한다면, 마음이라는 물건은 실상 몸을 주재하는 것으로서, 체로서는 인의예지의 성품이 있고, 용(用)으로서는 측은(惻隱)・수오(羞惡)・공경(恭敬)・시비(是非)의 정(情)이 혼연하게 가운데 있어서 감동함을 따라 응하되 각각 주장하는 바가 있어서 어지럽힐 수 없다. 다음으로 몸에 갖춘 것으로는, 입과 코와 귀와 눈과 사지의 쓰임이 있고, 또 다음으로 몸에 접촉한 것에 미친다면, 군신과 부자와 부부와 장유와 붕우의 떳떳함이 있다. 이것은 모두 당연한 법칙이 있어서 스스로 그만둘 수 없기 때문이니 이것이 이른바 이치이다. 밖으로 사람에 있어서는 사람의 이치가 몸과 다르지 않으며, 멀리 물건에 있어서는 물건의 이치가 사람과 다르지 않다. 큰 것을 극진히 하면 천지의 운행과 고금의 변함이 벗어나지 못하고, 적은 것에 극진히 하면 한 티끌의 적은 것과 한 숨 쉬는 동안이라도 빠질 수 없다. 이것이 상제가 내린 충(忠)이요, 모든 백성이 잡은 바의 떳떳함이다. 유자(劉子)의 이른바 천지의 중(中)이요, 공자의 이른바 성(性)과 천도요, 자사(子思)의 이른바 천명의 성(性)이요, 맹자의 이른바 인의(仁義)의 마음이요, 정자(程子)의 이른바 천연(天然)하게 스스로 있는 중(中)이요, 장자(張子)의 이른바 만물의 한 근원이요, 소자(邵子)의 이른바 도의 형체라고 하는 것이다. 다만 기질이 맑고 흐리며 편벽되고 바름에 다른 것이 있고, 물욕이 얕고 깊으며 후하고 박한 차이가 있다. 따라서 사람과 물건, 어진 것과 미련한 것이 서로 더불어 분명하게 갈라져 같을 수 없다. 이치가 같기 때문에 한 사람의 마음으로 천하 만물의 이치를 알지 못할 수 없고, 기질이 다르기 때문

에 이치를 궁구하지 못하는 바가 있을 수 있다. 이치를 궁구하지 못함이 있기 때문에 아는 것을 다하지 못함이 있고, 아는 것을 다하지 못함이 있으면, 마음에 발한 것이 의리에 순전하여 물욕의 사사로움에 섞임이 없을 수 없다. 따라서 뜻이 성실하지 못함이 있고, 마음이 바르지 못함이 있으며, 몸이 닦여지지 못함이 있어서, 천하국가를 다스릴 수 없는 것이다. 예전 성인이 이를 염려하여, 처음 가르칠 적에 소학에 들어가서 정성과 공경함을 익히게 하였으니, 방심(放心)을 거두고 덕성을 기른 것이 이미 지극함을 쓰지 않는 바가 없었다. 대학에서는, 사물 가운데 나아가서 이미 알고 있는 이치를 미루어 궁구하여 각각 극진한 데에 이르도록 해서, 나의 지식이 넓고 정밀해지고 간절하여 다하지 않음이 없게끔 했던 것이다. 만일 힘을 쓰는 법이라면, 드러난 일과 행위에 대해 자세히 살피기도 하고, 아주 작은 생각을 살피기도 하며, 문자 가운데에서 구하기도 하고, 강론할 때에는 몸·마음·성정의 덕과 날마다 쓰는 떳떳한 인륜으로부터, 천지·귀신의 변화와, 조수·초목의 마땅함에 이르기까지, 한 물건 중에서도 마땅히 그렇게 하지 않을 수 없는 것과, 그러한 바에 바꿀 수 없는 것을 찾아보지 않음이 없게끔 하되, 반드시 겉과 속과 정밀하고 거친 것을 다하지 않는 바가 없게 하고, 더욱 류(類)를 미루어 통하여 어느 날 하루아침에 활연하게 꿰여 통하면, 정미한 천하사물의 의리를 남김없이 궁구하게 되고, 나의 총명과 지혜 또한 마음의 본체를 극진하게 하여 다 드러낼 것이다. 이것이 본전(本傳)의 빠진 글을 보충한 뜻이다. 그러므로 비록 정자(程子)의 말을 모두 쓰지 못하지만, 귀결점은 합하지 않는 것이 적다. 읽는 사람은 또한 깊이 상고하고 실상을 알아야 할 것이다.

전 6 장

傳六章

소위성기의자 무자기야 여오악취 여호호색
所謂誠其意者는 毋自欺也니 如惡惡臭하며 如好好色이

차지위자겸 고 군자 필신기독야
此之謂自謙이니 故로 君子는 必愼其獨也니라

| 언해 |

닐온밧 그 意를 誠ᄒᆞ다 홈은 스스로 소기디 말로미니 惡臭를 아쳐홈 ᄀᆞᆮ티 ᄒᆞ며 好色을 됴히 너김 ᄀᆞᆮ티 홈이 이 닐온 스스로 謙홈이니 故로 君子ᄂᆞᆫ 반ᄃᆞ시 그 獨을 삼가ᄂᆞ니라

| 직역 |

이른바 그 뜻을 성실히 한다는 것은 스스로 속이지 않는 것이니, 나쁜 냄새를 싫어하는 것처럼 하며, 아름다운 색을 좋아하는 것처럼 하는 것이다. 이것을 일러 스스로 만족한다고 한다. 그러므로 군자는 반드시 그 홀로를 삼간다.

| 자해 |

誠其意 : 스스로 닦는 처음. • 毋 : 금하여 그침. • 自欺 : 선을 행하고 악을 버릴 줄을 알지만, 마음에 발한 것이 성실하지 않음. • 謙 : '겸(慊)'과 같음. 쾌(快)하고 족(足)함. • 獨 : 남은 알지 못하고 나만 홀로 앎.

| 의해 |

천하의 도가 둘이니 선과 악이다. 그러나 처음을 헤아려서 차례를 좇으면, 선이라고 하는 것은 하늘의 명이 본체로서 본래 그러한 것이고, 악이라고 하는 것은 물욕에서 비롯된 사사로운 더러움이다. 그러므로 사람의 떳떳한 성품에는 착한 것이 있고 악한 것이 없기 때문에, 본심이 착한 것을 좋아하고 악한 것을 미워하지 않음이 없다. 그러나 이미 형체에 얽매이고, 또한 기품에 구애받아서, 사사로운 물욕에 가려지고, 본래 모습의 천명이 나타나지 못한다. 따라서 진실로 어리석게도 사물의 이치에 착하고 악함이 있는 것을 알지 못하는 자도 있고, 또한 겨우 대강만 알고 참으로 좋아할 만하고 미워할 만한 극진한 것은 알지 못하기도 한다. 대개 착한 것을 진실로 좋아할 만한 것으로 알지 못하면, 착한 것을 좋아함이 비록 좋아한다고 하지만 안에서 막음이 없지 않다. 또한 악한 것을 진실로 미워할 만한 것을 알지 못하면, 악한 것을 미워함이 비록 미워한다고 하지만 가운데에서 잡아당김이 없지 않다. 따라서 구차하게 스스로 속여서 뜻이 발한 바가 성실하지 않게 된다. 대개 착함을 좋아함이 성실하지 못하면, 착함을 충분히 행하지 못할 뿐 아니라 도리어 착함에 해로움이 있게 된다. 또한 악함을 미워함이 성실하지 못하면, 악한 것을 충분히 버리지 못할 뿐만 아니라 마침내 악한 것을 자라게 할 것이다. 이렇게 되면 해로움이 다만 심할 뿐이니, 무슨 유익함이 있겠는가? 성인이 이것을 염려하였기 때문에 대학의 가르침에 있어서 반드시 격물치지(格物致知)의 조목을 첫 번째로 삼아서 심술(心術)을 열어 밝혔으니, 곧 착하고 악함과 좋아할 만하고 미워할 만한 것을 반드시 가려 알게 하였다. 그리고 여기에 이르러서는 다시 반드시 뜻을 성실히 하라는 말로서, 그윽하고 홀로 하고 은미한 즈음에 삼가서, 구차하게 스스로 속이는 싹을 금지하고자 하였다. 만일 마음에 발한 바가 착함을 좋아한다고 하면 반드시 가운데로부터 바깥에 미치도록 한 터럭도 좋아하지 않음이 없고, 만일 악

함을 미워한다고 하면 반드시 가운데로부터 바깥에 미치도록 한 터럭도 미워하지 않음이 없다. 대개 착함을 좋아하되 마음 가운데에서 좋아하지 않음이 없으면, 좋은 색을 좋아하는 것과 같아서 제 눈이 유쾌하고자 함이므로, 당초에 다른 사람 때문에 좋아하는 것이 아니다. 또한 악함을 미워하되 마음 가운데에서 미워하지 않음이 없으면, 악한 냄새를 미워하는 것과 같아서 제 코가 만족하게 함이므로, 당초에 다른 사람 때문에 미워하는 것이 아니다. 발한 바의 성실함이 이와 같고, 잠깐 동안 터럭만큼의 생각이라도 서로 이어져서 감히 조금도 간단(間斷)함이 없으면, 거의 안과 바깥이 밝게 무르익고 겉과 속이 맑게 통하여 마음이 바르지 아니함이 없고 몸이 닦아지지 않음이 없을 것이다.

小人이 閒居에 爲不善하되 無所不至하다가 見君子而后에 厭然揜其不善하고 而著其善하나니 人之視己가 如見其肺肝然이니 則何益矣리오 此謂誠於中이면 形於外라 故로 君子는 必愼其獨也니라

| 언해 |

小人이 閒居ᄒᆞᆷ애 不善을 호ᄃᆡ 니르디 아닐 바 업시 ᄒᆞ다가 君子ᄅᆞᆯ 본 后에 厭然히 그 不善을 ᄀᆞ리오고 그 善을 나타내ᄂᆞ니 사ᄅᆞᆷ의 己ㅣ 보미 그 肺肝을 보ᄃᆞ시 ᄒᆞ니 곧 므서시 益ᄒᆞ리오 이 닐온 中에 誠ᄒᆞ면 外예 形ᄒᆞᆷ이니 故로 君子ᄂᆞᆫ 반ᄃᆞ시 그 獨을 삼가ᄂᆞ니라

| 직역 |

소인은 한가롭게 있을 때 착하지 않은 일을 하면서 이르지 않는 바가 없이 하다가 군자를 본 후에 은근슬쩍 그 착하지 않음을 가리고 그 착함을 드러내지만, 남들이 자신을 보는 것을 그 폐와 간을 보듯이 하니, 무슨 유익함이 있겠는가? 이것을 일러 마음이 성실하면 겉으로 드러난다고 한다. 그러므로 군자는 반드시 그 홀로 있음을 삼간다.

| 자해 |

閒居 : 홀로 처(處)함. • 厭然 : 부끄러워 가리고 감추는 모양.

| 의해 |

스스로 속이는 소인은 한가하게 거처할 때 신독(愼獨)할 줄 모르고 방자하게 착하지 않은 일을 멋대로 행하다가, 군자를 보고서 은근슬쩍 가리고 감추며, 평소 하던 착하지 않은 것을 가리고 순간적으로 거짓된 착함을 드러낸다. 그가 비록 군자를 속일 수 있고, 악한 것을 가리고 착한 것을 나타냄이 유익하다고 생각하지만, 군자가 사람 보기를 제 폐와 간을 훤히 꿰뚫어 보는 것 같이 함을 알지 못한다. 따라서 소인은 악한 것을 가리고자 하지만 끝내 악한 것을 가리지 못하고, 거짓으로 착한 체 하고자 하지만 끝내 그렇게 할 수 없으니, 또한 무슨 유익함이 있겠는가? 이것이 이른바 진실로 악한 것이 가운데 있으면 저절로 바깥으로 드러난다는 것이니, 곧 하나의 생각을 삼가지 못한 까닭에 이러한 지경에 이르는 것이다. 그러므로 군자는 거듭 경계하여 반드시 그 홀로를 삼가게 하는 것이다.

증자왈 십목소시 십수소지 기엄호
曾子曰 十目所視며 十手所指니 其嚴乎인저

| 언해 |

曾子ㅣ 갈ᄋᆞ샤ᄃᆡ 十目의 보ᄂᆞᆫ 배며 十手의 ᄀᆞᄅᆞ치ᄂᆞᆫ 배니 그 嚴ᄒᆞᆫ뎌

| 직역 |

증자가 말하였다. "열 눈이 보는 바이며, 열 손이 가리키는 바이니, 그 엄중함이여!"

| 의해 |

소인이 홀로 있을 때 멋대로 하는 것은 홀로 있음이 두려워 할 만한 것임을 알지 못하기 때문이다. 증자가 평일에 이르기를 "사람이 조용히 홀로 있는 가운데 착하고 악함이 겨우 뜻만 있어도 문득 스스로 분명하게 형상이 있게 되니, 사람이 나를 볼 리가 없다고 말하지 말라, 열 손가락이 하나같이 가리키는 바이다. 내가 볼 수 있고 가리킬 수 있을 만한 곳이 있으면 곧 다른 사람이 하나같이 보고 하나같이 가리키는 것이 되니 홀로 처함에 가릴 수가 없음이 이 지경에 이르니, 어찌 엄하고 두려워할 만하지 않느냐?"라고 하였다. 증자의 이 말에 따라 군자가 더욱 홀로를 삼가지 않을 수 없음을 보아야 한다.

부윤옥 덕윤신 심광체반 고 군자 필성
富潤屋이요 德潤身이라 心廣體胖하니 故로 君子는 必誠

기의
其意니라

| 언해 |

富ᄂᆞᆫ 집을 潤ᄒᆞ고 德은 몸을 潤ᄒᆞᄂᆞᆫ디라 ᄆᆞ음이 廣홈애 體ㅣ 胖ᄒᆞᄂᆞ니 故로 君子ᄂᆞᆫ 반ᄃᆞ시 그 意를 誠ᄒᆞᄂᆞ니라

| 직역 |

부유함은 집을 윤택하게 하고, 덕은 몸을 윤택하게 하니, 마음이 넓어지면 몸이 펴진다. 따라서 군자는 반드시 그 뜻을 성실하게 한다.

| 자해 |

胖 : 편안하고 펴짐.

| 의해 |

진실로 엄한 줄을 알고 삼가면 어찌 효험을 볼 수 없겠는가? 사람이 만일 부유하고 풍족하면 자연히 집이 빛나고 윤택한데, 하물며 뜻이 안에서 성실하여 덕이 있으면 몸이 윤택하지 않을 수 있겠는가? 대개 덕이 있는 사람은 마음이 부끄럽지도 않고 좁지도 않아서 자연히 넓고 크고 너그럽고 평평하여, 사지가 펼쳐질 때도 자연히 종용(從容)하게 펴진다. 이른바 덕이 몸을 윤택하게 함이 이와 같다. 그러나 덕이 성의(誠意)로부터 나오기 때문에, 군자가 반드시 홀로를 삼가서 뜻을 성실하게 하여, 착한 것을 좋아하기를 좋은 색을 좋아하는 것처럼 하고, 악한 것을 싫어함을 나쁜 냄새를 싫어하는 것같이 하여 반드시 통쾌하고 만족한 지경에 이르면, 덕이 온전하여 몸이 윤택하게 되는 효험이 있을 것이다. 이것은 윗글의 뜻을 매듭지은 것이다.

이상은 전(傳) 6장이니, 성의(誠意)를 해석한 것이다.

| 요지 |

경에 이르기를, "그 뜻을 성실하고자 한다면 먼저 그 아는 데에 이르러야 한다"고 하고, 또 이르기를 "앎이 지극한 후에 뜻이 성실하다"라고 하였다. 대개 마음 본체의 밝음에 다하지 못한 바가 있으면, 발한 바가 실상 힘을 쓰지 못하여 구차하게 스스로 속인다. 그러나 이미 밝지만 여기에 삼가지 못할 수도 있다. 이에 밝은 바가 또한 몸에 있는 것이 되지 않아서 덕에 나가는 기초가 되지 못한다. 그러므로 이 장의 뜻을 반드시 위 장에 이어서 통하여 상고한 뒤에야 힘쓰는 처음과 마침을 볼 수 있을 것이다. 차례를 어지럽게 할 수 없고 공을 빠뜨릴 수 없는 것이 이와 같다.

전 7 장

傳七章

所謂修身이 在正其心者는 身有所忿懥면 則不得其正하고 有所恐懼면 則不得其正하고 有所好樂면 則不得其正하고 有所憂患이면 則不得其正이니라

| 언해 |

닐온밧 몸을 닷금이 그 ᄆᆞᄋᆞᆷ을 正홈애 잇다 홈은 ᄆᆞᄋᆞᆷ애 忿懥ᄒᆞ논 바롤 두면 그 正을 得디 몯ᄒᆞ고 恐懼ᄒᆞ논 바롤 두면 그 正을 得디 몯ᄒᆞ고 好樂ᄒᆞ논 바롤 두면 그 正을 得디 몯ᄒᆞ고 憂患ᄒᆞ논 바롤 두면 그 正을 得디 몯ᄒᆞᄂᆞ니라

| 직역 |

이른바 몸을 닦음이 그 마음을 바르게 함에 있다고 하는 것은, 마음에 분하고 노여워하는 바가 있으면 그 바른 것을 얻지 못하고, 두려워하는 바가 있으면 그 바른 것을 얻지 못하며, 좋아하는 바가 있게 되면 그 바른 것을 얻지 못하고, 근심하는 바가 있게 되면 그 바른 것을 얻지 못하기 때문이다.

| 자해 |

身有 : 정자(程子)가 말하기를, "신유(身有)의 신(身)이란 것은 마땅히 마음

심(心)자로 해야 한다"라고 하였다. • 忿 : 노함이 심한 것 • 懥 : 노여움을 머물러 둠. • 樂 : 좋아함. 음은 요.

| 의해 |

대개 마음이 몸의 주장이 되어서 체(體)는 담연(湛然)하게 지극히 비어 있지만[虛], 물건에 감동됨에 미쳐서는 스스로 기뻐하고 노하고 근심하고 두려워하는 용(用)이 없을 수 없다. 그러나 발함이 자연스러운 절차에 맞으면 본체도 어그러짐이 없게 된다. 본체 가운데에는 원래 한 물건이라도 붙일 수가 없다. 그러므로 만일 노하는 편에 붙어 있어서 분치(忿懥)한 바를 두면, 분치한 바에 얽매여 마음의 쓰임이 바른 것을 얻지 못할 것이고, 두려워하는 편에 붙어 있어서 공구(恐懼)하는 바를 두면 공구한 데 얽매여 마음의 쓰임이 바른 것을 얻지 못할 것이며, 기뻐하는 편에 붙어 있어서 좋아하는 바를 두면 좋아함에 얽매여 마음의 쓰임이 바른 것을 얻지 못할 것이고, 근심하는 편에 붙어 있어서 근심하고 걱정하는 바를 두면 근심하고 걱정함에 얽매여 마음의 쓰임이 바른 것을 얻지 못할 것이다. 마음의 쓰임이 바른 것을 잃어버리면 마음의 체가 어찌 바른 것을 얻겠는가?

心(심)不(부)在(재)焉(언)이면 視(시)而(이)不(불)見(견)하고 聽(청)而(이)不(불)聞(문)하며 食(식)而(이)不(불)知(지)其(기)味(미)니라

| 언해 |

ᄆᆞᄋᆞᆷ이 잇디 아니면 보아도 보디 몯ᄒᆞ며 드러도 듣디 몯ᄒᆞ며 먹어도 그 마ᄉᆞᆯ 아디 몯ᄒᆞᄂᆞ니라

| 직역 |

마음이 있지 않으면 보아도 보지 못하고, 들어도 듣지 못하며, 먹어도 그 맛을 알지 못한다.

| 의해 |

마음이 기쁨・노여움・근심・두려움에 얽매여 바르지 않게 되면 허령(虛靈)한 집[舍]에 있지 않게 된다. 대개 마음이 한번 있지 않으면 몸을 검속하지 못하므로, 눈이 비록 보기는 하지만 빛을 보지 못할 것이고, 귀가 비록 듣기는 하지만 소리를 듣지 못할 것이며, 입이 비록 먹기는 하지만 맛을 알지 못할 것이다. 그러므로 마음이 한번 있지 않아서 몸을 검속하지 못하면 일에 응하고 물건을 접함에 어디에 간들 이치를 얻을 수 있겠는가? 그러므로 군자는 반드시 이것을 살펴서 공경으로 곧게 한 뒤에야 마음이 항상 있어서 몸이 닦이지 않음이 없을 것이다.

차위수신 재정기심
此謂修身이 在正其心이니라

| 언해 |

이 닐온 몸 닷금이 그 ᄆᆞ음을 正홈애 이쇼미니라

| 직역 |

이것을 일러, '몸을 닦음이 그 마음을 바르게 함에 있다'고 한다.

| 의해 |

마음이 바르지 못하면 몸이 닦이지 못함을 볼 것이니, 이것을 일러 수신이 마음을 바르게 함에 있다는 것이다. 마음은 본래 비고

신령하여 밝은 거울과 같다. 그러므로 마음이 동할 때를 잘 살펴서 공경하고 곧게 하여, 조금이라도 굽음이 없는 상태에서 만물을 접하면, 만물이 거울에 비치는 것과 같아서, 정밀하고 거친 것이 모두 그곳에 그치고, 나는 그 물건과 관계가 없는 것처럼 될 수 있다.

이상은 전(傳) 7장이니, 정심(正心)과 수신(修身)을 해석한 것이다.

| 요지 |

이것도 위 장을 이어서 아래 장을 일으킨 것이다. 대개 뜻이 성실하면 참으로 악한 것이 없고 실제로 착함이 있게 된다. 이것으로써 마음을 두어서 몸을 바르게 하는 것이다. 그러나 혹 뜻을 성실히 할 줄만 알고 정밀하게 마음에 있고 없는 것을 살피지 못하면, 안을 곧게 하여 몸을 닦을 수 없게 된다.

◑ 이로부터 아래는 구문(舊文)대로 둔다.

전 8 장

傳八章

所謂齊其家 在修其身者는 人이 之其所親愛而辟焉하고 之其所賤惡而辟焉하며 之其所畏敬而辟焉하고 之其所哀矜而辟焉하며 之其所敖惰而辟焉하나니 故로 好而知其惡하며 惡而知其美者 天下에 鮮矣니라

| 언해 |

닐온밧 그 집을 ᄀᆞᄌᆞ기 홈이 그 몸 닷금애 잇다 홈은 사ᄅᆞᆷ이 그 親愛ᄒᆞᄂᆞᆫ 바애 辟ᄒᆞ며 그 賤惡ᄒᆞᄂᆞᆫ 바애 辟ᄒᆞ며 그 畏敬ᄒᆞᄂᆞᆫ 바애 辟ᄒᆞ며 그 哀矜ᄒᆞᄂᆞᆫ 바애 辟ᄒᆞ며 그 敖惰ᄒᆞᄂᆞᆫ 바애 辟ᄒᆞᄂᆞ니 故로 됴히 너교ᄃᆡ 그 사오나옴을 알며 아쳐호ᄃᆡ 그 아름다오믈 알 者ㅣ 天下애 젹으니라

| 직역 |

이른바 그 집을 가지런하게 함이 그 몸을 닦는 데에 있다고 하는 것은, 사람이 그 친하고 사랑하는 바에 편벽되고, 그 천하게 여겨 미워하는 바에 편벽되며, 그 두렵고 공경하는 바에 편벽되고, 그 슬퍼하고 불쌍히 여기는 바에 편벽되며, 그 거만하고 게으른 바에 편벽되기 때문이다. 따라서 좋게 여기되 그 악함을 알며, 미워

하되 그 아름다움을 아는 사람이 천하에 적다.

| 자해 |

人 : 모든 사람. • 之 : '어(於)'자와 같음. • 辟 : 편벽됨. 음은 벽.

| 의해 |

대개 몸이 다른 사람과 접함에 정(情)이 향하는 바에 각각 당연한 법이 있지만 보통 사람의 정은 늘 편벽되게 좇음이 많다. 그러므로 사람이 골육 사이에 친하고 사랑하지만 의리로 제어할 줄을 몰라 편벽될 수 있고, 미천한 사람은 천하게 여기고 미워하는 바가 되어서 다시 너그럽게 가르치지 못하고 편벽될 수 있으며, 존장(尊丈)에게는 공경하고 두려워하는 바가 되지만 굽히고 꺾는 것에 지나 쳐서 편벽될 수도 있고, 곤궁한 사람에게는 불쌍하고 여길 바가 되지만 고식(姑息)한 데로 흘러 편벽될 수 있다. 또한 사람이 사랑할 만한 것도 아니요, 공경할 만한 것도 아니면, 사람으로 하여금 예를 행함에도 소홀하고 교제하기에도 게을러서 거만한 데 이르러 편벽될 수 있다. 대개 친하고 사랑하며 두려워하고 공경하며 슬퍼하고 불쌍하게 여김은 모두 좋아하는 유(類)이지만 그 가운데 어찌 모두 악함이 없겠으며, 천히 여기고 미워하고 거만하고 게으른 것이 모두 미워하는 유이지만 그 가운데 어찌 모두 아름다움이 없겠는가? 그렇지만 모두 편벽됨이 이와 같기 때문에, 좋아하면서도 악함을 알고 미워하면서도 아름다움을 아는 자를 천하에서 찾아도 드물다.

故로 諺에 有之하니 曰 人이 莫知其子之惡하며 莫知其苗之碩이라 하니라

| 언해 |

故로 諺에 이시니 ᄀᆞᆯ오ᄃᆡ 사ᄅᆞᆷ이 그 子의 사오나옴을 아디 몯ᄒᆞ며 그 苗의 크믈 아디 몯ᄒᆞᆫ다 ᄒᆞ니라

| 직역 |

따라서 속담에 이러한 말이 있다. "사람이 자기 아들의 악한 것을 알지 못하며, 자기 모가 큼을 알지 못한다."

| 자해 |

諺 : 속담.

| 의해 |

사람의 정(情)이 편벽됨이 이와 같으니 그 해로움을 이루 다 말할 수 있겠는가? 그러므로 세속의 말에 이르기를, '자식의 악한 것은 아비가 알기 쉬운 바이지만 사람이 사랑에 빠져 그 악한 것을 알지 못하고, 곡식 싹의 무성한 것은 농사하는 이가 알기 쉬운 것이지만 사람이 탐욕에 가려서 제 곡식의 무성한 것을 알지 못한다.' 고 하니, 편벽됨의 해로움이 한결같이 이에 이른다.

차 위 신 불 수 　불 가 이 제 기 가

此謂身不修면 不可而齊其家니라

| 언해 |

이 닐온 몸이 닷디 아니면 可히 뻐 그 집을 ᄀᆞᄌᆞ기 ᄒᆞ디 몯홈이니라

| 직역 |

이것을 일러, "몸이 닦이지 않으면 그 집을 가지런하게 할 수 없다"고 한다.

| 의해 |

이것을 일러 좋아하고 미워함이 한 편에 치우치면 내 몸이 이미 닦아지지 않는다고 한다. 그러므로 반드시 한 집안의 어른과 높고 낮음에 처함에 각각 바름을 얻을 수 없을 것이니 어찌 집을 가지런하게 할 수 있겠는가? 그러므로 경에 이르기를, 집을 가지런하게 하고자 하면 반드시 먼저 몸을 닦으라고 한 것이다.

이상은 전(傳) 8장이니, 수신(修身)과 제가(齊家)를 해석한 것이다.

| 요지 |

이 글은 첫 구절에서 몸이 닦아지지 않음을 자세하게 하고, 다음 구절에서는 몸이 닦아지지 않음과 집이 가지런하지 않음이 곧 여기에 있음을 증명하고, 마지막 구절에서는 위의 글을 뒤집어 매듭지었다.

전 9 장

傳九章

所謂治國이 必先齊其家者는 其家를 不可敎요 而能敎人者가 無之하니 故로 君子는 不出家而成敎於國하나니 孝者는 所以事君也요 弟者는 所以事長也요 慈者는 所以使衆也니라

| 언해 |

닐온밧 나라흘 다ᄉᆞ리미 반ᄃᆞ시 몬저 그 집을 ᄀᆞᄌᆞ기 홀 꺼시라 홈은 그 집을 可히 敎티 몯ᄒᆞ고 能히 사ᄅᆞᆷ을 敎홀 者ㅣ 업ᄉᆞ니 故로 君子ᄂᆞᆫ 집의 나디 아니ᄒᆞ야셔 敎ㅣ 나라ᄒᆡ 이ᄂᆞ니 孝ᄂᆞᆫ ᄡᅥ 君을 셤기ᄂᆞᆫ 배오 弟ᄂᆞᆫ ᄡᅥ 長을 셤기ᄂᆞᆫ 배오 慈ᄂᆞᆫ ᄡᅥ 衆을 브리ᄂᆞᆫ 배니라

| 직역 |

이른바 나라를 다스리려면 반드시 먼저 그 집을 가지런하게 해야 한다고 하는 것은, 자기 집안을 가르칠 수 없으면서 다른 사람을 가르칠 수 있는 자가 없기 때문이다. 따라서 군자는 집밖에 나가지 않고서도 나라에서 가르침을 이룬다. 효는 임금을 섬기는 소이(所以)이고, 제(悌)는 어른을 섬기는 소이며, 자(慈)는 무리를

부리는 소이이다.

| 의해 |

경문에 이른바 나라를 다스리려면 반드시 먼저 그 집을 가지런하게 한다고 하는 것은 무엇을 말함인가? 대개 나라의 근본이 집에 있으니, 만일 몸을 닦아서 집을 가지런하게 하지 못하면 집안사람을 가르칠 수 없으며, 그러고서도 한 나라 사람을 가르치는 이치는 결코 없다. 그러므로 나라를 다스리는 군자가 몸이 집밖을 나가지 않고서도 내 몸이 이미 닦여서 표준이 서면, 스스로 가르침을 나라에서 이룬다. 이것은 무엇 때문인가? 대개 집과 나라는 분수는 비록 다르지만 이치는 하나이다. 나라에 임금이 있는 것은 마치 집에 부모가 있는 것과 같다. 집에서 부모를 섬기기를 효도로써 하는 것은 곧 나라의 신하와 백성이 임금과 윗사람을 섬기는 이치이다. 나라에 어른이 있음은 집에 형이 있는 것과 같다. 집에서 형 섬기기를 공손히 하는 것은 곧 나라에 낮고 천한 이가 관장(官長)을 섬기는 이치이다. 나라에 무리[衆]가 있는 것은 집에 어린이가 있는 것과 같다. 집에서 아들을 사랑하는 것은 곧 나라의 관장이 무리 사람들을 부리는 이치이다. 이것이 군자가 집밖에 나가지 않고서도 가르침을 이루는 방법이다.

康誥에 曰 如保赤子라 하니 心誠求之면 雖不中이나 不遠矣니 未有學養子而后에 嫁者也니라

| 언해 |

康誥애 ᄀᆞᆯ오ᄃᆡ 赤子를 保ᄒᆞᆷ ᄀᆞᆮ티 ᄒᆞ라 ᄒᆞ니 ᄆᆞᄋᆞᆷ애 誠으로 求ᄒᆞ

면 비록 中티 몯ᄒᆞ나 머디 아니 ᄒᆞᄂᆞ니 子 養홈을 ᄇᆡ혼 후에 嫁ᄒᆞᆯ 者ㅣ 잇디 아니 ᄒᆞ니라

| 직역 |

강고(康誥)에 이르기를, "갓난아이 보호하듯 하라"고 하니, 마음이 정성으로 구하면 비록 적중하지 못하더라도 큰 차이는 없을 것이다. 자식 기르는 것을 배운 뒤에 시집가는 사람은 있지 않다.

| 의해 |

효·제·자(孝·弟·慈)를 어찌 억지로 하겠는가? 예를 들어 어린이를 사랑하는 말단에 나아가 본다면, 「강고」에 이르기를 '백성을 보호하기를 갓난아이를 보호함과 같이 한다'라고 하였다. 진실로 생각건대, 갓난아이는 비록 스스로 그 뜻을 말하지 못하지만, 사랑하는 어미의 마음이 지성으로 구하면 비록 적중하지 못하더라도 또한 크게 차이가 나지 않는다. 이것은 자연히 그러한 것이니, 어찌 먼저 자식을 기르는 법을 배운 후에 시집가는 자가 있겠는가? 「강고」에서 갓난아이를 보호함과 같다고 말한 것은 바로 이러한 뜻이다. 대개 무리를 부리는 도는 그 어린이를 사랑하는 마음을 미루는 데 지나지 않으며, 어린이를 사랑하는 마음이 바깥에서 들어와서 억지로 하는 것이 아니다. 그러므로 임금을 섬김에 효도와 어른을 섬김에 공손함이 어찌 이와 다르겠는가? 모두 단서를 알아 미루어 넓히는 데 달려 있다.

一家(일가) 仁(인)이면 一國(일국)이 興仁(흥인)하고 一家(일가) 讓(양)이면 一國(일국)이 興讓(흥양)하고 一人(일인)이 貪戾(탐려)하면 一國(일국)이 作亂(작란)하나니 其機(기기)가 如此(여차)하니 此謂(차위) 一言(일언)이 僨事(분사)이며 一人(일인)이 定國(정국)이니라

| 언해 |

 집이 仁면 나라히 仁에 興고 집이 讓면 나라히 讓에 興고 사미 貪며 戾면 나라히 亂을 作니 그 機ㅣ 이니 이 닐온 말이 일을 僨며 사미 나라 定홈이니라

| 직역 |

한 집안이 인(仁)하면 한 나라가 인을 일으키고, 한 집안이 사양하면 한 나라가 사양함을 일으키며, 한 사람이 탐하고 어그러지면 한 나라가 혼란을 일으킬 것이니, 그 기틀이 이와 같다. 이것을 일러, "한 마디 말이 일을 그르치며, 한 사람이 나라를 안정시킨다"고 한다.

| 자해 |

一人 : 임금. • 機 : 발동함이 말미암는 것. • 僨 : 엎어져 패함.

| 의해 |

이치가 이미 한결같고 근본 또한 자연한 데로부터 비롯되는 것이다. 그러므로 군자가 몸을 닦아서 집을 가르칠 수 있다면, 가르침이 나라에서 이루어지지 않을 수 있겠는가? 만일 효·제·자(孝·弟·慈)를 한 집안에 다하여 한 집으로 하여금 모두 은혜가 있어 서로 친하고 인(仁)하게 하면, 한 나라 사람이 모두 흥기하여 인(仁)을 하지 않을 리가 없다. 또한 한 집으로 하여금 순박하게 예가 있어서 서로 공경하고 사랑하게 하면, 한 나라 사람이 모두 흥기하여 사양하지 않을 리가 없다. 만일 그렇지 않아서 한 사람이 인(仁)하지도 않고 사양하지도 않아서 (제 자신에게 이익이 되는) 일만을 좋아하고 이치에 어그러지면, 한 나라가 모두 본받고 더하여 혼란을 일으킬 것이다. 그 발동하는 기틀이 신속하여 어그러지지 않음이 이와 같다. 이것이 이른바 "한 마디 말을 잘못

하면 일을 엎질러 패하게 할 수 있고, 한 사람의 바른 것이 나라를 편안하게 안정시킬 수 있다"고 하는 것이다. 군자가 탐하고 어그러짐을 경계하고 인(仁)하고 사양함을 행하여 나라를 정하는 근본을 삼지 않을 수 있겠는가?

堯舜이 帥天下以仁하신대 而民이 從之하고 桀紂가 帥天下以暴한대 而民이 從之하니 其所令이 反其所好면 而民이 不從하나니 是故로 君子는 有諸己而後에 求諸人하며 無諸己而後에 非諸人하나니 所藏乎身이 不恕요 而能喩諸人者 未之有也니라

| 언해 |

堯와 舜이 天下 帥ᄒᆞ심을 仁으로ᄡᅥ ᄒᆞ신대 民이 좃고 桀과 紂ㅣ 天下 帥홈을 暴로ᄡᅥ ᄒᆞᆫ대 民이 조ᄎᆞ니 그 令ᄒᆞᄂᆞᆫ 배 그 됴히 너기ᄂᆞᆫ 바애셔 反ᄒᆞ면 民이 좃디 아니ᄒᆞᄂᆞ니 이런 故로 君子ᄂᆞᆫ 몸애 둔 後에 사ᄅᆞᆷ의게 求ᄒᆞ며 몸애 업슨 後에 사ᄅᆞᆷ의게 외다 ᄒᆞᄂᆞ니 몸애 藏ᄒᆞᆫ 배 恕몯홀 꺼시오 能히 사ᄅᆞᆷ의게 喩홀 者ㅣ 잇디 아니ᄒᆞ니라

| 직역 |

요임금과 순임금이 천하를 인(仁)으로써 거느리자 백성이 따르고, 걸(桀)과 주(紂)가 천하를 포악함으로써 거느리자 백성이 따랐으니, 그 명령하는 바가 그 좋아하는 바와 반대되면 백성이 따르지 않는다. 따라서 군자는 (착함이) 자기에게 있은 뒤에 다른

사람에게 요구하며, (악함이) 자기에게 없는 뒤에 다른 사람에게 그르다 하니, 자기 몸에 갖춘 바가 서(恕)하지 않고 다른 사람을 깨우칠 수 있는 자가 있지 않다.

| 자해 |

帥 : 거느림, 음은 솔. 恕 : 자기를 미루어서 다른 사람에게 미침. • 喩 : 깨우침.

| 의해 |

대개 나라가 한 사람으로써 안정된다면, 집을 가지런하게 함으로써 나라를 다스리는 자는 마땅히 자기 몸에서 구할 것이다. 예컨대 요임금과 순임금이 몸소 효・제・자(孝・弟・慈)를 행하여 천하를 인(仁)으로써 거느림에, 백성이 모두 보고 감동하여 인(仁)을 좇고, 하나라의 걸(桀)과 은나라 주(紂)가 불효하고 공손하지 못하며 자애롭지 못하여 천하를 포악(暴惡)으로써 거느림에, 백성이 또한 본받고 더하여 포악함을 좇았다. 대개 걸・주도 어찌 일찍이 백성에게 인(仁)으로써 명령하지 않았겠는가? 다만 그가 좋아하는 것은 포악한 것이고, 명령하는 것은 인(仁)이니, 이것은 그가 명령하는 것이 좋아하는 것을 뒤집은 것이다. 백성이 어찌 그가 좋아하는 것을 놓고 뒤집은 명령을 좇겠는가? 그러므로 제가와 치국하는 군자는 반드시 인(仁)과 사양의 착함을 몸에 둔 뒤에야 명령을 내서 사람의 착함을 구할 수 있고, 탐하고 어그러진 악함이 몸에 없어진 뒤에야 명령을 내서 사람의 악한 것을 바르게 할 수 있다. 이것이 몸을 다스리는 마음을 미루어서 사람을 다스림이니, 이른바 서(恕)이다. 만일 자기 몸에 착함이 있고 악함이 없지 못한데 다른 사람에게 착함을 하고 악함을 버리라고 명령하면, 이것은 서(恕)가 아니어서 다른 사람을 깨우쳐서 명령을 좇게 할 수 없다.

고 치국 재제기가
故로 治國이 在齊其家니라

| 언해 |

故로 나라ᄒᆞᆯ 다ᄉᆞ림이 그 집을 ᄀᆞᄌᆞ기 홈애 인ᄂᆞ니라

| 직역 |

따라서 나라를 다스림은 그 집을 가지런하게 함에 달려 있다.

통틀어[通] 위의 글을 맺었다.

| 의해 |

요컨대 한 몸의 거동이 한 집의 추세와 상관되고, 한 집의 숭상함이 한 나라가 보고 감동함에 매여 있기 때문에, 나라를 다스리는 것은 몸을 닦아서 집을 가지런하게 함에 달려 있다.

시 운 도지요요 기엽진진 지자우귀 의기
詩에 云 桃之夭夭여 其葉蓁蓁이로다 之子于歸여 宜其
가인 의기가인이후 가이교국인
家人이라 하니 宜其家人而后에 可以教國人이니라

| 언해 |

詩예 닐오ᄃᆡ 桃의 夭夭홈이여 그 닙피 蓁蓁ᄒᆞ도다 之子의 歸홈이여 그 家人을 宜ᄒᆞ리로다 ᄒᆞ니 그 家人을 宜ᄒᆞᆫ 后에 可히 ᄡᅧ 國人을 ᄀᆞᄅᆞ칠이니라

| 직역 |

시에 이르기를, "복숭아의 아름다움이여! 그 잎사귀가 무성하도다. 그 아가씨의 시집감이여! 그 집안 사람들을 마땅하게 하리로다"라고 하니, 그 집안 사람을 마땅하게 한 후에 나라 사람들을 가르칠 수 있는 것이다.

| 자해 |

詩 : 「주남(周南) · 도요(桃夭)」편. • 夭夭 : 젊고 좋은 모양. • 之子 : 이 사람, 시집가는 여자를 가리킴.

| 의해 |

제가하고 치국하는 이치를 시에서 읊은 것이다. 왕의 교화를 아름답게 여겨 이르기를, "복숭아의 요요하게 젊고 좋음이여! 그 잎사귀가 진진하게 아름답고 무성하도다. 이 사람이 이때를 타서 시집감이여! 반드시 그 한 집안 사람들을 마땅하게 하리로다"라고 하였다. 그러므로 군자가 반드시 몸을 닦아서 한 집을 화목하게 하고 좋지 않음이 없게 한 뒤에야 나라 사람들을 가르쳐서 나라 사람들로 하여금 각각 집안사람을 마땅하게 할 수 있다.

시 운 의형의제 의형의제이후 가이교국인

詩에 云 宜兄宜弟라 하니 宜兄宜弟而后에 可以教國人이니라

| 언해 |

詩예 닐오ᄃᆡ 兄을 宜ᄒᆞ며 弟를 宜ᄒᆞ다 ᄒᆞ니 兄을 宜ᄒᆞ며 弟를 宜ᄒᆞᆫ 后에 可히 ᄡᅥ 國人을 ᄀᆞᄅᆞ칠이니라

| 직역 |

시에 이르기를, "형을 마땅하게 하며 아우를 마땅하게 한다"라고 하니, 형을 마땅하게 하고 아우를 마땅하게 한 후에야 나라 사람들을 가르칠 수 있는 것이다.

| 자해 |

詩 : 「소아(小雅) · 요소(蓼蕭)」편.

| 의해 |

시에서 제후를 찬미하여 이르기를, "군자가 나라에 있어서, 아우는 그 형에게 잘하고 형은 그 아우에게 잘한다"라고 하였다. 그러므로 나라를 다스리는 군자는 몸을 닦아서 형제에게 마땅히 한 뒤에야 나라 사람들을 가르쳐서 하여금 각각 형에게 마땅하게 하고 아우에게 마땅하게 해야 한다.

시 운 기의불특 정시사국 기위부자형제
詩에 云 其儀不忒이라 正是四國이라 하니 其爲父子兄弟
족법이후 민 법지야
이 足法而后에 民이 法之也니라

| 언해 |

詩예 닐오ᄃᆡ 그 儀ㅣ 그르디 아니ᄒᆞᆫ디라 이 四國을 正ᄒᆞ리로다 ᄒᆞ니 그 父子와 兄弟ㅣ 되온이 足히 法ᄒᆞᆫ 후에 民이 法ᄒᆞᄂᆞ니라

| 직역 |

시에 이르기를, "그 위의(威儀)가 그르지 않으니, 이 사방의 나라를 바르게 하리로다"라고 하니, 그 부자와 형제 되는 이가 본받을

수 있게 된 뒤에 백성이 본받는 것이다.

| 자해 |

詩 : 「조풍(曹風) · 시구(鳲鳩)」편. • 忒 : 어그러짐.

| 의해 |

시에서 대부를 찬미하여 이르기를, "군자의 위의에 떳떳함이 있어서 어그러짐이 없으면, 사방 나라의 사람들을 바르게 할 수 있다"고 하였다. 그러므로 나라를 다스리는 군자가 반드시 몸을 닦아서 아비가 되어서는 자애하고, 아들이 되어서는 효도하고, 형이 되어서는 우애하고, 아우가 되어서는 공손하여, 집안의 본보기기 되면 이른바 위의가 어그러지지 않은 것이다. 그러한 뒤에야 백성이 모두 본받아서 각기 부자와 형제의 도를 극진하게 하지 않음이 없을 것이다. 이것이 이른바 사방의 나라를 바르게 한다고 하는 것이다.

차 위 치 국　　재 제 기 가
此謂治國이 在齊其家니라

| 언해 |

이 닐온 나라흘 다ᄉᆞ림이 그 집을 ᄀᆞᄌᆞ기 홈애 이숌이니라

| 직역 |

이것을 일러, 나라를 다스림이 그 집을 가지런하게 함에 달려 있다고 한다.

| 의해 |

이상 세 개의 시가 말한 바는 나라를 가르치는 것이 곧 집을 마땅히 하는 가운데에 있고, 백성들이 본받는 것이 본받을 만한 곳에 달려 있다는 것이다. 말은 비록 다르지만, 모두 나라를 다스림을 나라에서 구하지 않고 몸을 닦아서 집을 가지런하게 함에 달려 있다고 하였다. 그러므로 시와 경문이 서로 바꾸어 발명(發明)한 것이 있지 않은가?

이상은 전(傳) 9장이니, 제가(齊家)와 치국(治國)을 해석한 것이다.

| 요지 |

이 글에서 중요한 것은 집을 벗어나지 않고 가르침을 나라에 이룬다는 한 글귀에 있다. 나라를 가르치는 이치가 집을 가르치는 데에서 벗어나지 않고, 이치는 억지로 하는 것이 아니니, 효를 말한 두 구절은 집을 벗어나지 않고 가르침을 나라에 이룬다는 근원을 미루어 말한 것이다. 또한 집을 가르쳐야 나라를 가르칠 수가 있는데 발동함이 반드시 자기 몸에 근본하니, 인(仁)과 양(讓)의 두 구절은 집을 벗어나지 않고 가르침을 나라에 이루는 실상을 바로 말한 것이다. 그러므로 나라를 다스린다는 구절을 맺은 말을 여기에서 다 하였고, 뒤에서는 세 번 시를 인용하여 읊어 탄식하여 거듭하여 맺은 것이다.

전 10 장

傳十章

所謂平天下(소위평천하)가 在治其國者(재치기국자)는 上(상)이 老老(노로)에 而民(이민)이 興孝(흥효)하며 上(상)이 長長(장장)에 而民(이민)이 興弟(흥제)하며 上(상)이 恤孤(휼고)에 而民(이민)이 不倍(불배)하나니 是以(시이)로 君子(군자) 有絜矩之道也(유혈구지도야)니라

| 언해 |

닐온밧 天下롤 平히 홈이 그 나라홀 다ᄉᆞ림애 잇다 홈은 上이 늘근이롤 늘근이로 ᄒᆞ욤애 民이 孝애 興ᄒᆞ며 上이 얼운을 얼운으로 ᄒᆞ욤애 民이 弟예 興ᄒᆞ며 上이 孤롤 恤홈애 民이 倍티 아니ᄒᆞ나니 일로뻐 君子ㅣ 矩로 絜ᄒᆞᄂᆞᆫ 道ㅣ 인ᄂᆞ니라

| 직역 |

이른바 천하를 화평하게 함이 그 나라를 다스림에 달려 있다고 하는 것은, 위에서 노인을 노인으로 섬기면 백성이 효를 일으키고, 위에서 어른을 어른으로 섬기면 백성이 제(悌)를 일으키며, 위에서 외로운 이를 구휼하면 백성이 배반하지 않기 때문이다. 따라서 군자는 구(矩)로 헤아리는 도(道)가 있는 것이다.

| 자해 |

老老 : 내 늙은이를 늙은이로 섬김. • 興 : 감동하여 일어남. • 孤 : 고아. 倍 :

'배(背)'자와 같음, 어그러짐. • 絜 : 헤아림. • 矩 : 모진 그릇을 만드는 도구, 곡척(曲尺). 구(矩)로 헤아린다는 것은 곡척(曲尺)으로 마르고 재서 모진 그릇을 만드는 것을 비유한 말.

| 의해 |

대개 집과 나라와 천하가 크고 작음은 있지만 두 가지 마음은 없으니, 나라를 다스리는 이치가 천하에 통하고, 집을 가지런하게 하는 도는 나라를 다스리는 도와도 통한다. 윗사람이 자기 집의 노인을 노인으로 잘 섬겨 효도로써 집을 가르치면 나라 사람들도 효도를 일으킬 것이고, 윗사람이 어른을 어른으로 대접하여 공손함으로써 집을 가르치면 나라 사람들도 공손함을 일으킬 것이며, 윗사람이 외로운 사람을 불쌍하게 여겨 자애로써 집을 가르치면 나라 사람들도 자애를 실천하여 어그러지지 않을 것이다. 한 나라 백성으로 보면 천하 사람의 마음이 같음을 알 수 있다. 그러나 마음을 일으키는 것만 있고 처치할 도가 없으면, 저 마음에 느낀 바가 있는 사람이 혹 마음을 이루지 못하고 고르지 못한 한탄이 있을 수 있다. 그러므로 천하를 화평하게 하는 군자가 그와 같은 것을 미루어 물(物)을 헤아려서 구(矩)로 헤아리는 도가 있으면 오직 화(和)할 뿐 아니라 아울러 처치할 도가 있는 것이다. 그러므로 천하의 효(孝)・제(悌)・자(慈)를 하고자 하는 자로 하여금 모두 분수를 따라 스스로 극진히 하여 고르지 않음이 없게 할 수 있다. 이것이 천하를 화평함이 나라를 다스림에 달려 있다고 하는 것이다.

소오어상 무이사하 소오어하 무이사상
所惡於上으로 毋以使下하고 所惡於下로 毋以事上하며
소오어전 무이선후 소오어후 무이종전
所惡於前으로 毋以先後하고 所惡於後로 毋以從前하며
소오어우 무이교어좌 소오어좌 무이교어우
所惡於右로 毋以交於左하고 所惡於左로 毋以交於右
차지위혈구지도야
此之謂絜矩之道也니라

| 언해 |

上에 아쳐ᄒᆞᄂᆞᆫ 바로뼈 下롤 브리디 말며 下에 아쳐ᄒᆞᄂᆞᆫ 바로뼈 上을 셤기디 말며 前에 아쳐ᄒᆞᄂᆞᆫ 바로뼈 後에 몬져 말며 後에 아쳐ᄒᆞᄂᆞᆫ 바로뼈 前에 從티 말며 右에 아쳐ᄒᆞᄂᆞᆫ 바로뼈 左에 交티 말며 左에 아쳐ᄒᆞᄂᆞᆫ 바로뼈 右에 交티 마롬이 이를 닐온 矩로 絜ᄒᆞᄂᆞᆫ 道ㅣ니라

| 직역 |

위에서 미워하는 것으로 아래를 부리지 말고, 아래에서 미워하는 것으로 위를 섬기지 말며, 앞에서 미워하는 것으로 뒤에 먼저 하지 말고, 뒤에서 미워하는 것으로 앞을 따르지 말며, 오른편에서 미워하는 것으로 왼편과 사귀지 말고, 왼편에서 미워하는 것으로 오른편과 사귀지 말아야 하는 것이니, 이것을 일러, '구(矩)로 헤아리는 도'라고 한다.

| 의해 |

혈구(絜矩)의 뜻이 무엇인가? 만일 윗사람이 나를 부리는 것이 미워할 만하면 반드시 이로써 아랫사람을 헤아려 감히 이것으로 아랫사람을 부리지 못하고, 만일 아랫사람이 나를 섬기는 것이 미워할 만하면 반드시 이로써 윗사람을 헤아려 감히 이것으로 윗

사람을 섬기지 못하며, 만일 앞 사람이 나보다 먼저 하는 것을 미워한다면 반드시 뒤에 있는 사람의 마음을 헤아려 먼저 하지 말고, 만일 뒤의 사람이 나를 좇음을 미워한다면 반드시 앞에 있는 사람의 마음을 헤아려 좇지 말아야 하며, 만일 오른편이 미워하는 것이면 이로써 왼편을 헤아려 왼편을 사귀지 말고, 왼편이 미워하는 것이면 이로써 오른편을 헤아려 오른편을 사귀지 말아야 하니, 이것을 일러 혈구(絜矩)의 도라고 한다. 이 도를 써서 천하를 화평하게 하면, 잡은 것은 간략하지만 미치는 효과는 넓으니 천하에 어찌 화평하지 않는 것이 있겠는가?

> 시 운 낙지군자 민지부모 민지소호 호지
> 詩에 云 樂只君子여 民之父母라 하니 民之所好를 好之
>
> 민지소오 오지 차지위민지부모
> 하며 民之所惡를 惡之 此之謂民之父母니라

| 언해 |

詩예 닐오ᄃᆡ 나온 君子ㅣ여 民의 父母ㅣ라 하니 民의 됴하ᄒᆞ는 바ᄅᆞᆯ 됴히 너기며 民의 아쳐ᄒᆞ는 바ᄅᆞᆯ 아쳐홈이 이ᄅᆞᆯ 닐온 民의 父母ㅣ니라

| 직역 |

시에 이르기를, "즐거운 군자여, 백성의 부모이다"라고 하니, 백성들이 좋아하는 바를 좋아하고, 백성들이 미워하는 바를 미워하는 것이니, 이것을 일러, '백성의 부모'라고 한다.

| 자해 |

詩 : 「소아(小雅) · 남산유대(南山有臺)」편. • 只 : 어조사.

| 의해 |

평천하(平天下)의 도가 구(矩)로 헤아림에 달려 있고, 그것은 또 한 좋아하고 미워함에 백성과 한가지로 함을 헤아릴 따름이다. 시에 이르기를, '즐거운 군자여, 실상 백성의 부모가 된다.'고 하니, 군자를 어찌 백성의 부모라고 이르는가? 대개 임금이 백성들이 좋아하는 것이면 따라서 좋아하여 반드시 이루게 하고, 백성들이 미워하는 것이면 따라서 미워하여 반드시 버리게 함을 말하는 것이다. 이것이 진실로 군자가 마음으로 정성껏 구하고 백성 사랑하기를 자식처럼 사랑하는 것이니, 백성이 또한 부모로서 친히 함을 말한 것이다. 혈구(絜矩)를 함에 얻음이 이와 같다.

詩에 云 節彼南山이여 維石巖巖이로다 赫赫師尹이여 民具爾瞻이라 하니 有國者 不可以不愼이니 辟則爲天下僇矣니라

| 언해 |

詩예 닐오ᄃᆡ 節ᄒᆞᆫ 뎌 南山이여 石이 巖巖ᄒᆞ도다 赫赫ᄒᆞᆫ 師ㅣ언 尹이여 民이 다 너ᄅᆞᆯ 본다 ᄒᆞ니 나라ᄒᆞᆯ 둔ᄂᆞᆫ 者ㅣ 可히 뻐 삼가디 아니티 몯ᄒᆞᆯ 꺼시니 辟ᄒᆞ면 天下의 僇이 되ᄂᆞ니라

| 직역 |

시에 이르기를, 깎아지를 듯한 저 남산이여, 돌이 암암(巖巖)하도다. 혁혁한 태사인 윤(尹)씨여, 백성들이 모두 너를 본다'라고 하였다. 나라를 둔 자가 삼가지 않을 수 없으니, 편벽되면 천하의 죽임을 당하게 된다.

| 자해 |

詩 : 「소아(小雅) · 절남산(節南山)」편. • 節 : '절(截)'과 같음. 깎아지를 듯이 높고 큰 모양. • 師尹 : 주(周)나라 태사(太師) 윤씨(尹氏). • 具 : 한가지로 함. • 辟 : 한쪽으로 치우침.

| 의해 |

혈구(絜矩)하지 못하는 예를 들어보기로 한다. 시에 이르기를, "저 깎아지를 듯한 큰 남산이여, 오직 돌이 암암하게 두렵도다. 하물며 혁혁한 태사 윤씨여, 백성들이 한가지로 너를 본다"고 하니, 시에서 윤씨를 나무람이 이와 같다. 나라를 둔 군자가 좋아하고 미워함이 백성의 편안하고 위태함에 상관되기 때문에, 이 백성들이 한가지로 봄을 볼 수가 있으니 삼가지 않을 수 없다. 만일 편벽됨을 좇아서 백성들과 더불어 좋아하고 미워함을 한가지로 하지 않으면, 자기 몸과 나라가 함께 망하여 천하의 큰 죽임이 될 것이다. 이것이 혈구를 하지 못한 해로움이다.

詩에 云 殷之未喪師에 克配上帝러니 儀監于殷이어다
峻命不易라하니 道得衆則得國하고 失衆則失國이니라

| 언해 |

詩예 닐오딕 殷이 師롤 喪티 아니ᄒᆞ야신제 능히 上帝씌 配ᄒᆞ엿더니 맛당히 殷에 볼디어다 큰 命이 쉽디 아니타 ᄒᆞ니 衆을 어드면 나라흘 얻고 衆을 일흐면 나라흘 일홈을 니ᄅᆞ니라

| 직역 |

시에 이르기를, '은나라가 무리를 잃지 않았을 때에는 상제에게

짝할 수 있었으니, 마땅히 은나라를 거울로 삼아야 한다. 큰 명(命)을 유지하기 쉽지 않다'라고 하니, 무리를 얻으면 나라를 얻고 무리를 잃으면 나라를 잃음을 말한 것이다.

| 자해 |

詩 : 「대아(大雅) · 문왕(文王)」 편. • 師 : 무리. • 配 : 대(對)가 됨. '배상제(配上帝)'는 천하의 임금이 되어서 상제에게 대(對)가 됨을 말함. • 儀 : 원래 시에는 '의(宜)자'로 되어 있음. • 監 : 봄. • 峻 : 원래 시에는 '준(駿)'자로 되어 있음. 큼의 뜻. • 不易 : 보존하기 어려움. • 道 : 말함.

| 의해 |

좋아하고 미워함을 백성과 한가지로 하면 부모가 되고, 좋아하고 미워함이 편벽되면 천하의 죽임이 되니, 무리를 얻고 잃음을 알아야 한다. 시에 이르기를, "은나라 선왕이 무리를 잃지 않았을 때는 천하의 임금이 되어 상제에게 짝할 수 있었는데, 은나라가 무리를 이미 잃어버림에 천명이 문득 떠났으니, 이제 마땅히 은나라를 보고 경계할 것이다. 하늘의 큰 명은 쉽게 보전되지 못한다"라고 하니, 시에서 성왕(成王)을 경계함이 이와 같다. 대개 임금의 명은 하늘에 있고, 하늘의 마음은 백성에게 있다. 따라서 임금이 좋아하고 미워함을 백성과 한가지로 하여 사람들의 마음을 얻으면, 백성들이 제 부모처럼 사랑하게 되니 저절로 하늘의 명과 맞아서 나라를 얻을 것이요, 좋아하고 미워함을 한가지로 하지 못하여 백성들의 마음을 잃어버리면, 천하의 죽임이 되어 상제가 노하여 나라를 잃게 된다. 시의 말에 다른 뜻이 있는 것이 아니니, 얻고 잃어버림에 관계된 바가 진실로 크지 않은가?

시고 군자 선신호덕 유덕 차유인 유인
是故로 君子는 先愼乎德이니 有德이면 此有人이요 有人

차유토 유토 차유재 유재 차유용
이면 此有土요 有土면 此有財요 有財면 此有用이니라

| 언해 |

이런 故로 君子ᄂᆞᆫ 몬져 德을 삼가ᄂᆞ니 德이 이시면 이예 사ᄅᆞᆷ이 잇고 사ᄅᆞᆷ이 이시면 이예 ᄯᅡ히 잇고 ᄯᅡ히 이시면 이예 財ㅣ 잇고 財ㅣ 이시면 이예 用이 인ᄂᆞ니라

| 직역 |

그러므로 군자는 먼저 덕을 삼가는 것이니, 덕이 있으면 이에 사람이 있고, 사람이 있으면 이에 땅이 있으며, 땅이 있으면 이에 재물이 있고, 재물이 있으면 이에 씀이 있다.

| 자해 |

德 : 명덕(明德). • 有人 : 무리를 얻음. • 有土 : 나라를 얻음.

| 의해 |

얻고 잃어버림에 관계됨이 이와 같지만 왕왕 혈구(絜矩)하지 못함은 재물이 없음을 근심하기 때문이다. 재물이 없는 어려움을 근심하지 말고, 덕이 없음을 근심해야 한다. 따라서 천하의 군자는 좋아하고 미워함을 알아서 마땅히 삼갈 것을 삼가야 한다. 마땅히 먼저 할 것은 덕에 있으니, 격물・치지와 성의・정심으로 혈구의 근본을 바르게 해야 한다. 덕을 삼가면 좋아하고 미워함을 백성들과 한가지로 하여, 백성들이 자연히 돌아와 좇을 것이니, 곧 무리를 얻어서 사람이 있게 된다는 것이다. 사람이 있으면 왕의 땅이 아닌 것이 없게 되니, 곧 나라를 얻어서 땅이 있게 된

다는 것이다. 사람이 있고 땅이 있으면 어찌 재물과 씀이 없음을 근심하겠는가? 이 땅이 있어서 부세(賦稅)를 내면 곧 재물이 있을 것이고, 재물이 있으면 경비를 쓸 수 있게 된다.

德者(덕자)는 本也(본야)요 財者(재자)는 末也(말야)니

| 언해 |

德은 本이오 財는 末이니

| 직역 |

덕은 근본이요, 재물은 말단이다.

| 의해 |

이로부터 본다면 덕을 삼갈 수 있다면 자연히 재용(財用)이 있게 된다. 따라서 덕은 근본으로서 마땅히 중하게 여길 것이요, 재용은 덕을 삼감으로 말미암아 끝이 되니 마땅히 가볍게 여길 바이다.

外本內末(외본내말)이면 爭民施奪(쟁민시탈)이니라

| 언해 |

本을 外ᄒᆞ고 末을 內ᄒᆞ면 民을 爭케 ᄒᆞ야 奪을 施홈이니라

| 직역 |

근본을 밖으로 하고 끝을 안으로 하면, 백성을 다투게 하여 빼앗는 것을 가르치는 것이다.

| 의해 |

무릇 덕이 근본이 되니 마땅히 안으로 해야 하고, 재물이 끝이 되니 마땅히 바깥으로 해야 한다. 만일 윗사람이 덕을 삼갈 줄을 알지 못하여 바깥으로 하고 재물을 중하게 여겨서 안으로 하면, 백성들이 본받고 더하여 서로 빼앗고 뺏을 것이다. 이것은 백성들이 본래 그러한 것이 아니라 윗사람이 가르쳐서 이렇게 된 것이다.

시고 재취즉민산 재산즉민취
是故로 財聚則民散하고 財散則民聚니라

| 언해 |

이런 故로 財ㅣ 모ᄃᆞ면 民이 ᄒᆞ터디고 財ㅣ ᄒᆞ트면 民이 못ᄂᆞ니라

| 직역 |

그러므로 재물이 모이면 백성들이 흩어지고, 재물이 흩어지면 백성들이 모인다.

| 의해 |

백성이 이미 다투고 빼앗으면 편안하게 살지 못할 것이니, 어찌 백성을 둘 수 있겠는가? 그러므로 끝을 안으로 하여 백성들의 재물을 많이 거두어 재물이 위에 모이면 백성들이 이것을 본받아

서로 다투고 빼앗아 떠나고 헤어질 것이다. 만일 윗사람이 재물을 거두지 않아 재물이 아래로 흩어지면 백성들이 떠나지 않고 모두 윗사람을 사랑하고 친히 하여 와서 모이게 될 것이다.

시고 언패이출자 역패이입 화패이입자 역
是故로 言悖而出者는 亦悖而入하고 貨悖而入者는 亦
패이출
悖而出이니라

| 언해 |

이런 故로 말이 悖ᄒᆞ야 난 者ᄂᆞᆫ ᄯᅩᄒᆞᆫ 悖ᄒᆞ야 들고 貨ㅣ 悖ᄒᆞ야 든 者ᄂᆞᆫ ᄯᅩᄒᆞᆫ 悖ᄒᆞ야 나ᄂᆞ니라

| 직역 |

그러므로 말이 (이치에) 거슬려 나가면 또한 거슬려 들어오고, 재물이 (이치에) 거슬려 들어오면 또한 거슬려 나간다.

| 자해 |

悖 : 거스름.

| 의해 |

더욱이 백성이 헤어지면 재물도 모이지 못할 것이다. 그러므로 임금이 이치에 어긋나는 말을 하고 거스른 명령을 내리면, 백성들로부터도 거스른 말과 이치에 어긋나는 말이 되돌아올 것이다. 하물며 부세를 멋대로 부과하고 포학하게 거두어서 재물이 이치를 어겨 들어오면, 백성이 또한 일어나서 밀고 빼앗아서 이치에 어그러져 나가지 않겠는가? 이것은 재물을 앞세우고 혈구(絜矩)

하지 못한 데서 비롯된 일이다. 위 글의 '선신호덕(先愼乎德)' 이하로부터 여기에 이르기까지는 재물의 혈구 여부에 따라서 얻고 잃어버림을 밝힌 것이다.

강고 왈 유명 불우상 도선즉득지 불선
康誥에 曰 惟命은 不于常이라 하니 道善則得之하고 不善
즉실지의
則失之矣니라

| 언해 |

康誥애 ᄀᆞᆯ오ᄃᆡ 오직 命은 덛덛ᄒᆞᆫ ᄃᆡ 아닌ᄂᆞ다 ᄒᆞ니 善ᄒᆞ면 얻고 善티 아니ᄒᆞ면 일홈을 니ᄅᆞ니라

| 직역 |

강고에 이르기를, "오직 명은 일정하지 않다"라고 하니, 선하면 얻고 선하지 않으면 잃게 됨을 말한다.

| 자해 |

道 : 말함.

| 의해 |

무릇 덕을 삼가는 자는 저렇고, 끝을 안으로 하는 자는 이와 같으니, 임금의 몸에 얻고 잃어버림을 알 수 있다. 「강고」에 이르기를, "오직 하늘의 명이 너에게만 항상 있지 않다"라고 하니, 대개 임금 된 자가 덕에 삼가서 혈구하여 행한 바가 진실로 착하면, 사람과 토지와 재물과 쓰는 것은 서로 연결되는 것이니, 이는 모두 천명을 얻음으로써 얻을 수 있게 되는 것이다. 반대로 끝을 안으

로 하여 혈구(絜矩)하지 못하여 착하지 않으면 어그러져 들어가고 어그러져 나와서 천명이 떠나가 잃어버린다. 임금이 천명을 보전하고 한다면 어찌하여 덕을 삼가서 백성과 더불어 하고자 함을 한가지로 하지 않겠는가? 이것은 위 글에서 「문왕」의 시를 인용한 뜻을 인하여 거듭 말한 것이니, 반복하는 뜻이 더욱 깊고 간절하다.

초서 왈 초국 무이위보 유선 이위보
楚書에 曰 楚國은 無以爲寶요 惟善을 以爲寶라 하니라

| 언해 |

楚書애 ᄀᆞᆯ오ᄃᆡ 楚ㅅ나라ᄒᆞᆫ ᄡᅧ 寶 삼을 꺼시 업고 오직 어디 니를 ᄡᅧ 寶 삼ᄂᆞ다 ᄒᆞ니라

| 직역 |

초서(楚書)에 이르기를, "초나라는 보배로 삼을 것이 없고, 오직 착한 이를 보배로 삼는다"고 하였다.

| 자해 |

楚書 : 초어(楚語).

| 의해 |

근본을 바깥으로 하고 끝을 안으로 하지 않는다는 뜻을 초나라 글에서 보고 얻을 수 있다. 옛적에 조간자(趙簡子)가 백형(白珩)이라는 패옥(珮玉)으로 초나라 대부 왕손어(王孫圉)에게 물으니, 왕손어가 대답하여 말하기를 "우리 초나라는 금과 옥을 보배로 삼지 않고 착한 사람을 보배로 삼는다"라고 하였다. 무릇 착한 이는

근본이고 재물은 끝이므로, 재물을 가볍게 여기고 어진 이를 소중하게 여긴 것이다.

舅犯曰(구범왈) 亡人(망인)은 無以爲寶(무이위보)요 仁親(인친)을 以爲寶(이위보)라 하니라

| 언해 |

舅ㅣ언 犯이 골오ᄃᆡ 亡ᄒᆞᆫ 사ᄅᆞᆷ은 ᄡᅧ 寶 삼을 꺼시 업고 親을 仁홈을 ᄡᅧ 寶 삼으라 ᄒᆞ니라

| 직역 |

구범(舅犯)이 말하기를, "도망나간 사람은 보배로 삼을 것이 없고, 어버이를 사랑함을 보배로 삼는다"라고 하였다.

| 자해 |

舅犯 : 진문공(晉文公)의 외삼촌(外三寸) 호언(弧偃), 자(字)가 자범(子犯)이기 때문에 구범(舅犯)이라고 함. • 亡人 : 문공(文公)이 공자(公子)일 때 도망나가 바깥에 있는 것을 말함. • 仁 : 사랑함.

| 의해 |

옛적에 진목공(秦穆公)이 공자(公子) 중이(重耳 : 문공의 이름)에게 나라를 얻을 것을 권하였다. 이에 구범(舅犯)이 가르치며 말하기를, "망명 중인 사람(亡人 곧 重耳)은 나라를 얻음을 보배로 삼지 않고, 오직 어버이 상사(喪事)에 애통함을 보배로 삼는다"고 하였다. 대개 어버이를 사랑함은 근본이요, 나라를 얻음은 끝이므로, 나라를 가볍게 여기고 어버이를 중히 여긴 것이다. 이 또한 근본을 바깥으로 하고 끝을 안으로 하지 않는 것이다. 그러므로 천하를 둔 자가 근본을 바깥으로 하고 끝을 안으로 하여 혈구의

도를 알지 못할 수 있겠는가? 이 두 구절은 근본을 바깥으로 하고 끝을 안으로 하지 않는 뜻을 밝힌 것이다.

秦誓에 曰 若有一个臣이 斷斷兮요 無他技나 其心이 休休焉이요 其如有容焉이라 人之有技를 若己有之하며 人之彦聖을 其心好之하여 不啻若自其口出이면 寔能容之라 以能保我子孫黎民이니 尙亦有利哉인저 人之有技를 媢疾以惡之하며 人之彦聖을 而違之하여 俾不通이면 寔不能容이라 以不能保我子孫黎民이니 亦曰殆哉인저

| 언해 |

秦誓애 ᄀᆞᆯ오ᄃᆡ 만일에 ᄒᆞᆫ낫 臣이 斷斷ᄒᆞ고 다ᄅᆞᆫ ᄌᆡ죄 업ᄉᆞ나 그 ᄆᆞ음이 休休ᄒᆞᆫ디 그 용납ᄒᆞᆷ이 인ᄂᆞᆫᄃᆞᆺ ᄒᆞᆫ디라 사ᄅᆞᆷ의 ᄌᆡ조ᄃᆞᆷ을 몸이 ᄃᆞᆷ ᄀᆞᆮ티 ᄒᆞ며 사ᄅᆞᆷ의 彦聖을 그 ᄆᆞ음애 됴히 너기미 그 입으로브터 남 ᄀᆞᆮᄐᆞᆯ ᄲᅮᆫ이 안이면 진실로 能히 용납ᄒᆞᄂᆞᆫ디라 ᄡᅥ 能히 우리 子孫과 黎民을 保ᄒᆞ리니 거의 ᄯᅩᄒᆞᆫ 利이시린뎌 사ᄅᆞᆷ의 ᄌᆡ조ᄃᆞᆷ을 媢疾ᄒᆞ야 ᄡᅥ 아쳐ᄒᆞ며 사ᄅᆞᆷ의 彦聖을 違ᄒᆞ야 ᄒᆞ여곰 通티 몯게 ᄒᆞ면 진실로 能히 용납디 몯ᄒᆞᄂᆞᆫ디라 ᄡᅥ 能히 우리 子孫과 黎民을 保티 몯ᄒᆞ리니 ᄯᅩᄒᆞᆫ ᄀᆞᆯ온 위ᄐᆡᄒᆞ린뎌

| 직역 |

「진서」에서 말하였다. "만일 어떤 신하가 성실하고 다른 재주가 없지만 그 마음이 곱고 그 용납함이 있는 듯하여, 남이 재주가 있

음을 자기 몸에 있는 것 같이하며, 남이 훌륭하고 성스러움을 그 마음에 좋게 여김이 그 입으로부터 나오는 것보다 더하다면, 진실로 남을 포용할 수 있어서 우리 자손과 백성을 보전할 수 있을 것이니, 또한 이로움이 있을 것이다. 남이 재주가 있음을 시기하고 미워하며, 남의 훌륭하고 성스러움을 거슬러 통하지 못하게 한다면, 진실로 남을 포용할 수 없어서 우리 자손과 백성을 보전할 수 없을 것이니, 또한 위태롭다고 할 것이다."

| 자해 |

秦書 : 『서경』 「주서(周書)」의 편명. • 斷斷 : 성실하고 한결 같은 모양. • 彦 : 아름다운 선비. 聖 : 통명(通明)함. 尙 : 거의. • 媢 : 시기함. • 違 : 떨쳐 어그러짐. • 殆 : 위태함.

| 의해 |

대개 혈구의 도는 좋아하고 미워함을 공변되게 함에 있고, 좋아하고 미워하는 것에는 어진 이를 나오게 하고 불초(不肖)한 이를 물리치는 것만큼 긴요한 것이 없다. 옛날 진목공(秦穆公)이 뭇 신하에게 맹서하여 고하여 말하기를, "만일 한낱 신하가 있어서 겉으로부터 보면 단단(斷斷)하게 성실하고 한결 같고 다른 재능은 없는 것 같으나, 마음을 비우고 착한 것을 즐겨하여 곱게 용납하는 바가 있어서, 다른 사람이 재주와 기술이 있는 것을 보면 자기 몸에 있는 것 같이하여 반드시 그 장점을 모두 쓰고자 하고, 다른 사람이 덕이 있어서 아름답고 사리에 통달한 것을 보면, 다만 입으로 칭찬할 뿐만이 아니라 마음으로부터 충심으로 그를 좋아한다면, 이는 진실로 천하의 재주와 덕이 있는 선비를 용납하는 것이다. 이러한 사람을 대신으로 삼으면, 반드시 착한 무리를 이끌어 써서 우리 자손을 보전하고 길게 부귀를 누리며, 우리 백성들을 보전하여 길게 태평을 누려, 나라에 이익이 될 것이다. 만일 선량하지 못한 신하라면 전혀 단단한 정성과 고운 도량이 없어

서, 다른 사람이 재주가 있는 것을 보면 자기보다 나을까 두려워하여 문득 시기하고 미워하며, 다른 사람이 아름답고 사리에 통달한 것을 보면 조정에 같이 설까 두려워하여 문득 거스르고 꺾어서 통달하지 못하게 하니, 진실로 천하의 재주와 덕을 용납하지 못한다. 만일 이와 같은 사람이 대신이 되면, 장차 착한 무리를 상하게 하여 끊고 소인을 나오게 하여, 반드시 우리 자손을 보전하지 못하여 종사(宗社)가 위태로울 것이요, 우리 백성들을 보전하지 못하여 나라의 근본이 없어질 것이니, 또한 나라를 위태롭게 할 것이다"라고 하였다. 대개 어진 이를 용납하는 자가 나라에 이익 됨이 이와 같고, 어진 이를 방해하는 자가 나라를 병들게 함이 이와 같다. 임금이 자신을 돕는 신하를 고름에 있어 「진서」의 말을 참고할 만하다.

유인인 방류지 병저사이 불여동중국
唯仁人이라야 放流之하여 迸諸四夷하여 不與同中國하나

차위 유인인 위능애인 능오인
니 此謂 唯仁人이라야 爲能愛人하며 能惡人이니라

| 언해 |

오직 仁ᄒᆞᆫ 사ᄅᆞᆷ이아 放流ᄒᆞ야 四夷예 迸ᄒᆞ야 더브러 中國에 同티 아니ᄒᆞᄂᆞ니 이 닐온 오직 仁ᄒᆞᆫ 사ᄅᆞᆷ이아 能히 사ᄅᆞᆷ을 ᄉᆞ랑ᄒᆞ며 能히 사ᄅᆞᆷ을 아쳐홈이니라

| 직역 |

오직 인자(仁者)만이 추방하고 유배시키되, 사방 오랑캐 땅으로 내쫓아 더불어 나라 가운데 함께 하지 않으니, 이것을 일러 '오직 인자만이 다른 사람을 사랑할 수 있고 다른 사람을 미워할 수 있

다'고 한다.

| 자해 |

迸 : 내쫓음.

| 의해 |

대개 어진 이를 용납하는 사람은 마땅히 좋아할 바요, 어진 이를 해롭게 하는 사람은 마땅히 미워할 바이다. 오직 인(仁)한 사람이라야 지공무사(至公無私)하여 어진 이를 해롭게 하는 사람을 내쳐 옮겨 귀양 보내되, 사방의 이적(夷狄)들의 먼 땅으로 쫓아버려서 중국(中國)과 함께 더불지 못하게 한다. 무릇 어진 이를 해롭게 하는 사람을 미워할 수 있다면, 어진 것을 용납하는 사람을 반드시 좋아해야 할 것임을 알 수 있다. 이것이 이른바 오직 인(仁)한 사람이라야 좋아함에 바름을 얻어서 다른 사람을 좋아할 수 있고, 또 미워함에 바름을 얻어서 능히 다른 사람을 미워할 수 있다는 것이다. 좋아하고 미워함이 공효(功效)를 극진하게 하고 혈구함이 이와 같다.

견현이불능거 거이불능선 만야 견불선이불
見賢而不能擧하며 擧而不能先이 命也요 見不善而不
능퇴 퇴이불능원 과야
能退하며 退而不能遠이 過也니라

| 언해 |

어디 니ᄅᆞᆯ 보고 能히 擧티 몯ᄒᆞ며 擧호ᄃᆡ 能히 몬져 몯홈이 慢홈이오 어디디 안인 이를 보고 能히 退티 몯ᄒᆞ며 退호ᄃᆡ 能히 멀리 몯홈이 過ㅣ니라

| 직역 |

현자를 보고도 들어 쓰지 못하고, 들어 쓰되 먼저하지 못함이 태만함이요, 착하지 않은 이를 보고도 물리치지 못하며, 물리치되 멀리하지 못함은 잘못이다.

| 자해 |

命 : 정씨(鄭氏)에 의하면 '만(慢)'자로 써야 하고, 정자(程子)에 의하면 '태(怠)자'로 써야 한다고 하는데, 누가 옳은 지는 자세하지 않음.

| 의해 |

그러나 천하에 어찌 인(仁)한 사람만 있겠는가? 어진 사람을 마땅히 좋아할 것을 보고도 들어 쓰지 못하고, 들어 쓴다 하더라도 의심하고 지체하여 속히 쓰지 못하니, 이것은 범홀(泛忽)한 마음으로 어진 사람을 대접하는 것이며 게으른 것이다. 그러므로 좋아할 줄은 알지만 능히 사람을 좋아할 수 있다고 이르지 못할 것이다. 어진 이를 해롭게 하는 불선(不善)을 보고 마땅히 미워하되 능히 물리치지 못하며, 물리칠지라도 능히 멀리 버리지 못하니, 이것은 모두 이치를 봄이 참되지 못하고 사사로움을 버림이 극진하지 못한 것이다.

호인지소오 오인지소호 시위불인지성 재필
好人之所惡하며 惡人之所好를 是謂拂人之性이라 菑必
체부신
逮夫身이니라

| 언해 |

사ᄅᆞᆷ의 아처ᄒᆞᄂᆞᆫ 바ᄅᆞᆯ 됴히 너기며 사ᄅᆞᆷ의 됴히 너기ᄂᆞᆫ 바ᄅᆞᆯ 아쳐

ᄒᆞᆷ이 이 닐온 사ᄅᆞᆷ의 性을 拂ᄒᆞᆷ이라 菑ㅣ 반ᄃᆞ시 몸애 믿ᄂᆞ니라

| 직역 |

남이 미워하는 바를 좋아하며, 남이 좋아하는 바를 미워함을 일러 사람의 성품을 거스름이라고 하니, 재앙이 반드시 그 몸에 미칠 것이다.

| 자해 |

拂 : 거스름.

| 의해 |

온전하게 혈구(絜矩)를 하지 못하는 자는 어진 이를 해롭게 하므로 사람들이 모두 미워하는 바이지만, (다스리는 자는) 제 자신을 편하게 하는 사사로움을 기뻐하여 도리어 좋아하고, 어진 이를 용납하는 사람은 사람들이 모두 좋아하는 바이지만, (다스리는 자는) 제 욕심을 방해할까 의심하여 도리어 미워한다. 이것이 이른바 착한 것을 좋아하고 악한 것을 미워하는 사람의 본성을 어긴다는 것이다. 그러므로 재앙이 반드시 몸에 미칠 것이다. 「진서」로부터 여기에 이르기까지 모두 좋아하고 미워함이 공변되고 사사로움에 극진함을 거듭 말하고, 위 글에서 '남산유대(南山有臺)'와 '절남산(節南山)'을 인용한 뜻을 밝혔다.

是故(시고)로 君子有大道(군자유대도)하니 必忠信以得之(필충신이득지)하고 驕泰以失之(교태이실지)니라

| 언해 |

이런 故로 君子ㅣ 큰 道ㅣ 이시니 반드시 忠과 信으로써 얻고 驕와 泰로써 일ᄂᆞ니라

| 직역 |

그러므로 군자에게 큰 도가 있으니, 반드시 충(忠)과 신(信)으로써 얻고, 교만과 방자함으로써 잃어버린다.

| 자해 |

君子 : 지위[位]로써 말한 것. 위정자의 뜻. • 道 : 지위에 따라 몸을 닦고 사람을 다스리는 술법. • 忠 : 자기 몸에서 발하여 스스로 다함. • 信 : 물(物)을 좇아서 어김이 없음. • 驕 : 자랑하고 높은 체함. • 泰 : 사치하고 방사함.

| 의해 |

내가 전에 「문왕」과 「강고」를 인용하여 인심과 천명의 얻고 잃어버림이 혈구(絜矩)에 매여 있음을 알았는데, 이제 좋아하고 미워함이 공변된 것인가 아니면 극히 사사로운 것인가에 달려 있음을 보고, 혈구의 득실이 근본적으로 한 마음에 달려 있음을 알았다. 그러므로 천하를 화평하게 하는 군자는 덕을 삼가서 몸을 닦고 구(矩)로 혈(絜)하여 사람을 다스리는 큰 도가 있으니, 반드시 제 마음을 충(忠)으로 남김없이 다하고, 신(信)으로 물건의 이치를 좇아서 어그러지지 않으면, 물건과 나의 사이가 없어져서 큰 도를 얻을 것이다. 큰 도를 얻으면 그로 인하여 무리를 얻고, 나라를 얻으며, 천명을 얻게 된다. 반면에 스스로 높은 체 하여 안으로 성의(誠意)가 적어서 극진히 하지 않고, 뜻을 방자하게 하여 사치하고 방사(放肆)하여 밖으로 무리를 거슬러 어김이 많으면, 사사로운 뜻이 가리고 막아서 남과 나를 다르게 보아 큰 도를 잃어버린다. 큰 도를 잃어버리면 그로 인하여 무리를 잃고, 나라를 잃으며, 천명을 잃게 된다. 그러므로 천하를 화평하게 하는 자가 충과 신에 힘써서 덕을 삼가고 구(矩)로 혈(絜)하지 않을 수 있겠

는가? 이 글은 위에 인용한 「문왕」과 「강고」의 뜻을 인하여 말한 것이다. 이 글 안에서 세 번 득실을 말한 것이 더욱 간절하다. 대개 여기에 이르러 하늘의 이치가 있게 되고 없어지는 기틀이 결정된다.

생재 유대도 생지자 중 식지자 과 위지
生財에 有大道하니 生之者 衆하고 食之者 寡하며 爲之
자 질 용지자 서 즉재항족의
者 疾하고 用之者 舒하면 則財恒足矣리라

| 언해 |

財ᄅᆞᆯ 生ᄒᆞ욤이 큰 道ㅣ 이시니 生ᄒᆞᆯ 者ㅣ 衆ᄒᆞ고 食ᄒᆞᆯ 者ㅣ 寡ᄒᆞ며 爲ᄒᆞᆯ 者ㅣ 疾ᄒᆞ고 用ᄒᆞᆯ 者ㅣ 舒ᄒᆞ면 財ㅣ 덛덛이 足ᄒᆞ리라

| 직역 |

재물을 생산함에 큰 도가 있으니, 생산하는 자가 많고 먹는 자가 적으며, 하기를 빨리하고 쓰기를 느리게 하면, 재물이 늘 풍족할 것이다.

| 의해 |

그러나 천하를 둔 자가 매번 충(忠)·신(信)하지 못하여 큰 도를 잃어버리는 것은 무슨 이유인가? 대개 재리(財利)를 마음에 두어 때때로 모으기를 생각하지만, 실상 재물을 모으는 것이 귀한 것이 아니라 생산하는 것이 중요하다. 재물을 생산하는 데 본래 큰 도가 있다. 큰 도는 무엇인가? 나라에 노는 백성이 없으면 재물을 생산하는 것이 많을 것이고, 조정에 요행으로 얻은 벼슬이 없으면 먹는 자가 적을 것이며, 농사할 때를 빼앗지 않으면 하는 것

이 빠를 것이요, 들어오는 것을 헤아려 나가게 하면 여유가 있을 것이다. 대개 생산하는 것이 많고, 하는 것이 빨라서, 재물의 근원을 열고, 먹는 이가 적고 쓰임이 펴져, 재물이 흐르는 것을 조절하면, 조정에서나 들에서나 오래도록 풍족하고 가득함을 누려서 재물이 족하지 않은 근심이 없을 것이다. 어찌 반드시 근본을 바깥으로 하고 끝을 안으로 한 후에야 재물을 모을 수 있겠는가?

인자 이재발신 불인자 이신발재
仁者는 以財發身하고 不仁者는 以身發財니라

| 언해 |

仁ᄒᆞᆫ 者ᄂᆞᆫ 財로ᄡᅥ 몸을 發ᄒᆞ고 不仁ᄒᆞᆫ 者ᄂᆞᆫ 몸으로ᄡᅥ 財를 發ᄒᆞᄂᆞ니라

| 직역 |

인자는 재물로써 몸을 일으키고, 불인자는 몸으로써 재물을 일으킨다.

| 자해 |

發 : 일으킴.

| 의해 |

그러나 이 재물을 생산하는 큰 도는 오직 인자라야 얻을 수 있다. 대개 인자는 큰 도가 있어서 재물을 생산하되, 그것을 사사롭게 하지 않는다. 따라서 다른 사람이 스스로 돌아와서 편안하고 부유하고 높고 영화로움을 누리는데, 이것은 재물로써 몸을 일으키기 때문이다. 만일 인자가 아니라면 큰 도가 있는 바를 알지 못하

고 다만 재용만 힘쓰고 몸이 위태하고 망함은 돌아보지 않는데, 이것은 몸으로써 재물을 발하기 때문이다.

미 유 상 호 인 이 하 불 호 의 자 야 미 유 호 의 기 사 부 종
未有上好仁而下不好義者也니 未有好義요 其事不終
자 야 미 유 부 고 재 비 기 재 자 야
者也며 未有府庫財이 非其財者也니라

| 언해 |

上이 仁을 됴히 너기고 下ㅣ 義를 됴히 너기디 아닐 者ㅣ 잇디 아니니 義ᄅᆞᆯ 됴히 너기고 그 일이 ᄆᆞᆺ디 몯ᄒᆞᆯ 者ㅣ 잇디 아니며 府庫읫 財ㅣ 그 財ㅣ 아니 니 잇디 아니ᄒᆞ니라

| 직역 |

위에서 인(仁)을 좋아하는데 아래에서 의(義)를 좋아하지 않는 경우는 없으니, 의(義)를 좋게 여기고 그 일이 마무리되지 못하는 경우가 없으며, 창고의 재물이 그의 재물이 아닌 경우가 없다.

| 의해 |

대개 재물로써 몸을 일으키는 실상이 어떠한가? 윗사람이 백성을 사랑함은 인(仁)이요, 백성이 위에 충성함은 의(義)이다. 윗사람이 인(仁)을 좋아하여 아래를 사랑하면, 아랫사람이 의(義)를 좋아하여 윗사람에게 충성하지 않는 경우가 없다. 아랫사람이 의(義)를 좋아하여 윗사람에게 충성하면 임금의 일로써 자기의 일을 삼아서 반드시 일을 마칠 것이다. 이것이 의(義)를 좋아하고서 일이 마쳐지지 않는 경우가 없다는 뜻이다. 아랫사람이 의(義)를 좋아하여 일을 마치면 자신의 힘도 또한 감히 사랑하지 않는데

하물며 임금에게 있는 재물에 있어서랴? 이것이 부고(府庫)의 재물이 그의 재물이 되지 않음이 없다는 뜻이다.

孟獻子曰 畜馬乘은 不察於鷄豚하고 伐氷之家는 不畜牛羊하고 百乘之家는 不畜聚斂之臣하나니 與其有聚斂之臣으론 寧有盜臣이라 하니 此謂 國은 不以利爲利요 以義爲利也니라

| 언해 |

孟獻子ㅣ ᄀᆞᆯ오ᄃᆡ 馬乘치ᄂᆞᆫ 이ᄂᆞᆫ 鷄와 豚에 ᄉᆞᆯ피디 아니ᄒᆞ고 氷을 伐ᄒᆞᄂᆞᆫ 집은 牛와 羊을 치디 아니ᄒᆞ고 百乘ㅅ집은 聚斂ᄒᆞᄂᆞᆫ 臣을 치디 아니ᄒᆞᄂᆞ니 그 聚斂ᄒᆞᄂᆞᆫ 臣 둠으로 더브러론 출하리 盜臣을 둘디라 ᄒᆞ니 이 닐온 나라ᄒᆞᆫ 利로ᄡᅧ 利ᄅᆞᆯ 삼디 아니ᄒᆞ고 義로ᄡᅧ 利ᄅᆞᆯ 삼오미니라

| 직역 |

맹헌자(孟獻子)가 이르기를, "마승(馬乘)을 기르는 이는 닭과 돼지를 살피지 않고, 얼음을 치는 집은 소와 양을 기르지 않으며, 백승(百乘)의 집은 취렴(聚斂)하는 신하를 기르지 않으니, 그 취렴하는 신하를 기를진댄 차라리 도둑질 하는 신하를 둔다"고 하였으니, 이것을 일러 "나라는 이(利)를 이로움으로 삼지 않고 의(義)를 이로움으로 삼는다"고 한다.

| 자해 |

孟獻子 : 노나라의 어진 대부(大夫)였던 중손멸(仲孫蔑). • 畜馬乘 : 사(士)가

처음으로 대부가 되어 마승(馬乘 : 수레에 메는 말)을 기르는 경우. • 伐氷之家 : 경(卿)과 대부(大夫) 이상으로 상사(喪事)와 제사에 얼음을 쓰는 집. • 百乘之家 : 봉(封)을 받은 땅이 있어서 수레 백승(百乘)을 낼 수 있는 집.

| 의해 |

무릇 임금으로서 인정(仁政)을 행하지 않고 재물을 탐하는 자는 진실로 취렴(聚斂)하는 신하가 그르치는 것이다. 맹헌자(孟獻子)가 항상 이르기를, "마승(馬乘)을 기르는 집에서는 임금의 봉록을 먹으니 마땅히 닭과 돼지를 길러서 백성의 이익을 침범해서는 안 되고, 상사(喪事)와 제사에 얼음을 쓰는 집은 먹는 봉록이 후하니 소와 양을 길러서 백성의 이익을 침범해서는 안 되며, 백승(百乘)의 집에 이르러서는 이미 부세를 받는 것이 있으니 더욱 마땅히 취렴하는 신하를 두어 백성의 재물을 긁어 위를 받들어서는 안 된다. 취렴하는 신하가 있기보다는 차라리 부고의 재물을 도적질하는 신하를 두는 것이 괜찮다"고 하였다. 대개 도적질하는 신하는 내 몸의 재물만 상할 뿐이지만, 취렴하는 신하는 백성의 생명을 상하게 하니, 어찌 그러한 신하를 두어서 백성들에게 해가 되게 할 수 있겠는가? 맹헌자의 말이 이와 같으니, 어찌 유독 집을 둔 자의 경계만 될 뿐이겠는가? 이것은 나라를 둔 자가 이익을 자기만 독차지하여 이익을 이로움으로 삼을 것이 아니라, 마땅히 이익을 백성들에게 공변되게 하여 의(義)로써 이로움을 삼아야 함을 말한다.

長國家而務財用者는 必自小人矣니 彼爲善之 小人之使爲國家면 菑害가 竝至라 雖有善者이나 亦無如之何矣니 此謂國은 不以利爲利요 以義爲利也니라

| 언해 |

國家에 長ᄒᆞ야 財用을 힘쓰ᄂᆞᆫ 이ᄂᆞᆫ 반ᄃᆞ시 小人으로브테니 小人으로 ᄒᆞ여곰 國家ᄅᆞᆯ ᄒᆞ게 ᄒᆞ면 菑와 害ㅣ ᄀᆞᆯ와 니ᄅᆞᆯ디라 비록 어딘 者ㅣ 이시나 ᄯᅩᄒᆞᆫ 엇디려뇨 홈이 업스리니 이 닐온 나라ᄒᆞᆫ 利로ᄡᅥ 利ᄅᆞᆯ 삼디 아니ᄒᆞ고 義로ᄡᅥ 利ᄅᆞᆯ 삼오미니라

| 직역 |

국가에 어른이 되어 재물 쓰는 것을 힘쓰는 이는 반드시 소인으로부터 비롯되니, 저 소인으로 하여금 국가를 다스리게 하면 재앙과 해로움가 아울러 이를 것이다. 비록 잘하는 자가 있더라도 또한 어찌할 수 없을 것이니, 이것을 일러, "나라는 이(利)를 이로움을 삼지 않고 의(義)를 이로움으로 삼는다"고 한다.

| 자해 |

彼爲善之 : 이 구절의 위와 아래에는 아마도 빠진 글이나 그릇된 글자가 있는 듯함. • 自 : 말미암음. 소인의 인도함에 말미암는다는 뜻.

| 의해 |

대개 나라를 다스림에 진실로 이익으로써 이로움을 삼을 수 없다. 이익을 이로움을 삼는다면 인군(人君)에게 해가 될 것이다. 나라에 어른이 되고서 오로지 재물을 쓰는 데만 힘쓰는 것은 반드시 소인에게 이끌린 데서 비롯한다. 소인이 본래 착하지 않은데 임금은 착하다고 하여 충성스러움을 상주고, 백성들의 원망을 자담(自擔)하는 것을 아름답게 여겨서 국가의 중임을 통째로 맡기니, 소인으로 하여금 국가를 다스리게 하면 백성의 재물을 긁어모아 위로 하늘의 노함을 범하고 아래로 인심을 잃어버려서, 하늘의 재앙과 사람의 해로움이 일시에 같이 이를 것이다. 이때를 당하여 비록 착한 사람과 군자가 있어서 돌이키고자 하더라도 또한 어찌할 수 없을 것이다. 이익을 독차지하는 해가 여기에 이

른다. 이것을 일러 나라는 이익으로써 이로움으로 삼아 재앙과 해가 이와 같이 이르게 해서는 안 되며, 마땅히 의(義)로써 이로움을 삼아 몸을 일으키는 효험을 누려야 한다고 하는 것이다. 진실로 소인을 물리치고 군자를 나오게 하여, 이익을 독차지하지 않고 백성들과 더불어 좋아하고 미워함을 한가지로 할 수 있다면, 혈구의 도를 얻고 효도하고 공손하며 사랑함에 원하는 것을 이루어서 천하를 화평하게 하지 못함이 없을 것이다. 그러나 근본은 덕을 삼가는 데 있고, 중요한 것은 충성과 믿음에 있다. 이것은 성의(誠意)하고 정심(正心)하여 덕을 밝히는 공(功)이니, 천하를 화평하게 하는 자가 힘쓸 바를 알 수 있을 것이다.

이상은 전(傳) 10장이니, 치국(治國)과 평천하(平天下)를 해석한 것이다.

| 요지 |

이 장의 뜻은 백성과 더불어 좋아하고 미워함을 한가지로 하여 이익을 독점하지 않는 데 있으니, 모두 혈구를 미루어 넓히는 뜻이다. 이와 같이 할 수 있다면 친(親)한 것을 친하게 하고, 어진 것을 어질게 하며, 즐거운 것을 즐겨하고, 이로움을 이롭게 함이 각각 일정한 바를 얻어서 천하가 화평할 것이다.

무릇 전(傳) 10장에서, 앞의 네 장은 강령의 지취를 통합하여 의론하고, 뒤의 여섯 장은 조목의 공부를 자세히 의론하였다. 다섯째 장은 착한 것을 밝히는 데 중요하고, 여섯째 장은 몸을 성실하게 하는 근본이 된다. 처음 배움에 더욱 마땅히 힘써야 할 것이니, 읽는 자가 천근(淺近)하다고 여겨 소홀히 해서는 안 된다.

고본대학(古本大學)

大學之道 在明明德 在親民 在止於至善 知止而后有定 定而后能靜 靜而后能安 安而后能慮 慮而后能得 物有本末 事有終始 知所先後 則近道矣 古之欲明明德於天下者 先治其國 欲治其國者 先齊其家 欲齊其家者 先修其身 欲修其身者 先正其心 欲正其心者 先誠其意 欲誠其意者 先致其知 致知在格物 物格而后知至 知至而后意誠 意誠而后心正 心正而后身修 身修而后家齊 家齊而后國治 國治而后天下平 自天子以至於庶人 壹是皆以修身爲本 其本亂而末治者否矣 其所厚者薄 而其所薄者厚 未之有也 此謂知本 此謂知之至也 所謂誠其意者 毋自欺也 如惡惡臭 如好好色 此之謂自謙 故君子必愼其獨也 小人閒居 爲不善 無所不至 見君子而后 厭然揜其不善 而著其善 人之視己 如見其肺肝 然則何益矣 此謂 誠於中 形於外 故 君子必愼其獨也 曾子曰 十目所視 十手所指 其嚴乎 富潤屋 德潤身 心廣體胖 故君子必誠其意 詩云 瞻彼淇澳 菉竹猗猗 有斐君子 如切如磋 如琢如磨 瑟兮僩兮 赫兮喧兮 有斐君子 終不可諠兮 如切如磋者 道學也 如琢如磨者 自修也 瑟兮僩兮者 恂慄也 赫兮喧兮者 威儀也 有斐君子 終不可諠兮者 道盛德至善 民之不能忘也 詩云 於戲前王不忘 君子賢其賢而親其親 小人樂其樂而利其利 此以沒世不忘也 康誥曰 克明德 太甲曰 顧諟天之明命 帝典曰 克明峻德 皆自明也 湯之盤銘曰 苟日新 日日新又日新 康誥曰 作新民 詩曰 周雖舊邦 其命維新 是故君子無所不用其極 詩云 邦畿千里 惟民所止 詩云 緡蠻黃鳥 止于丘隅 子曰 於止知其所止 可以人

而不如鳥乎 詩云 穆穆文王 於緝熙敬止 爲人君止於仁 爲人臣止於敬 爲人子止於孝 爲人父止於慈 與國人交止於信 子曰 聽訟吾猶人也 必也使無訟乎 無情者不得盡其辭 大畏民志 此謂知本 所謂修身在正其心者 身有所忿懥 則不得其正 有所恐懼 則不得其正 有所好樂 則不得其正 有所憂患 則不得其正 心不在焉 視而不見 聽而不聞 食而不知其味 此謂修身在正其心

中庸

중용장구서(中庸章句序)

중용은 무엇 때문에 지었는가? 자사(子思)가 도학(道學)이 전(傳)해지지 못할까 근심하여 지었다.

주 : 이상은 첫 번째 절이니 이 서문의 큰 뜻이다. '도학' 두 글자는 이 글의 골자이다. 증자(曾子)가 공자에게 배워서 전수받고, 자사〔자사는 공자의 손자이니 이름은 급(伋)이며, 증자는 공자의 문인이니 이름은 삼(參)이다〕는 증자에게 배워서 공자가 전해 준 바를 얻었는데, 얼마 후 전한 것이 오래되고 멀면 혹 그 참됨을 잃어버릴까 두려워해서 이 글을 지었다.

상고(上古)시대에 성신(聖神)이 하늘을 이어서 극(極)을 세움으로부터 도통(道統)의 전승이 시작되었다.

주 : '하늘을 이어서 극을 세운다'는 것은 성인이 천명(天命)을 받아서 천자(天子)가 될 적에 천도(天道)를 이어서 천하만세(天下萬世)에 표준을 세운 것이다. 극은 『서경(書經)』「홍범(洪範)」편에 "황(皇)이 그 극을 세웠다"고 하였는데, 극은 대중지정(大中至正)의 도이니, 곧 만세에 바뀌지 않는 도이다.

경전에 나타난 것으로 "진실로 그 중(中)을 잡아라"고 한 것은 요(堯)가 순(舜)에게 준 것이고, "인심(人心)은 오직 위태롭고 도심(道心)은 오직 은미하니, 오직 정밀하게 하고 전일(專一)하게 하여 진실로 그 중을 잡아라"고 한 것은 순(舜)이 우(禹)에게 준 것이다. 요가 한 말이 지극하고 극진하였지만 순이 또 세 마디 말을 더한 것은 요가 한 말을 반드시 이와 같은 보충한 이후에 그 뜻을 거의 다 밝힐 수 있기 때문이다.

주 : 이상은 두 번째 절이 되니, 도학의 연원을 말한 것이다. "진실로 그 중을 잡아라"고 한 것은 『논어(論語)』「요왈(堯曰)」편의 말이고, "인심은 오직 위태

롭고 도심은 오직 은미하니, 오직 정밀하게 하고 전일하게 하여 진실로 그 중을 잡아라"고 한 것은 『서경(書經)』「대우모(大禹謨)」편의 말이다. 이 말은 요[당(唐)나라 임금]와 순[우(虞)나라 임금]과 우[하(夏)나라 임금]가 마음을 전하고 받은 요결(要訣)이다. 인심은 혈기(血氣)와 형체(形體)의 영향을 받은 마음이고, 도심은 본래 갖추어져 있는 도의 마음이다.

마음의 허령(虛靈)한 지각(知覺)은 하나일 뿐이지만, 인심과 도심이 다른 것은 혹[인심]은 형기(形氣)의 사사로움에서 나오고 혹[도심]은 성명(性命)의 바름에 근원하여 지각되는 바가 같지 않기 때문이다. 그래서 혹 위태로워 편안하지 못하며 혹 은미하여 보기 어려운 것이다.

주 : '허령·지각'이란 마음은 형체와 모습이 없기 때문에 '허(虛)'라고 이르고, 영묘(靈妙)하기 때문에 '영(靈)'이라 이른 것이다. '지(知)'는 당연한 바를 아는 것이고, '각(覺)'은 그러한 바를 깨닫는 것이니, 마음의 체용(體用)을 총괄하여 말한 것이다. 형기의 사사로움은 이목구비(耳目口鼻)와 같은 것이고, 성명의 바름은 의리공공(義理共公)의 도이다. '나온다'라는 것은 형기가 작용할 때에 바야흐로 생겨나는 것이고, '근원한다'라고 하는 것은 성명의 큰 근본으로부터 말한 것이다.

그러나 사람은 이 형체가 있기 때문에 비록 가장 지혜로운 사람이라도 인심이 없을 수 없고, 또한 이 성(性)이 있기 때문에 비록 가장 어리석은 사람이라도 도심이 없을 수 없다. 두 가지가 방촌(方寸) 사이에 섞여서 다스릴 바를 알지 못하면, 위태로운 것은 더욱 위태롭고 은미한 것은 더욱 은미해져서, 공정한 하늘의 이치가 마침내 사사로운 인욕(人欲)을 이기지 못하게 된다.

주 : 방촌 사이는 마음을 가리킨다. 『열자(列子)』에서 "내가 그대의 마음을 보니 방촌(方寸)이 비었다"고 말하였다. 마음은 똑같이 마음이지만 지각이 이목을 좇아가면 인심이고, 지각이 의리를 좇아가면 도심이다. 인심의 위태로움은 인욕의 싹이고, 도심의 은미함은 천리의 심오함이다. 형기의 사사로움을 성명

의 바름과 짝하여 말하면 이 사사로움은 나쁜 것이 아니지만, 인욕의 사사로움을 천리의 공정함과 짝하여 말하면 이 사사로움은 좋지 않은 것이 된다.

'정밀함[精]'은 이 두 가지의 사이를 살펴서 섞이지 않도록 하는 것이고, '전일함[一]'은 그 본심(本心)의 올바름을 지켜서 떠나가지 않도록 하는 것이다. 이것을 일삼아 조금도 끊어짐이 없어서, 반드시 도심으로 하여금 항상 한 몸의 주인으로 삼고 인심이 매양 그 명령을 들으면 위태로운 것은 편안해지고 은미한 것은 나타나서 움직임과 고요함, 말과 행동이 저절로 지나치거나 모자라는 잘못이 없게 될 것이다.

주 : '정밀함'은 정밀하게 살펴서 분명하게 하는 것이고, '전일함'은 이것을 지켜서 떠나가지 않토록 하는 것이다. 도심을 가지고 인심을 절제하게 되면 인심이 모두 도심이 된다.

요(堯)와 순(舜)과 우(禹)는 천하의 큰 성인이고, 천하를 서로 전하는 것은 천하의 큰일이다. 천하의 큰 성인으로서 천하의 큰일을 행하면서도 주고받는 즈음에 정성스럽게 고해주고 경계한 것이 이와 같았을 뿐이다. 그러므로 천하의 이치 가운데 어느 것이 이보다 더한 것이 있겠는가?

주 : 성인과 성인이 서로 전하는 도 가운데 '중(中)'이라는 한 글자보다 나은 것이 없고, 성인과 성인이 서로 전하는 학문 가운데 '정일(精一)'이라는 두 글자보다 나은 것이 없다.

이로부터 성인과 성인이 서로 이어서 임금인 성탕(成湯)과 문무(文武), 신하인 고요(皐陶)와 이윤(伊尹)·부열(傅說)·주공(周公)·소공(召公)이 이미 모두 이것으로 도통의 전승을 이어왔다.

주 : 이상은 세 번째 절이 되니, '도통(道統)' 두 글자를 또 제출하여 둘째 절과 더불어 조응(照應)한 것이다. 성탕은 상(商)나라 임금 성탕이고, 문은 주(周)나라 문왕(文王)이고, 무는 문왕의 아들 무왕(武王)이다. 고요는 순의 신하이

니, 사(士) 벼슬이 되었다. 이윤은 성탕에게 벼슬하여 천하를 얻게 하고, 부열은 은(殷) 고종(高宗)에게 벼슬하여 은을 중흥시켰다. 주공 단(旦)과 소공 석(奭)은 함께 무왕을 도와서 천하를 평정하였다.

우리 부자(夫子) 같은 이는 비록 그 지위를 얻지 못하였으나, 옛 성인을 잇고 앞날의 학문을 열어준 바는 그 공로가 도리어 요와 순보다 훌륭함이 있었다. 그러나 이 당시에 보고 안사람으로서 오직 안자(顔子)와 증자(曾子)가 전한 것이 그 종지(宗旨)를 얻었다.

주 : 부자(夫子)는 본래 대부(大夫)를 공경하여 부자라고 일컫는데, 공자가 노(魯)나라 대부였기 때문에 문인들이 모두 공자를 부자라고 불러서 뒤에 드디어 공자를 오로지 지칭하게 되었다. '전한다'는 것은 공자가 전해 준 도통을 얻은 것이다.

증자가 두 번 전함에 다시 부자의 손자 자사에 이르러서는 성인과의 거리가 멀어서 이단이 일어났다. 그래서 자사가 더욱 오래되면 될 수록 그 참된 뜻을 잃을까 두려워하여, 이에 요와 순 이래로 서로 전한 뜻을 미루어 근본을 삼고, 평일에 들은 아버지와 스승의 말로 질정하여 대조하고 연역하여 이 글을 지어서 뒤에 배우는 자에게 고해주었다. 그 근심이 깊기 때문에 그 말이 간절하고, 그 염려가 멀기 때문에 그 말이 자세하다.

주 : 대조하고 연역한다는 것은 두 가지를 섞어 취하여 그 의미를 부연하는 것이다.

'천명솔성(天命率性)'은 곧 도심을 이르는 것이고, '택선고집(擇善固執)'은 곧 '정일(精一)'을 이르는 것이고, '군자시중(君子時中)'은 곧 중(中)을 잡는 것을 이른다. 시대가 서로 천여 년이나 떨어졌지만, 그 말이 다르지 않은 것이 부절(符節)을 합한 것과 같다. 이전 성인의 글을 하나하나 뽑아보니, 벼리를 끌고 깊은 내용을 열어 보인 바가 이처럼 밝고 또

다한 것이 없다.

주 : '천명솔성'은 본문 제1장에 보이고, '택선고집'은 본문 제2장에 보이고, '군자시중'은 본문 제2장에 보인다. '부절'은 옥(玉)으로 만들어 글자를 새기고 가운데를 나누어서 피차 각기 그 반씩을 가졌다가 일이 있는 때에는 좌우를 서로 합하여 믿음을 삼는 것이다.

이로부터 또 두 번 전하여 맹자를 얻어서, 이 글을 미루어 밝혀 이전 성인의 도통을 이었는데, 그가 세상을 떠나자 그것이 전해지지 못하였다. 우리 도가 담겨 있는 바는 언어와 문자 사이를 넘어 서지 않고, 이단의 말은 날로 새롭고 달로 성하여 노불(老佛)의 무리가 나오자 더욱 이치에 가까운듯하여 크게 진리를 어지럽게 하였다.

주 : 이상은 네 번째 절이 되니, 맹자 이후에 그 도통이 전해지지 못한 것을 말하였다. 노불의 도는 노자의 가르침과 불씨의 가르침이다.

그러나 다행히 이 글이 없어지지 않았기 때문에 정부자(程夫子) 형제가 나서 상고할 바가 있게 되었다. 그리하여 천년 동안 전하지 못한 실마리를 잇고, 증거할 바가 있게 되어 노불 두 학파의 옳은듯하면서도 그릇된 것을 물리쳤다. 자사의 공이 크지만, 정부자가 아니면 또한 그 말을 인하여 그 마음을 얻지 못하였을 것이다.

주 : 정부자 형제는 명도(明道)와 이천(伊川) 두 선생이니, 명도의 이름은 호(顥)이고 이천의 이름은 이(頤)이다. 실마리는 곧 이 도의 실마리이다.

아깝도다. 그 말한 바가 전해지지 못하였으며, 석씨(石氏)가 모아 기록한 바는 겨우 그 문인이 기록한 바에서 나왔다. 그래서 큰 뜻은 비록 밝지만 미묘한 말이 분석되지 못하고, 그 문인이 스스로 말한 바에 이르러서는 비록 자세히 다하고 펴서 밝힌 바가 많지만, 그 스승의 말에 어긋나고 노불(老佛)에 젖은 것도 있다.

주 : 석씨의 이름은 돈(墩)이고 자(字)는 자중(子重)이며 호(號)는 극재(克齋)이니 송(宋)나라 신창(新昌)사람이다. 석씨가 집록(輯錄)한 것은 석씨가 일찍이 주자(周子)와 이정자(二程子)와 장자(張子)로부터 여대림(呂大臨)·사량좌(謝良佐)·유작(游酢)·양시(楊時)·후중량(侯仲良)·윤순(尹焞)의 말을 더하여 『중용집해(中庸集解)』라 이름하고 주자(朱子)가 서문을 지었다.

내가 어렸을 때부터 일찍이 받아 읽을 적에 저으기 의심하여 여러해 동안 침잠(沈潛)하고 반복(反覆)하자 하루아침에 환하게 그 요령을 얻은 듯 하였다. 그런 뒤에 감히 여러 말을 모아 절충하여 『장구(章句)』 한편을 정하여 지어서 뒤의 군자를 기다린다. 한 두 동지와 함께 다시 석씨의 글을 취하여 그 번거롭고 어지러움을 깎아서 『집략(輯略)』이라 이름하고, 또 일찍이 논변(論辯)하고 취사(取捨)한 뜻을 기록하여 따로 『혹문(或問)』을 지어 그 뒤에 붙인다.

주 : 『집략(輯略)』은 그 후 십육 년 기유(己酉)에 주자가 『중용장구(中庸章句)』를 지음에 따라 『집해(集解)』를 산정(刪定)하여 다시 『집략』이라고 이름하고 「집해원서(輯解原序)」를 머리에 두었다. 이제 「중용장구서(中庸章句序)」에 의거하면 이 편과 『혹문(或問)』과 『장구(章句)』가 합하여 한 글이 되었다가 그 후에 『장구』만 홀로 행해지고 이 편은 점점 사라졌다. 이것은 이 글의 성질과 내용을 밝힌 것이다.

그런 뒤에 이 글의 뜻이 갈래가 나뉘고 마디가 풀려서 맥락이 꿰여 통하여 자세함과 간략함이 서로 관련되었으며 큰 것과 작은 것이 모두 드러났다. 그래서 모든 말의 같고 다르며 얻고 잃음이 또한 곡진하게 사방으로 통하여 각각 그 뜻을 극진히 할 수 있었다. 비록 도통을 전하는 데에는 감히 함부로 논의하지 못하지만, 처음 배우는 선비가 혹 취할 것 같으면 또한 먼 곳을 가고 높은 곳에 오르는 데에 한 가지 도움이 될 것이다.

주 : 이상은 다섯 번째 절이 되니, 『장구(章句)』가 지어진 유래를 말하였다. '갈

래가 나뉘고 마디가 풀려서 맥락이 서로 꿰여 통하였다'는 것은 『장구』를 가리킨다. '자세하고 간략함이 서로 관련되며, 큰 것과 작은 것이 모두 드러났다'는 것은 『집략』을 가리킨다. '모든 말의 같고 다르며 얻고 잃음이 곡진하게 사방으로 통하였다'는 것은 『혹문』을 가리킨다.

순희(淳熙) 기유(己酉) 춘삼월(春三月) 무신(戊申)에 신안(新安) 주희(朱熹)는 서문을 쓴다.

주 : 순희는 송나라 효종(孝宗)의 연호이고, 신안은 주자의 본관이다.

중용장구(中庸章句)

中者는 不偏不倚無過不及之名이요 庸은 平常也라

| 직역 |
중(中)은 치우치지 않고 기울어지지 않으며 지나치거나 모자람이 없는 것을 이름한 것이며, 용(庸)은 평상(平常)이다.

子程子曰 不偏之謂中이요 不易之謂庸이니 中者는 天下之正道요 庸者는 天下之定理라 此篇은 乃孔門傳授心法이니 子思恐其久而差也하사 故로 筆之於書하여 以授孟子하시니 其書始言一理하고 中散爲萬事하고 末復合爲一理하니 放之則彌六合하고 卷之則退藏於密하여 其味無窮하니 皆實學也라 善讀者玩索而有得焉이면 則終身用之라도 有不能盡者矣리라

| 직역 |

정자(程子)께서 말하였다. "치우치지 않는 것을 일러 중(中)이라 하고 바뀌지 않는 것을 일러 용(庸)이라 하니, 중이라는 것은 천하의 바른 도리이고 용이라는 것은 천하의 일정한 이치이다. 이 편은 공문(孔門)에서 전수되는 심법(心法)이니, 자사가 오래되어 어그러질까 두려워하였기 때문에 책에 써서 맹자(孟子)에게 주었다. 그 글이 처음에는 한 가지 이치를 말하고 중간에는 흩어져서 만 가지 일이 되고 끝에는 다시 합하여 한 이치가 된다. 풀어 놓으면 육합(六合)에 가득하고 거두면 물러가 은밀한 데에 감추어져서 그 맛이 다함이 없으니 모두 실질적인 학문이다. 잘 읽는 자가 음미하고 찾아서 얻으면, 평생을 쓰더라도 다 쓰지 못할 것이다."

| 요지 |

처음에는 한 가지 이치를 말하였다고 하는 것은 '천명지위성(天命之謂性)'을 가리키고, 끝에는 다시 합하여 한 가지 이치가 된다고 말한 것은 '상천지재(上天之載)'를 가리킨다. 중간에는 흩어져서 만 가지 일이 된다고 말한 것은 『중용』에서 말하는 많은 일 가운데에는 인(仁)과 지(智)와 용(勇)의 학문이 되는 도리가 있고, 천하와 국가를 다스리는 구경(九經)이 있으며, 기타 제사와 귀신같은 허다한 일이 있다는 것이니, 중간에 조그마한 틈도 없고 구절구절이 실상이다.

제 1 장

第一章

天命之謂性이요 率性之謂道요 脩道之謂教니라
(천명지위성 / 솔성지위도 / 수도지위교)

| 언해 |

하ᄂᆞᆯ히 命ᄒᆞ샨 거ᄉᆞᆯ 닐온 性이오 性을 率ᄒᆞᆯᄊᆞᆯ 닐온 道ㅣ오 道ᄅᆞᆯ 닷ᄀᆞᆯ ᄊᆞᆯ 닐온 教ㅣ니라

| 직역 |

하늘이 명한 것을 일러 성이라 하고, 성을 따르는 것을 일러 도라 하고, 도를 닦는 것을 일러 가르침이라고 한다.

| 자해 |

命 : 령(令)과 같음. • 性 : 본성. 이치[理]와 같음. • 率 : 따름. • 道 : 길과 같음. • 修 : 품절(品節)함. '품절'은 높고 낮은 등급을 구별하고 절차를 정한다는 뜻.

| 의해 |

학문의 이치는 성과 명보다 더 정밀한 것이 없고, 일은 도와 가르침보다 더 큰 것이 없는데, 세상 사람들이 이른바 성과 도와 가르침을 아는가? 천하 사람들에게 모두 성품이 있으니, 성은 바깥에

서 흘러들어온 것이 아니라 하늘이 사람을 내실 때에 이미 기운을 주어서 형체를 이루고 또 반드시 이치를 실어주어서 성품을 이룬다. 사람이 이것을 받아서 인(仁)과 의(義)와 예(禮)와 지(智)의 덕으로 삼는다. 이것이 성품이 하늘에 근원한다는 것이다. 그러므로 '하늘이 명한 것'이라고 말하였다. 천하의 일에는 모두 도가 있으니, 도는 억지로 하는 것이 아니고 성 가운데 온갖 이치가 다 갖추어져서 사람이 각각 그 성의 자연스러움을 따르면 날마다 쓰는 사물 사이에 스스로 지극히 마땅하여 바꾸지 못할 이치가 있게 된다. 이것이 도가 성에서 말미암는다는 것이다. 그러므로 '성을 따른다'고 말하였다. 성인이 법을 세워서 천하를 인도하면 가르침이 있게 되니, 가르치는 것은 사람에게 본래 없는 것을 가지고 억지로 하는 것이 아니다. 사람의 성과 도가 비록 같지만 기질이 혹 다를 수가 있어 모두 도에 합하지 못한다. 성인은 사람이 마땅히 행해야 하는 도를 근거로, 등급을 구별하고 절차와 상황에 알맞게 절제하여 천하에 법을 만들어, 지나치거나 모자라는 자로 하여금 모두 중용을 얻도록 하였다. 이것이 가르침이 도를 따른다는 것이다. 그러므로 '도를 닦는다'고 말하였다. '성과 도와 가르침'이라고 하는 것들은 그 근본이 모두 하늘에서 나온 것이지만, 실상은 내 밖에 있는 것이 아니다.

道也者(도야자)는 不可須臾離也(불가수유리야)니 可離(가리)면 非道也(비도야)라 是故(시고)로 君子(군자)는 戒愼乎其所不睹(계신호기소불도)하며 恐懼乎其所不聞(공구호기소불문)이니라

| 언해 |

道ᄂᆞᆫ 可히 須臾도 離티 몯ᄒᆞᆯ꺼시니 可히 離ᄒᆞᆯ 꺼시면 道ㅣ 아니

라 이런 故로 君子ᄂᆞᆫ 그 보디 몯ᄒᆞᄂᆞᆫ 바에 戒愼ᄒᆞ며 그 듣디 몯ᄒᆞᄂᆞᆫ 바에 恐懼ᄒᆞᄂᆞ니라

| 직역 |

도는 잠깐도 떠날 수 없는 것이니, 떠날 수 있는 것이면 도가 아니다. 그러므로 군자는 그 보지 못이지 않는 곳에서도 경계하고 삼가며 그 들리지 않는 곳에서도 두려워한다.

| 자해 |

道 : 날마다 쓰는 사물이 마땅히 행해야 할 이치이니, 모두 성품의 덕(德)이고, 마음이 갖춘 것.

| 의해 |

도는 성으로부터 나오고 가르침은 도에서부터 이루어지니, 도는 예나 지금이나 사람과 사물이 모두 따르는 것임을 알 수 있다. 따르면 다스려지고 잃으면 어지러워지니, 사람이 마땅히 체득해서 합하여 하나가 되어, 비록 잠시라도 떠날 수 없을 것이다. 만일 떠날 수 있는 것이라면 이것은 몸 밖의 존재가 되어 성을 좇는 도가 아니다. 도가 떠날 수 없는 것이 이와 같기 때문에 가르침을 따라 도에 들어가는 군자는 반드시 그 도를 체득하는 공부를 정밀하게 하여 마음이 항상 공경하고 두려워해야 한다. 눈에 보인 뒤에 경계하고 삼갈 것이 아니라, 비록 지극히 고요한 가운데 모든 형상에 접하지 않을지라도 그 마음이 항상 경계하고 삼가서 감히 소홀히 하지 말아야 할 것이다. 귀에 들린 뒤에 두려워할 것이 아니라, 비록 지극히 고요한 가운데 아무런 느낌이 없을지라도 그 마음이 항상 두려워하여 감히 잊지 말아야 한다. 마음을 보존하고 기르는 공부가 항상 지속되어 천리의 본연을 보존하여 잠시라도 떠나지 않도록 해야 하는 것이다.

막현호은 막현호미 고 군자 신기독야
莫見乎隱이며 莫顯乎微니 故로 君子는 愼其獨也니라

| 언해 |

隱만 見ᄒᆞ니 업ᄉᆞ며 微만 顯ᄒᆞ니 업ᄉᆞ니 故로 君子ᄂᆞᆫ 그 獨을 愼ᄒᆞᄂᆞ니라

| 직역 |

어두운 곳보다 잘 보이는 곳이 없으며 작은 일보다 잘 나타나는 것이 없으니, 그러므로 군자는 그 홀로 아는 곳을 삼간다.

| 자해 |

隱 : 어두운 곳. • 微 : 작은 일. • 獨 : 남들은 알지 못하고, 나만 홀로 아는 곳.

| 의해 |

도가 있지 않은 곳이 없으니 군자는 마땅히 보존하고 기르는 공부를 정밀하게 해야 하지만, 더 간절하고 중요한 곳에서 마땅히 삼가야 한다. 장소로 말하자면 그윽한 가운데가 어두운 곳이고, 일로 말하자면 한 생각의 움직임이 작은 일이다. 생각이 싹터서 막 움직일 때에 그 자취는 비록 드러나지 않았으나 기미는 이미 움직여 착한 일을 하고자 하는 것과 악한 일을 하고자 하는 것을 다른 사람은 비록 알지 못하지만 나는 홀로 안다. 이것이 곧 '천하에 드러나 보이는 것이 어두운 곳보다 더한 것이 없고, 천하에 밝게 나타나는 것이 작은 일보다 더한 것이 없다'라는 것이다. 이에 삼가지 않으면 후에 미처 제어하지 못하기 때문에 군자는 항상 경계하고 두려워하여, 어둡고 작아 나만 홀로 아는 곳에서 더욱 더 삼가 한 터럭만큼이라도 착하지 않은 것이 은밀하게 불어나고

은밀하게 자라나지 못하도록 해야 한다.

喜怒哀樂之未發(희노애락지미발)을 謂之中(위지중)이요 發而皆中節(발이개중절)을 謂之和(위지화)니 中也者(중야자)는 天下之大本也(천하지대본야)이요 和也者(화야자)는 天下之達道也(천하지달도야)니라

| 언해 |

喜와 怒와 哀와 樂이 發티 아닌 적을 中이라 니ᄅᆞ고 發ᄒᆞ야 다 節에 中홈을 和ㅣ라 니ᄅᆞᄂᆞ니 中은 天下에 큰 本이오 和ᄂᆞᆫ 天下에 達ᄒᆞᆫ 道ㅣ니라

| 직역 |

기쁨과 노여움과 슬픔과 즐거움이 아직 발동하지 않은 것을 중(中)이라 이르고 발동하여 모두 절도에 맞는 것을 화(和)라 이르니, 중은 천하의 큰 근본이고 화는 천하에 두루 통하는 도이다.

| 자해 |

喜怒哀樂之未發 : 기쁨과 노여움과 슬픔과 즐거움은 감정이고, 그것이 아직 발동하지 않은 것은 성(性)임. • 中 : 치우치거나 기운 바가 없음. • 發而皆中節 : 감정의 바름. • 和 : 어그러지거나 틀린 바가 없음.

| 의해 |

도는 떠날 수 없으니, 군자는 진실로 경(敬)을 주로 하는 공부를 정밀하게 해야 한다. 이 도의 온전한 본체와 작용은 본래 내 마음의 본성과 감정에 달려 있다. 기쁨과 노여움과 슬픔과 즐거움 네

가지는 사람이 모두 똑같이 가지고 있는 감정이다. 아직 발동하지 않았을 때에는 마음에 한 가지 사물도 없으며, 치우침도 없고 기울어짐도 없어서 흡족하게 가운데 있으니 이것을 '중(中)'이라 한다. 기쁨과 노여움과 슬픔과 즐거움에는 그 자체에 스스로 당연한 이치가 있으니 이것이 이른바 절도이다. 발동하여 모두 절도에 맞으면, 하는 일이 모두 마땅하여 당연한 이치와 서로 거스르고 어그러짐이 없으니 이것을 일러 '화(和)'라고 한다. 중(中)이라는 것은 본성의 덕이고 도의 본체이다. 고요하게 움직이지 않지만 천하 사물의 이치가 모두 구비되어 있으니 이것은 천하의 큰 근본이다. 화(和)라는 것은 감정의 바름이고 도의 작용이다. 감동하여 서로 통해서 옛날과 지금, 사람과 사물이 한결같이 절도에 들어맞지 않는 경우가 없으니 이것은 천하에 두루 통하여 행해지는 도이다. 중과 화는 나의 본성과 감정이 되는 것으로서, 도의 본체와 작용이 곧 여기에 있다. 도가 내 마음의 근본에서 벗어나지 않으니 어찌 떠날 수 있겠는가? 군자가 보존하고 기르고 살피는 공부는 반드시 이것을 따라 정밀함을 더해야 한다.

치중화 천지위언 만물 육언
致中和면 天地位焉하며 萬物이 育焉이니라

| 언해 |

中과 和ᄅᆞᆯ 닐위면 天地ㅣ 位ᄒᆞ며 萬物이 育ᄒᆞᄂᆞ니라

| 직역 |

중(中)과 화(和)를 이루면 천지가 자리를 잡으며 만물이 길러진다.

| 자해 |

致 : 미루어서 극진하게 함. • 位 : 제자리에서 편안함. • 育 : 사는 것을 이룸.

| 의해 |

군자는 이 도의 본체와 작용이 사람의 마음에 갖추어져서 큰 근본을 세우지 않을 수 없고 천하에 두루 통하는 도를 행하지 않을 수 없다는 것을 안다. 이에 경계하고 두려워하는 공부를 다 하여 더욱 엄하고 더욱 공경해서, 보고 듣는 것에서부터 보이지 않고 들리지 않는 지극히 고요한 곳에 이르기까지 조금도 치우치거나 기울어지는 일이 없도록 하여 중(中)을 충분히 다 이루면, 하늘이 명한 성이 온전하게 되고 큰 근본이 서서 날로 굳어질 것이다. 더욱 홀로 삼가는 공부를 보다 정밀하고 보다 주밀하게 해서 은미한 가운데에서부터 사물에 응하는 때에 이르기까지 한 터럭도 어그러지고 틀림이 없어야 한다. 그리하여 그 화(和)를 충분히 다 이루면 성을 따르는 도가 모두 구현되어 천하에 두루 통하는 도를 행하는 것이 날로 넓어질 것이다. 그러나 중과 화는 한 사람의 중과 화가 아니고, 천지 만물이 하나같이 가지고 있는 중과 화이다. 중과 화를 극진하게 이루면 고요할 적에 한 번 숨 쉬는 사이라도 중이 아님이 없을 것이다. 내 마음이 바르고 천지의 마음이 또한 바르게 되기 때문에 음과 양, 움직임과 고요함이 각각 제자리에 머물러서 천지가 이에 편안할 것이다. 중과 화를 이미 극진하게 이루면 움직일 적에 한 가지 일이라도 화(和)하지 않음이 없을 것이다. 나의 기운이 순조롭고 천지의 기운이 또한 순조로워지기 때문에 기뻐하고 즐거워하는 것이 서로 통하여 만물이 이에 길러질 것이다. 여기에 이르면 도를 닦는 가르침도 또한 나에게서부터 나와서 진실로 도에서 떠나지 못할 것이다. 중과 화가 극진하게 이루어지면 화(化)하는 경지에 이르니 처음에는 불가능할 것 같지만, 그 일을 궁구해보면 경계하고 삼가며 두려워함과 홀로 아는 곳을 삼가는 데에서부터 나오는 것이다. 가르침을 따라

도에 들어가는 군자가 극진하게 닦지 않을 수 있겠는가?

이상은 제1장(第一章)이다.

| 요지 |

이 장은 전해내려 오는 뜻을 부연하여 자사가 글을 쓴 것이다. 머리 구절은 도의 근본이 하늘에서 나와서 바꿀 수 없고 실체가 몸에 갖추어져서 떠나지 못함을 밝혔다. 다음 구절은 마음을 보존하고 성품을 기르고 생각을 살피는 것이 중요함을 말한 것이다. 마지막 구절은 성스럽고 신령한 이의 극진한 공화(功化)를 말한 것이다. 배우는 사람으로 하여금 자기 몸에 돌이켜 구하여 스스로 얻어 밖에서 유혹하는 사사로움을 버리고 본연의 착함을 채우도록 한 것이다. 이 아래 열 장은 자사가 공자의 말을 인용하여 이 장의 뜻을 끝맺은 것이다.

제 2 장

第二章

仲尼曰(중니왈) 君子(군자)는 中庸(중용)이요 小人(소인)은 反中庸(반중용)이니라

| 언해 |

仲尼ㅣ 갈ᄋᆞ샤ᄃᆡ 君子ᄂᆞᆫ 中庸이오 小人은 中庸에 反ᄒᆞ니라

| 직역 |

중니(仲尼)가 말하였다. "군자는 중용을 행하고, 소인은 중용에 위배된다."

| 자해 |

仲尼 : 공자(孔子)의 자(字). • 中庸 : 치우치지 않고 기울지 않고 지나치거나 모자람이 없어서 평범하고 항상 변하지 않는 이치이니, 천명의 당연한 바이고 정미함이 극진한 경지.

| 의해 |

공자가 말하였다. "중용이라는 것은 치우치지도 않고 기울어지지도 않고 지나치거나 모자람이 없는 평범하고 일상적인 이치이다. 이 이치가 비록 사람들이 하나같이 가지고 있는 것이지만, 오직 군자라야 체득해서 마음속에 가진 것과 밖에 발로된 것이 한결같이 중용의 근본에 의거한다. 저 소인과 같은 경우에는 마음 가운

데 둔 것이 치우치거나 기울어지고 밖에 발로된 것이 지나치거나 모자라서, 날마다 하는 행위가 모두 중용의 도와 서로 위배된다."

君子之中庸也(군자지중용야)는 君子而時中(군자이시중)이요 小人之中庸也(소인지중용야)는 小人而無忌憚也(소인이무기탄야)니라

| 언해 |

君子의 中庸은 君子ㅣ오 時로 中홈이오 小人의 中庸에 反홈은 小人이오 忌憚홈이 업슴이니라

| 직역 |

"군자가 중용을 행하는 것은 군자로서 때에 알맞은 것이며, 소인이 중용에 위배되는 것은 소인으로서 거리낌이 없는 것이다."

| 자해 |

왕숙(王肅)[한(漢)나라 때 사람]의 판본에 '小人之中庸也'가 '小人之反中庸也'로 되어 있고, 정자(程子)가 또한 그러하다고 하였으니 이를 따름.

| 의해 |

"군자의 중용은 군자로서 착한 일을 하는 덕이 있어 일에 응하고, 사물에 접할 적에 때를 따라 알맞게 중도(中道)에 처할 수 있다. 군자가 되면 중용의 본체가 설 것이며, 또 때를 따라서 중도로서 하면 중용의 작용이 행해지니, 이것이 군자가 중용이 되는 바 이다. 소인이 중용에 위배되는 것은 소인으로서 악한 일을 할 마음이 있어, 일에 응하고 사물에 접할 적에 또 욕심을 부리고 함부로 행하여 꺼리는 바가 없다. 이미 소인이 되었으면 중용의 본체가

어그러진 것인데, 또 거리낌이 없으니 중용의 작용이 어그러진 것이다. 이것이 소인이 중용에 위배되는 바이다. 군자와 소인의 차이는 다만 공경과 방자함 사이에 있을 따름이다."

이상은 제2장(第二章)이다.

| 요지 |

이 장 아래 열장은 모두 중용을 논의하여 첫 번째 장의 뜻을 풀었다. 글이 비록 접속되지 않는 것 같지만 뜻은 실상 서로 이어져있다. 중화(中和)를 중용(中庸)으로 바꾼 것에 대해서 유작(游酢)이 "성정(性情)으로 말하면 중화라고 말하고, 덕행(德行)으로써 말하면 중용이라고 말한다"고 한 것이 옳다. 그러나 중용의 중(中)은 실상 중화의 뜻을 겸한다.

제3장

第三章

자왈 중용 기지의호 민선능 구의
子曰 中庸은 其至矣乎인저 民鮮能이 久矣니라

| 언해 |

子ㅣ ᄀᆞᆯᄋᆞ샤ᄃᆡ 中庸은 그 지극ᄒᆞᆫ뎌 民이 能ᄒᆞᆯ이 젹건디 오라니라

| 직역 |

공자가 말하였다. "중용은 지극하구나! 백성 가운데 능히 할 수 있는 이가 적어진 지 오래되었다."

| 자해 |

『논어(論語)』에는 '능(能)'자가 없음.

| 의해 |

공자가 일찍이 말하였다. "천하의 도는 중(中)일 따름이다. 지나치면 중을 잃고 모자라면 이르지 못하니, 모두 지극히 좋은 도가 아니다. 오직 중용의 이치는 지나치거나 모자람이 없어서 날마다 쓰는 변치 않는 행실에서 바꿀 수 없으니, 지극히 정밀하고 지극히 빼어나서 다시 더할 수 없다. 지금 세상 사람들은 기질에 거리끼고 습관에 젖어 중용을 알아서 행할 수 있는 이가 적은 지가 이미 오래되었다."

이상은 제3장(第三章)이다.

| 요지 |

이 장은 윗 장의 소인은 중용에 위배된다는 뜻을 이어서 말했다. 소인이 중용에 위배될 뿐만 아니라, 모든 사람들도 또한 중용을 실천할 수 있는 이가 적다고 말하여 아래 장의 뜻을 일으켰다. 다만 윗 장의 중용은 본체와 작용을 겸하여 말했고, 이 장은 작용만 주로 하여 말했기 때문에 '의해'에서 지나치거나 모자람이 없는 것만 말했다.

제 4 장

第四章

子曰 道之不行也를 我知之矣로라 知者는 過之하고 愚者는 不及也니라 道之不明也를 我知之矣로라 賢者는 過之하고 不肖者는 不及也니라

| 언해 |

子ㅣ ᄀᆞᆯᄋᆞ샤ᄃᆡ 道의 行티 몯홈을 내 아노라 知ᄒᆞᆫ 者ᄂᆞᆫ 過ᄒᆞ고 愚ᄒᆞᆫ 者ᄂᆞᆫ 及디 몯ᄒᆞᄂᆞ니라 道의 明티 몯홈을 내아노라 賢ᄒᆞᆫ 者ᄂᆞᆫ 過ᄒᆞ고 不肖ᄒᆞᆫ 者ᄂᆞᆫ 及디 몯ᄒᆞᄂᆞ니라

| 직역 |

공자가 말하였다. "도가 행해지지 못함을 내가 안다. 아는 자는 지나치고 어리석은 자는 미치지 못한다. 도가 밝지 못함을 내가 안다. 현명한 자는 지나치고 불초(不肖)한 자는 미치지 못한다."

| 자해 |

道 : 천리(天理)의 당연한 것으로 중(中).

| 의해 |

공자가 일찍이 말하였다. "도는 본래 항상 행하여 그치거나 쉬지

않는 것인데 지금 천하에 행해지지 못하니, 내가 그 까닭을 안다. 사람이 이치를 알아야 바야흐로 그대로 행하여 갈 것인데, 지금 기질이 총명하고 지혜로운 사람은 추리하고 판단하는 능력이 높고 깊어, 꼭 알지 않아도 되는 것을 알아서 그 아는 것이 항상 도에 지나쳐 도를 행할 만한 가치가 없다고 여긴다. 또 기질이 어리석고 어두운 사람은 반드시 알아야 할 것을 알지 못하며 그 아는 것도 항상 도에 미치지 못해서 행할 바를 알지 못한다. 이것이 도가 행해지지 못하는 까닭이다. 도는 본래 항상 밝아서 어둡지 않은 것인데, 지금 천하가 밝지 못하니, 내가 그 까닭을 안다. 사람이 이치를 실천해 보아야 바야흐로 참된 것을 알 수 있는데, 지금 기질이 민첩한 사람은 이상한 일을 하기를 좋아하여 반드시 행하지 않아도 되는 것을 행하며 그 행함도 항상 도에 지나쳐 도는 알 가치가 없다고 여긴다. 또 기질이 나약한 사람은 반드시 행할 것을 행하지 못하여 그 행함이 항상 도에 미치지 못하는데도 알아야 할 것을 구하지 않는다. 이것이 도가 밝지 못한 까닭이다."

인막불음식야 선능지미야
人莫不飮食也언마는 鮮能知味也니라

| 언해 |

사룸이 飮食 아니리 업건마는 能히 맛 알리 젹으니라

| 직역 |

"사람이 먹고 마시지 않음이 없지만 맛을 아는 이가 적다."

| 의해 |

"이른바 도의 중(中)이라는 것은 하늘의 명과 사람 마음이 올바른

것이니 당연히 바꾸지 못할 이치이다. 진실로 사람이 사는 일상 생활을 벗어나지 않는데도 특히 행할 적에 나타나지 못하고 익힐 적에 살피지 못한다. 이 때문에 그 지극한 것을 알지 못하고 잃어버리게 된다. 이제 사람이 먹고 마시지 않는 이가 없지만 그 음식의 바른 맛을 아는 이가 적으니, 바른 맛을 알면 반드시 즐겨하여 싫어하지 않을 것이다. 도의 중을 알면 반드시 지켜 잃어버리지 않을 것인데 아는 자와 어리석은 자, 현명한 자와 불초한 자가 제대로 살피지 않는데 어찌하겠는가?"

이상은 제4장(第四章)이다.

| 요지 |

이 장은 윗 장을 이어서 여러 사람들 가운데 중용을 실천할 수 있는 이가 적은 것은 기질이 편벽되어 살피지 못했기 때문이라고 말하여 아래 여섯 장의 뜻을 일으켰다.

제5장

第五章

자왈 도기불행의부
子曰 道其不行矣夫인저

| 언해 |

子ㅣ ᄀᆞᆯᄋᆞ샤ᄃᆡ 道ㅣ 그 行티 몯ᄒᆞ린뎌

| 직역 |

공자가 말하였다. "도가 아마도 행해지지 못할 것이다."

| 의해 |

공자가 일찍이 말하였다. "도라는 것은 당연한 이치이니, 진실로 사람이 행할 수 있고 또 마땅히 행해야 할 것이다. 그러나 이제 너무 지나쳐서 잃어버리지 않으면 모자라서 잃어버리니, 중용의 도가 아마도 천하에 행해지지 못할 것이다."

이상은 제5장(第五章)이다.

| 요지 |

이 장은 윗 장을 이어서 도가 행해지지 못하는 단서를 들어 아래 장을 일으켰다.

제 6 장

第六章

子曰 舜其大知也與신저 舜이 好問而好察邇言하시되 隱惡而揚善하시며 執其兩端하사 用其中於民하시니 其斯以爲舜乎신저

| 언해 |

子ㅣ ᄀᆞᆯᄋᆞ샤ᄃᆡ 舜ᄋᆞᆫ 그 큰 知신뎌 舜이 무롬을 됴히 너기시고 邇言 솔핌을 됴히 너기샤ᄃᆡ 惡을 隱ᄒᆞ시고 善을 揚ᄒᆞ시며 그 두 그틀 자ᄇᆞ샤 그 中을 ᄇᆡᆨ셩의게 ᄡᅳ시니 그 이 ᄡᅧ 舜되옴이신뎌

| 직역 |

공자가 말하였다. "순(舜)은 크게 지혜로운 분이셨다. 순은 묻기를 좋아하고 평범한 말을 살피기를 좋아하시되 악함을 숨기시고 착함을 드러내시며 두 끝을 잡아 그 중(中)을 백성에게 쓰셨으니, 그래서 순이 되셨다."

| 자해 |

邇言 : 얕고 비근한 말. • 兩端 : 뜻을 달리하는 대립적인 주장들. 모든 물건은 두 끝이 있으니, 크거나 작고 두텁거나 얇은 종류.

| 의해 |

공자가 일찍이 말하였다. "사람이 지혜롭지 않으면 도를 볼 수 없는데, 옛적 순 같은 이는 크게 지혜로운 분이셨다. 무엇으로 순이 크게 지혜로운 분이셨던 것을 아는가? 순은 천하의 의리는 다함이 없고 한사람의 견문은 한계가 있다고 여겼다. 그래서 한 가지 일을 처리할 적에 스스로 이미 그 이치를 알았다고 하지 않고 반드시 절실하게 다른 사람에게 묻기를 좋아하셨다. 물어서 얻은 말 가운데 다만 높고 깊은 의견만 살필 뿐이 아니라 극히 평범한 말에도 또한 지극한 이치가 있다고 여겨 살피기를 좋아하였으니, 착한 것을 버리지 않았음을 알 수가 있다. 살펴서 그 말이 이치에 합당하지 않아 악한 것은 숨겨 시행하지 않고, 그 말이 이치에 합당하여 착한 것은 드러내서 숨기지 않았으니, 넓고 크고 빛나고 밝음이 이와 같았다. 그러니 천하의 사람들 가운데 누가 착한 말로 고하기를 즐겨하지 않겠는가? 그러나 말이 모두 착하더라도 같지 않고 대립하는 두 끝이 있어 반드시 모두 쓸 수 있는 것이 아니다. 순은 그 두 끝을 잡고 선택하되 극진하게 살펴 말이 지당하여 흡족하게 사리에 합한 것을 중(中)이라 이르고 일에 시행하여 이 중을 백성에게 쓰셨다. 그래서 사람들 가운데 순에 대하여 논의하는 자는 반드시 그 총명과 예지가 천하에 높아서 미칠 수 없다고 하였다. 그러나 스스로 자기의 소견만 쓰지 않고 남의 소견을 취했기 때문에 순이 된 것을 누가 알겠는가? 반드시 순과 같이 지혜로운 뒤에야 이 도를 행하는 것을 바랄 수 있을 것이다."

이상은 제6장(第六章)이다.

| 요지 |

윗 장에서는 도가 밝아지지 않았기 때문에 행해지지 못함을 말하였다. 이 장에서는 반드시 큰 지혜가 순과 같은 후에야 도를 행할

수 있을 것이라고 말했으니, 모든 장에서 다만 '지(知)'자가 중요하다. 첫 구절에서는 순의 지혜를 찬양하였고, 아래에서는 그 실상을 자세하게 말하여 거듭 찬양하였다.

제 7 장

第七章

자왈 인개왈여지 구이납저고확함정지중이막지
子曰 人皆曰予知로되 驅而納諸罟擭陷阱之中而莫之
지피야 인개왈여지 택호중용이불능기월수야
知辟也하며 人皆曰予知로되 擇乎中庸而不能期月守也
니라

| 언해 |

子ㅣ ᄀᆞᆯᄋᆞ샤ᄃᆡ 사ᄅᆞᆷ이 다 ᄀᆞᆯ오ᄃᆡ 내 知호라 호ᄃᆡ 驅ᄒᆞ야 罟와 擭와 陷阱ㅅ가온ᄃᆡ 納호ᄃᆡ 辟ᄒᆞᆯ 줄을 아디 몯ᄒᆞ며 사ᄅᆞᆷ이 다 ᄀᆞᆯ오ᄃᆡ 내 知호라 호ᄃᆡ 中庸을 ᄀᆞᆯᄒᆡ야 能히 期月도 딕히디 몯ᄒᆞᄂᆞ니라

| 직역 |

공자가 말하였다. "사람이 모두 말하기를, '내가 지혜롭다'고 하지만, 몰아서 그물과 덫·함정 가운데 들어가도록 하는데도 피할 줄을 알지 못한다. 사람이 모두 말하기를, '내가 지혜롭다'고 하지만, 중용을 가려 한 달도 지키지 못한다."

| 자해 |

罟 : 그물. • 擭 : 덫. • 陷阱 : 구덩이. • 辟 : '피(避)'자와 같음. • 期月 : 한 달.

| 의해 |

공자가 일찍이 말하였다. "세상 사람들이 함께 일을 논의하면 모두 '내가 일을 미리 헤아리니 지혜롭다'고 자부한다. 그러나 이른바 지혜라는 것은 화(禍)를 알아서 피할 줄 아는 것을 소중하게 여긴다. 그물과 덫과 함정은 모두 화의 기틀이 숨어 있는 곳인데, 스스로 잘 모르고 그 가운데에 들어가면서 피할 줄을 알지 못한다. 그리고 위태로움을 행하여 요행을 바라다가 화를 당하여 실패한다. 이것은 그 마음에 가리워진 것이 있기 때문이니, 과연 이것이 지혜가 되겠는가? 또한 사람들이 함께 이치를 논의하면 모두 '내가 이치의 정미함을 분석하여 안다'고 자부한다. 그러나 이른바 안다는 것은 아는 것이 참되고 지키는 것이 견고해야 한다. 그런데 겨우 분별할 줄 알아서 중용을 구하여 겨우 얻었다가 곧 잃어버려 한 달도 지키지 못하니, 비록 선택한 바가 있지만 마침내 내가 참으로 가진 것이 아니다. 이처럼 아는 것이 마침내 참되지 않으니 어찌 지혜라고 하겠는가? 이것이 도에 밝지 못한 것이다. 그러므로 도를 밝히고자 하는 자는 한갓 지혜에 도달하는 것이 소중할 뿐만 아니라, 인(仁)으로 지키는 것이 더욱 소중하다."

이상은 제7장(第七章)이다.

| 요지 |

이 장은 윗 장의 '크게 지혜로움'을 이어 말하고, 또 도에 밝지 못한 단서가 실천하지 않는 데에 있다는 점을 들어서 아래 장 안회(顔回)의 인(仁)을 일으켰다. "내가 지혜롭다"라는 두 가지 말은 모두 자부하는 뜻이니, 순이 스스로의 지혜를 쓰지 않은 것과 정반대가 된다. 이것은 아는 것이 참되지 못해서 지키는 것이 견고하지 못하기 때문이다

제 8 장

第八章

자 왈 회 지 위 인 야 택 호 중 용 득 일 선 즉 권 권 복 응 이
子曰 回之爲人也 擇乎中庸하여 得一善則拳拳服膺而

불 실 지 의
弗失之矣니라

| 언해 |

子ㅣ ᄀᆞᆯᄋᆞ샤ᄃᆡ 回ㅣ 사ᄅᆞᆷ이론ᄃᆡ 中庸을 ᄀᆞᆯᄒᆡ야 ᄒᆞᆫ 善을 어드면 拳拳히 膺에 服ᄒᆞ야 일티 아니ᄒᆞᄂᆞ니라

| 직역 |

공자가 말하였다. "안회(顔回)의 사람됨은 중용을 택하여 한 가지 착함을 얻으면 받들어 가슴에 새겨두어 잃어버리지 않는다."

| 자해 |

回 : 공자의 제자 안연(顔淵)의 이름. • 拳拳 : 받들어 가지는 모양. • 服 : 붙임. • 膺 : 가슴.

| 의해 |

공자가 일찍이 말하였다. "천하의 사물에는 모두 중용의 이치가 있지만 사람이 스스로 가릴 줄을 못하고, 가린다고 하여도 또한 지키지 못한다. 오직 안회의 사람됨이 일을 따르고 사물을 따라

서 모든 이치를 분별하여 중용의 착함을 얻으면 체득하고 힘써 행하여 지키는 것이 매우 굳건해서 반드시 받들어 마음과 가슴에 아로새겨 다시 잃어버리지 않았다. 안회가 지킨 것이 이와 같다. 이것이 행함에 지나치거나 모자람이 없는 것이고, 도가 밝은 것이다."

이상은 제8장(第八章)이다.

| 요지 |

이 장은 윗 장을 이어서 말한 것으로, 도가 행해지지 않기 때문에 밝아지지 못하니, 반드시 지키는 것이 안회와 같은 후에야 도가 밝아질 수 있다는 것을 말하였다.

제 9 장

第九章

子曰 天下國家도 可均也며 爵祿도 可辭也며 白刃도 可蹈也로되 中庸은 不可能也니라

| 언해 |

子ㅣ ᄀᆞᆯᄋᆞ샤ᄃᆡ 天下國家도 可히 均ᄒᆞᆯ꺼시며 爵祿도 可히 辭ᄒᆞᆯ꺼시며 白刃도 可히 蹈ᄒᆞᆯ꺼시로ᄃᆡ 中庸은 可히 能티 몯ᄒᆞᄂᆞ니라

| 직역 |

공자가 말하였다. "천하와 국가도 고르게 할 수 있으며 벼슬과 봉록도 사양할 수 있으며 칼날도 밟을 수 있지만 중용은 능히 할 수가 없다."

| 자해 |

均 : 공평하게 다스림.

| 의해 |

공자가 일찍이 말하였다. "천하와 국가는 지극히 크기 때문에 다스리기 어렵지만, 이치에 합당하고 합당하지 않은 경우를 막론하고 잘 대처하면 자질이 뛰어난 자는 고르게 다스릴 수 있다. 벼슬

과 봉록은 사람이 좋아하기 때문에 물리치기 어려운 것이지만, 마땅히 사양할 만하고 사양하지 않을 만한 것을 막론하고, 다만 나아가지 않는 것을 높이면 자질이 청렴한 자는 사양할 수 있다. 흰 칼날은 사람들이 두려워하기 때문에 맞서기 어렵지만, 마땅히 죽을 만하고 죽지 말아야 할 경우를 막론하고, 다만 생명을 가볍게 여기는 것을 용맹한 것으로 여긴다면 자질이 과감한 자는 밟을 수 있다. 이 세 가지는 비록 어렵지만 모두 기질의 치우침과 상황의 급박함에서 나오는 것이니, 반드시 절도에 맞는 것이 아니다. 그러나 중용은 비록 알기 어렵고 행하기 어려운 것은 없으나 천리가 혼연하여 지나치거나 모자람이 없으니, 진실로 의에 정밀하고 인에 익숙하여 조금이라도 사사로운 뜻이 없는 자가 아니면 도달하지 못한다. 그러므로 매우 쉬운 것 같지만 실상은 불가능한 것이다."

이상은 제9장(第九章)이다.

| 요지 |

이 장은 순과 안회를 말한 장과 같은 예이니, 또한 윗 장을 이어서 아래 장을 일으켰다. 윗 장에서 인과 지혜가 반드시 순과 안회와 같은 후에야 도가 밝아질 수 있고 행해질 수 있다고 말한 것을 이었으니, 만일 지혜가 순과 같지 못하고 인이 안회와 같지 못하면 중용은 불가능할 것이다. 그러므로 힘쓰고 분발해서 용맹으로 지혜와 인을 도와야 한다. 따라서 반드시 아래 장에서 말하는 배우는 자의 강함과 같아야 비로소 그 인욕의 사사로움을 이긴 뒤에 가리고 지킬 수 있을 것이니, 윗 장을 이어서 아래 장을 일으킨 뜻이 이와 같다. 세 가지 일의 어려움을 들어서 중용이 더욱 어려움을 밝혔다.

제 10 장

第十章

자 로 문 강
子路問强한대

| 언해 |

子路ㅣ 强을 묻ᄌᆞ온대

| 직역 |

자로(子路)가 강함을 물으니

| 자해 |

子路 : 공자의 제자 중유(仲由).

| 의해 |

자로가 강한 것이 도를 맡을 수 있다고 들었으나, 그 참 뜻을 알지 못하였기 때문에 공자에게 "선비가 어떻게 해야 강하게 됩니까?"라고 물었다.

자 왈 남 방 지 강 여 북 방 지 강 여 억 이 강 여
子曰 南方之强與아 北方之强與아 抑而强與아

| 언해 |

子ㅣ ᄀᆞᆯ아샤ᄃᆡ 南方의 强가 北方의 强가 네의 强가

| 직역 |

공자가 말하였다. "남방의 강함인가? 북방의 강함인가? 너의 강함인가?"

| 자해 |

抑 : 어조사. • 而 : 너.

| 의해 |

자로는 용맹함을 좋아하기 때문에 그 묻는 뜻이 외적인 강함에 있는 것을 공자가 알고 먼저 책망하며 물었다. "강함의 종류는 한 가지가 아니니, 네가 묻는 것이 과연 남방의 강함을 말하는 것인가? 북방의 강함을 말하는 것인가? 아니면 의리에 근본 하여 네가 마땅히 강해야 할 것을 말하는 것인가?"

寬柔以敎(관유이교)요 不報無道(불보무도)는 南方之强也(남방지강야)니 君子居之(군자거지)니라

| 언해 |

寬ᄒᆞ며 柔ᄒᆞ야 ᄡᅧ ᄀᆞᄅᆞ치고 道업스니를 갑디 아니홈은 南方의 强이니 君子ㅣ 居ᄒᆞᄂᆞ니라

| 직역 |

"너그러움과 부드러움으로 가르치고 도가 없는 이에게 갚지 않는 것은 남방의 강함이니 군자가 그렇게 처신한다."

| 자해 |

寬柔以敎 : 너그럽고 부드러워 그것으로 다른 사람이 미치지 못하는 것을 가르침. • 不報無道 : 거스르는 일이 오는 것을 받기만 하고 갚지 않음.

| 의해 |

"어떠한 것이 남방의 강함인가? 만일 다른 사람에게 옳지 않은 일이 있으면 단지 너그럽고 부드럽게 권하여 바꾸게 해서 스스로 뉘우쳐 깨닫게 하고, 가르침을 따르지 않아도 따지지 않는다. 심하게는 다른 사람이 이치에 거스르는 일을 나에게 할지라도 다만 받아줄 뿐이오 보복하지 않고 마땅히 받아야 할 것인가 아닌가를 따지지 않는다. 이것은 기풍이 부드러워 용납하고 참는 것으로서 다른 사람을 이기는 것이니 남방의 강함이다. 또한 진실하고 도타운 도가 되기 때문에 군자가 이렇게 처신하지만, 이것은 네가 마땅히 해야 할 바의 강함은 아니다."

임금혁 사이불염 북방지강야 이강자거지
衽金革하여 死而不厭은 北方之强也니 而强者居之니라

| 언해 |

金과 革을 衽ᄒᆞ야 주거도 厭티 아니홈은 北方의 强이니 强ᄒᆞᆫ 者 ㅣ 居ᄒᆞᄂᆞ니라

| 직역 |

"무기와 갑옷을 자리로 깔고 앉아 죽어도 싫어하지 않는 것은 북방의 강함이니 강한 자가 그렇게 처신한다."

| 자해 |

衽 : 자리. • 金 : 창과 병장기. • 革 : 갑옷과 투구.

| 의해 |

"북방의 강함은 이것과 다르다. 무기와 갑옷은 흉한 도구이고, 사람을 죽이는 것은 중대한 일이다. 그런데 저 사람은 평일에 무기와 갑옷을 자리처럼 보고 그 가운데서 편안하고 익숙하여 비록 이것으로 싸우다가 죽을지라도 원망하고 뉘우치지 않는다. 이것은 기풍이 강하고 사나워 오로지 과감한 것으로 다른 사람을 이기는 것이니 북방의 강함이다. 강한 자가 이렇게 처신하지만, 이것도 또한 네가 마땅히 강해야 할 바의 강함은 아니다."

> 故(고)로 君子(군자)는 和而不流(화이불류)하나니 强哉矯(강재교)여 中立而不倚(중립이불의)하나니 强哉矯(강재교)여 國有道(국유도)에 不變塞焉(불변색언)하나니 强哉矯(강재교)여 國無道(국무도)에 至死不變(지사불변)하나니 强哉矯(강재교)여

| 언해 |

故로 君子ᄂᆞᆫ 和호ᄃᆡ 流티 아니ᄒᆞᄂᆞ니 强ᄒᆞ다 矯홈이여 中立ᄒᆞ야 倚티 아니ᄒᆞᄂᆞ니 强ᄒᆞ다 矯홈이여 나라히 道ㅣ 이숌애 塞을 變티 아니ᄒᆞᄂᆞ니 强ᄒᆞ다 矯홈이여 나라히 道ㅣ 업슴애 주금에 니르러도 變티 아니ᄒᆞᄂᆞ니 强ᄒᆞ다 矯홈이여

| 직역 |

"그러므로 군자는 조화를 이루되 휩쓸리지 않으니 강하다 꿋꿋함이여. 가운데에 서서 기울지 않으니 강하다 꿋꿋함이여. 나라에 도가 있으면 영달하지 못했을 때에 지키던 것을 바꾸지지 않으니 강하다 꿋꿋함이여. 나라에 도가 없으면 죽음에 이르러도 변하지 않으니 강하다 꿋꿋함이여."

| 자해 |

矯 : 강한 모양. • 倚 : 한편으로 기울어짐. • 塞 : 영달하지 못함.

| 의해 |

"남과 북의 강함은 모두 한편에 국한되어 다른 사람을 이기려고 하지만, 배우는 자의 강함은 그 기질이 치우친 것을 바꾸어 스스로 이기는데 있다. 그러므로 덕을 이룬 군자는 스스로 의리의 강함을 갖고 있다. 세상에 처신 할 적에 조화가 소중하지만, 조화는 휩쓸리기가 쉽다. 군자는 다른 사람과 조화를 이루지만, 스스로 바르게 지켜 이치를 어기고 대중을 따라서 휩쓸리지는 않는다. 이것은 다른 사람을 대하는 이치를 가려 지켜서 스스로 휩쓸리기 쉬운 사사로운 마음을 이기는 것이니 강하다 꿋꿋함이여. 처신함에 있어 가운데 서는 것이 중요하지만, 가운데 서는 것은 또 하나의 편벽됨이 되기 쉽다. 군자는 대중을 어기고 홀로 서서 스스로 옳은 것을 믿고, 법을 바꾸어 다른 사람을 좇아서 기울어지지 않는다. 이것은 처신하는 이치를 가려 지켜서 스스로 기울기 쉬운 사사로운 마음을 이기는 것이니 강하다 꿋꿋함이여. 영달한 자는 뜻을 얻으면 매양 평소에 지키던 바를 잃어버리기 쉽다. 그러나 군자는 나라에 도가 있을 때에 부귀하면 도를 행하고 시대를 구제해서 그 포부를 펴면서도, 영달하지 않았을 때에 본래 닦은 도를 바꾸지 않는다. 이것은 영달에 처하는 이치를 가려 지켜서 스스로 변하기 쉬운 사사로운 마음을 이긴 것이니 강하다 꿋꿋함이여. 궁한 자는 견디기가 어려워서 그 지키는 바를 끝까지 관철하지 못하는 경우가 많다. 그러나 군자는 나라에 도가 없을 때를 당하여 빈천하면, 의를 지키고 천명에 편안하여 종신토록 죽기에 이르기까지 평생 동안의 절개를 바꾸지 않는다. 이것은 궁함에 처하는 이치를 가려 지켜서 스스로 변하기 쉬운 사사로운 마음을 이긴 것이니 강하다 꿋꿋함이여. 군자의 강함이 이와 같으니, 이것은 의리와 학문으로부터 나오는 것이다. 너는 마땅히 이런 강

함을 가져야 한다."

공자가 자로에게 고한 말을 가지고 생각해 본다면, 배우는 자의 용맹이 진실로 사사로운 자기를 충분히 제어할 수 있으면, 마음이 사물에 가려지지 않아 올바름을 택할 수 있고 마음을 사물에 빼앗기지 않아 지킬 수 있으니, 어찌 중용이 불가능하겠는가?

이상은 제10장(第十章)이다.

| 요지 |

이 장은 윗 장에서 '중용은 불가능하다'라는 뜻을 이어서, 중용을 가려 굳게 지키는 것은 반드시 순의 지혜와 안회의 인이 있고 또 군자의 용기가 있은 후에 가능하다는 점을 밝혔다. 남과 북은 다른 사람을 이기는 것으로 강함을 삼으니, 이것은 기풍 가운데 싸인 것이다. 군자는 스스로 이기는 것으로 강함을 삼으니, 이것은 기풍 밖으로 나온 것이다. 마땅히 '중(中)'이라는 글자로써 주장을 삼아야 하니, 남방은 중에 미치지 못한 것이고 북방은 중에 지나친 것으로 모두 기질의 치우침이 그렇게 만든 것이다. 그러니 반드시 군자와 같이 의리에 순수하고 온전하여야 중용의 강함이 될 것이다. 이 군자는 대중들과 대립 되는 것이 아니고 바로 남북의 강함과 대립된다. 마지막 구절이 중요하다.

제 11 장

第十一章

자 왈 색 은 행 괴 후 세 유 술 언 오 불 위 지 의
子曰 素隱行怪를 後世에 有述焉하나니 吾弗爲之矣로라

| 언해 |

子ㅣ ᄀᆞᆯ아샤ᄃᆡ 隱을 素ᄒᆞ며 怪ᄅᆞᆯ 行홈을 後世예 述ᄒᆞ리 인ᄂᆞ니 내 ᄒᆞ디 아니ᄒᆞ노라

| 직역 |

공자가 말하였다. “은벽한 이치를 찾으며 괴이한 행동을 하는 것을 후세에 기술하는 이가 있으니 내가 하지 않는다.”

| 자해 |

素 : 『한서(漢書)』를 상고해보면 마땅히 ‘색(索)’자로 써야한다고 하니, 글자가 그릇된 것. • 素隱行怪 : 깊이 은벽한 이치를 구하고 지나쳐서 괴이한 행동을 하는 것. • 述 : 칭술(稱述)함.

| 의해 |

위의 두어 장은 지 · 인 · 용(知 · 仁 · 勇)을 나누어 말하여 도에 들어가는 문으로 삼고, 이 장에 이르러 합하여 말하여 맺어서 성인의 극진함을 구하였기 때문에 공자의 말을 인용하여 말하였다. “이제 어떤 사람이 일상생활의 평범한 이치는 행할 만한 것이 못

되고 알 만한 것이 못된다고 하여 깊이 은벽한 이치를 구하여 다른 사람이 알지 못하는 것을 알고자 하며, 지나쳐서 괴이한 행위를 하여 다른 사람이 행하지 못하는 것을 행하고자 한다면, 이것은 세상을 속이고 이름을 도적질하고자 하는 것이다. 사람의 감정은 평범함을 싫어하고 새것을 좋아하기 때문에 후세에 또한 일컬어 기술하는 자가 있을 수도 있으나, 이것은 알고 행하는 것이 모두 중(中)에 지나쳐서 마땅히 하지 말아야 할 것을 하는 자이다. 나는 내가 마땅히 알아야 할 바를 알며 내가 행해야 할 바를 행하여 차라리 후세에 기술함이 없을지언정 중에 지나치고 바름을 잃어버리는 앎과 행동을 구하지 않을 것이다."

군자준도이행 반도이폐 오불능이의
君子遵道而行하다가 半塗而廢하나니 吾弗能已矣로라

| 언해 |

君子ㅣ 道를 조차 行ᄒᆞ다가 途에 半만ᄒᆞ야 廢ᄒᆞᄂᆞ니 내 能히 마디 몯ᄒᆞ노라

| 직역 |

"군자가 도를 따라 행하다가 중도에서 그만두는데 나는 그만둘 수가 없다."

| 자해 |

已 : 그침.

| 의해 |

"세상에는 이른바 이름이 군자라고 하는 자가 있으니, 도의 중

(中)이 귀함을 알고 사물을 따라서 중용의 도를 택하여 따라 행한다. 아는 것은 충분하지만 다만 힘이 부족하여 행하다가 중간에 그만두고 나아가지 않으니, 마땅히 그만두지 말아야 할 것을 그만두는 자이다. 나는 처음부터 끝까지 한결같이 하여 그만두지 않는다."

君子(군자)는 依乎中庸(의호중용)하여 遯世不見知而不悔(돈세불견지이불회)하나니 唯聖者(유성자)아 能之(능지)니라

| 언해 |

君子ᄂᆞᆫ 中庸을 依ᄒᆞ야 世예 遯ᄒᆞ야 알옴을 보디 몯ᄒᆞ야도 뉘웃디 아니ᄒᆞᄂᆞ니 오직 聖者ㅣ아 能ᄒᆞᄂᆞ니라

| 직역 |

"군자는 중용에 의거하여 세상에서부터 숨어서 알아주지 않아도 후회하지 않으니, 오직 성자라야 할 수 있다."

| 의해 |

"도를 체득하여 쉬지 않는 자를 나는 덕을 이룬 군자에게서 얻을 수 있다. 군자가 아는 바와 행하는 바는 자연히 중용의 이치에 의거하여 하나가 되어서, 몸을 마치도록 다른 사람이 알아주지 않더라도 끝내 후회하지 않는다. 중용의 도가 오직 나에게 있는 것을 믿기 때문에 다른 사람이 알아주기를 바라지 않고 삶을 마칠 때까지 버리지 않는다. 이것은 지나치거나 미치지 못하는 것이 없고 처음부터 끝까지 유지하여 천리에 순수하고 인사에 극진한

성자라야 할 수 있다. 내가 성스러움을 감당할 수는 없지만, 스스로 힘쓰지 않을 수 없다."

공자가 은벽한 이치를 찾지 않고 괴이한 행동을 하지 않으며 길을 반만 가다가 그만두지 않았으니, 그가 할 수 있었던 것이 바로 여기에 있다. 비록 성스러움으로 스스로 자처하지 않지만, 어찌 사양할 수 있겠는가?

이상은 제11장(第十一章)이다. 자사가 공자의 말을 인용하여 첫 장의 뜻을 밝힌 것이 여기에서 그쳤다. 이 편의 큰 뜻은 천하에 두루 통하는 지·인·용 세 가지 덕을 도에 들어가는 문으로 삼는 것이다. 그러므로 편 머리에 순과 안연과 자로의 일로써 밝혔으니, 순은 지이고 안연은 인이고 자로는 용이다. 세 가지 가운데 하나라도 빠지면 도에 나아가거나 덕을 이루지 못할 것이다. 나머지는 제20장(二十章)에 보인다.

| 요지 |

이 장은 윗 장을 이어서 지(知)와 인(仁)과 용(勇)을 합쳐 말하여 맺었다. 이것은 대문 가운데 한 번 맺은 것으로, 「군자중용(君子中庸)」 장과 서로 응하여 마지막 구절을 강조하였다. 첫 번째 구절은 알고 행함이 너무 지나친 것이다. 다음 구절은 앎이 이르지 못하고 행동을 모두 하지 못한 것이니, 요컨대 모두 중용에 능하지 못한 것이다. 마지막 구절은 알고 행함이 중(中)을 얻고 지와 인과 용이 아울러 갖추어져서 중용의 극진함에 나아갔으니, 곧 이른바 군자의 중용이다. 구절마다 지와 인과 용을 제시하여 위두어 장의 뜻을 맺었으니, 모두 머리 장의 뜻을 밝힌 것이다.

제 12 장

第十二章

군자지도　비이은
君子之道는 費而隱이니라

| 언해 |

君子의 道는 費호되 隱ᄒᆞ니라

| 직역 |

군자의 도는 넓으면서도 은미하다.

| 자해 |

費 : 작용의 넓음. • 隱 : 본체의 은미함.

| 의해 |

도는 하늘에 근원하고 그 본체가 군자에게 갖추어져 있다. 그러므로 도는 군자의 도가 되니, 이 도는 모든 사물에 있고 어디든지 그러하다. 그 넓은 작용이 극진하며 그 가운데 본체가 있지만 형상과 자취를 볼 수가 없고 소리와 냄새를 찾을 수 없으니, 또한 그 본체의 은미함이 지극하다.

夫婦之愚로도 可以與知焉이로되 及其至也하여는 雖聖人이라도 亦有所不知焉하며 夫婦之不肖로도 可以能行焉이로되 及其至也하여는 雖聖人이라도 亦有所不能焉하며 天地之大也에도 人猶有所憾이니 故로 君子語大인댄 天下莫能載焉이오 語小인댄 天下莫能破焉이니라

| 언해 |

夫婦의 愚로도 可히 ᄡᅧ 與ᄒᆞ야 알오ᄃᆡ 그 지극홈애 믿처ᄂᆞᆫ 비록 聖人이라도 ᄯᅩᄒᆞᆫ 아디 몯ᄒᆞᄂᆞᆫ 배이시며 夫婦의 不肖로도 可히 ᄡᅧ 能히 行호ᄃᆡ 그 지극홈애 믿처ᄂᆞᆫ 비록 聖人이라도 ᄯᅩᄒᆞᆫ 能티 몯ᄒᆞᄂᆞᆫ 배이시며 天地의 큼애도 사ᄅᆞᆷ이 오히려 憾ᄒᆞᄂᆞᆫ 배인ᄂᆞ니 故로 君子이 大를 닐을딘댄 天下ㅣ 能히 載티 몯ᄒᆞ고 小를 닐은딘댄 天下ㅣ 能히 破티 몯ᄒᆞᄂᆞ니라

| 직역 |

부부의 어리석음으로도 참여하여 알 수 있지만, 그 지극함에 미쳐서는 비록 성인이라도 또한 알지 못하는 바가 있다. 부부의 불초(不肖)함으로도 행할 수 있지만 그 지극함에 미쳐서는 비록 성인이라도 또한 행하지 못하는 바가 있다. 천지가 큰데도 사람이 오히려 유감스럽게 여기는 바가 있으니, 그러므로 군자가 큰 것을 말하면 천하가 싣지 못하고 작은 것을 말하면 천하가 깨뜨리지 못한다.

| 자해 |

聖人所不知 : 공자가 예를 묻고 벼슬을 물은 것과 같은 종류의 일. • 所不能

: 공자가 군주의 지위를 얻지 못하고 요순이 널리 베풀지 못하는 것을 병통으로 여긴 것과 같은 종류의 일. • 人有所憾 : 천지가 만물을 덮고 싣고 낳고 이룰 때에 한쪽으로 치우치는 것과 추위와 더위, 재앙과 상서를 내릴 때에 바름을 얻지 못하는 것.

| 의해 |

시험 삼아 도의 넓은 것을 가지고 본다면, 부부 가운데 어리석은 자들은 도에 대해 마땅히 아는 것이 없을 것 같지만, 또한 본연의 양지(良知)가 있어서 일상생활의 평범한 이치에 대해서는 알 수 있다. 다만 그 전체의 지극함은 아니다. 그 지극한 경지에 대해서는 비록 성인이라도 상황에 따라 다르고 이목(耳目)에 한계가 있어서 모두 알지 못하는 바가 있다. 그리고 부부가운데 불초한 자는 도를 행할 수 없을 것 같지만, 본연의 양능(良能)이 있어서 일상생활의 평범한 일은 할 수 있다. 다만 그 전체의 지극함은 아니다. 그 지극한 경지에 대해서는 비록 성인이라도 형세에 막히고 마음과 힘이 미치지 못하여 다 행하지 못하는 바가 있다. 그러니 어찌 특별히 성인뿐이겠는가? 천지가 이같이 크지만, 천지가 만물을 덮고 싣고 낳고 이룰 때에 한 쪽으로 치우치며 추위와 더위, 재앙과 상서를 내릴 때에 올바름을 잃어버리면 사람들이 오히려 만족하지 못하여 유감스럽게 생각한다. 가까이 부부가 알고 행하는 바로부터 멀리 성인과 천지가 다 하지 못하는 바에 이르기까지 도는 진실로 크고 작은 것을 겸하여 그 작용을 갖추고 있다. 그러므로 군자의 도를 그 큰 데 나아가서 말한다면 넓어서 모든 사물을 포함하여 그 큰 것이 바깥이 없으니, 누가 그 바깥에 나가 실을 자가 있을 것인가? 그 작은 데 나아가서 말한다면 기미가 섬세하여 모두 사물의 본체가 되어 그 작은 것이 안이 없으니, 누가 그 안에 들어가 깨뜨릴 자가 있겠는가? 도는 참으로 쓰임이 넓다.

詩云 鳶飛戾天이어늘 魚躍于淵이라하니 言其上下察也니라

| 언해 |

詩예 닐오ᄃᆡ 鳶ᄋᆞᆫ 飛ᄒᆞ야 天애 戾ᄒᆞ거ᄂᆞᆯ 魚ᄂᆞᆫ 淵에셔 躍ᄒᆞᆫ다ᄒᆞ니 그 上下애 察홈을 닐ᄋᆞ니라

| 직역 |

『시경』에 이르기를, "솔개는 날아서 하늘에 이르는데 물고기는 연못에서 뛴다"라고 하니, 위와 아래에서 나타남을 말한 것이다.

| 자해 |

詩 : 「대아(大雅) · 한록(旱麓)」. • 鳶 : 솔개. • 戾 : 이름[至]. • 察 : 나타남.

| 의해 |

도가 크거나 작은 데에서 극진함이 이와 같으니, 그 흘러 행하는 활발한 기틀을 『시경』에서 볼 수 있다. 『시경(詩經)』「대아(大雅) · 한록(旱麓)」편에 "솔개는 그 성품을 좇아 날아서 하늘에 이르고, 물고기는 그 성품을 좇아 뛰어서 못에 있다"라고 하였다. 시가 어찌 유독 솔개와 물고기를 위하여 말한 것이겠는가? 하늘과 땅 사이에 만물이 없는 곳이 없고, 하늘과 땅 사이의 만물이 도가 아님이 없다. 솔개가 위에 나는 것은 도가 위로 나타나는 것이니, 한 마리 솔개를 들어 말하여 위에서 형상을 이룬 것이 모두 도라는 것을 말하였다. 물고기가 아래에서 뛰는 것은 도가 아래로 나타나는 것이니, 한 마리 물고기를 들어 말하여 아래에 형상을 이룬 것이 모두 도라는 것을 말하였다. 도가 하늘과 땅 사이에

있어서 밝게 나타남이 이와 같으니, 어찌하여 도의 작용이 이처럼 넓은가? 그렇게 하도록 하는 것은 은미한 본체이다.

군자지도　조단호부부　급기지야　찰호천지
君子之道는 造端乎夫婦니 及其至也하여는 察乎天地니라

| 언해 |

君子의 道ᄂᆞᆫ 端이 夫婦에 造ᄒᆞᄂᆞ니 그 지극홈애 미처ᄂᆞᆫ 天地예 察ᄒᆞᄂᆞ니라

| 직역 |

군자의 도는 실마리가 부부로부터 만들어지지만, 그 지극함에 미쳐서는 천지에 나타난다.

| 의해 |

합하여 말하면 군자의 도이다. 그 한 절을 말한다면 시작은 부부 사이에 있으니, 사람의 일 가운데 지극히 가까운 것이지만 도가 그 사이에 빠지지 않는다. 이른바 '어리석고 불초한 자도 알 수 있고 할 수 있다'는 것으로, 작아서 깨뜨리지 못할 것이 이것이다. 그 전체의 지극한 곳에 이르러서는 하늘과 땅 사이에 밝게 나타나서 두루 하지 않음이 없다. 이른바 '성인과 천지도 모두 하지 못하는 바'라는 것으로, 커서 싣지 못할 것이 이것이다. 이것이 모두 도의 작용이 넓은 것이지만 그러한 까닭은 은미하여 보이지 않으니, 이것이 도가 잠깐이라도 떠날 수 없는 까닭이다. 군자가 경계하고 두려워하며 홀로 아는 곳을 삼가는 공부를 잠깐이라도 그쳐서는 안 될 것이다.

이상은 제12장(第十二章)이다. 자사의 말이니, 머리 장에서 도가 떠날 수 없다는 뜻을 거듭 밝힌 것이다. 아래 여덟 장은 공자의 말을 인용하여 밝혔다.

| 요지 |

이 장은 도의 넓고 은미함, 크고 작은 것을 논의하여 아래 일곱 장의 강령으로 삼았다. 처음에는 중화(中和)를 말하여 이 도가 내 마음에 관련됨을 보이고, 다음에는 중용을 말하여 이 도가 사물에 드러남을 보이고, 여기서는 넓고 은미함을 말하여 이 도가 천지에 가득함을 제시하였다.

제 13 장

第十三章

자왈 도불원인 인지위도이원인 불가이위도
子曰 道不遠人하니 人之爲道而遠人이면 不可以爲道니라

| 언해 |

子ㅣ ᄀᆞᆯᄋᆞ샤ᄃᆡ 道ㅣ 사람의게 머디 아니ᄒᆞ니 사ᄅᆞᆷ이 道를 호ᄃᆡ 사ᄅᆞᆷ의게 멀리ᄒᆞ면 可히 ᄡᅥ 道ㅣ라ᄒᆞ디 몯ᄒᆞ리니라

| 직역 |

공자가 말하였다. "도가 사람에게서 멀지 않으니, 사람이 도를 행하면서 사람에게서 멀리한다면 도라고 할 수 없다."

| 자해 |

道 : 성품을 좇는 것을 말할 따름이니, 진실로 대중이 알 수 있고 행할 수 있는 것.

| 의해 |

공자가 말하였다. "도는 일상생활 사이에 밝게 나타나니, 어찌 사람에게서 먼 것이겠는가? 다만 사람으로서 도에 종사하는 자가 매양 인사를 떠나서 고원함을 구하고자 한다면, 반드시 사람의

성품에 거슬려서 그 자연스러움을 따르지 않고 일의 마땅함을 잃어버려서 당연함에 합하지 않을 것이니, 도라고 할 수 없을 것이다."

시운 벌가벌가 기칙불원 집가이벌가 예
詩云 伐柯伐柯여 其則不遠이라하니 執柯以伐柯호되 睨
이시지 유이위원 고 군자 이인치인
而視之하고 猶以爲遠하나니 故로 君子는 以人治人하다
개이지
가 改而止니라

| 언해 |

詩예 닐오ᄃᆡ 柯ᄅᆞᆯ 버힘이여 柯ᄅᆞᆯ 버힘이여 그 則이 머디 아니타 ᄒᆞ니 柯ᄅᆞᆯ 잡아 뻐 柯ᄅᆞᆯ 버휴ᄃᆡ 睨ᄒᆞ야 보고 오히려 뻐 멀리 너기ᄂᆞ니 故로 君子ᄂᆞᆫ 사ᄅᆞᆷ으로 뻐 사ᄅᆞᆷ을 다ᄉᆞ리다가 改커ᄃᆞᆫ 止ᄒᆞᄂᆞ니라

| 직역 |

"『시경』에 이르기를, '도끼자루를 벰이여, 도끼자루를 벰이여. 그 법칙이 멀지 않다'라고 하니, 도끼자루를 잡고 도끼자루를 베면서도 흘겨보고 오히려 그 법칙이 멀리 있다고 여긴다. 그러므로 군자는 사람으로 사람을 다스리다가 고치면 그친다."

| 자해 |

詩 : 「빈풍(豳風) · 벌가(伐柯)」. • 柯 : 도끼자루. • 則 : 법(法). • 睨 : 흘겨보는 것.

| 의해 |

"도를 행하는 것이 사람에게서 멀지 않다는 것을 무엇으로 알 수 있는가? 『시경』「빈풍・벌가」편에 '도끼자루를 벰이여, 도끼자루를 벰이여. 지금 잡고 있는 도끼자루가 베는 자루의 길이를 재는 법칙이 되니, 구하는 것이 멀지 않다'고 하였다. 『시경』의 이 구절에 의하면, 새로운 도끼자루의 길이를 재는 기준은 지금 잡고 있는 이 자루에 있다. 그런데 자루를 잡고 나무를 베서 새로운 자루를 만드는 자가 지금 잡고 있는 자루는 이미 이루어진 것이고 새로 베는 자루는 이루지 못한 것이기 때문에 저것과 이것이 다르므로 자루의 길이를 재는 기준이 멀리 있다고 여긴다. 이와 같이, 도는 각각 해당하는 사람의 몸에 있어서 저것과 이것이 다르지 않으니, 본성이 발로된 것으로서 실천할 수 있으니 진실로 멀지 떨어져 있지 않다. 그러므로 군자가 사람을 다스릴 때, 그 사람의 도로써 달래고 인도하여 그 사람의 몸을 다스린다. 그 사람이 알 수 있는 것과 행할 수 있는 것으로 요구하다가 그 사람이 알아야 할 것을 알고, 행할 수 있는 것을 행하면 곧 그쳐서 다시 알기 어렵고 행하기 어려운 것을 요구하지 않는다. 여기에서 도가 사람에게서 멀지 않다는 사실을 볼 수 있으니, 마땅히 사람에게서 멀리 떨어져 있지 않는 것으로써 도를 삼아야 한다."

충서위도불원 시저기이불원 역물시어인
忠恕違道不遠하니 施諸己而不願을 亦勿施於人이니라

| 언해 |

忠과 恕ㅣ 道에 違홈이 머디 아니ᄒᆞ니 己예 施ᄒᆞ야 願티 아니홈을 ᄯᅩᄒᆞᆫ 사ᄅᆞᆷ의게 施티 마롤디니라

| 직역 |

"충(忠)과 서(恕)는 도에서부터 멀지 않으니, 자기에게 베풀어서 원하지 않는 것을 또한 다른 사람에게 베풀지 말라."

| 자해 |

忠 : 자기의 마음을 다함. • 恕 : 자기를 미루어 다른 사람에게 미침. • 위(違) : 여기에서부터 저기에 이르기까지 서로의 거리가 멀지 않음. 도는 곧 그 사람에게서 멀지 않음.

| 의해 |

"군자가 반드시 사람으로써 사람을 다스리는 것은 진실로 사람의 마음이 같고 마음의 도가 같기 때문이다. 여기에 나아가면 도에 가까이하는 법을 깨달을 수 있을 것이다. 도가 사람의 마음에 있어서 본체와 작용이 모두 갖추어졌지만, 다만 사사로운 뜻에 막혀서 사람에게 베푸는 것이 마땅함을 얻지 못하여 도에서부터 멀어진다. 만일 충(忠)에 근본을 두어 서(恕)로써 행하면 비록 사물과 내가 하나는 아니지만 마음이 공정하고 이치를 얻어서 자연스러울 수 있을 것이니, 도에서부터 어찌 멀어지겠는가? 충(忠)과 서(恕)는 자기의 마음을 미루어서 다른 사람에게 미치는데 지나지 않는다. 자기의 마음으로 다른 사람의 마음을 헤아린다면 다른 사람의 마음이 자기의 마음과 같다는 사실을 알 수 있다. 자기가 원하지 않는 것을 다른 사람에게 베풀지 말아야 하니, 이것이 충(忠)과 서(恕)의 일이다. 이것으로써 도를 구하면 도에서부터 저절로 멀지 않을 것이다."

군자지도사 구미능일언 소구호자 이사부
君子之道四에 丘未能一焉이로니 所求乎子로 以事父를

未能也하며 所求乎臣으로 以事君을 未能也하며 所求乎弟로 以事兄을 未能也하며 所求乎朋友로 先施之를 未能也로니 庸德之行하며 庸言之謹하여 有所不足이어든 不敢不勉하며 有餘어든 不敢盡하여 言顧行하며 行顧言이니 君子胡不慥慥爾리오

| 언해 |

君子의 道ㅣ 네헤 丘ㅣ ᄒᆞ나토 能티 몯ᄒᆞ노니 아ᄃᆞᆯ의게 求ᄒᆞᄂᆞᆫ 바로ᄡᅧ 아비셤김을 能티 몯ᄒᆞ며 신하의게 求ᄒᆞᄂᆞᆫ 바로ᄡᅧ 님금셤김을 能티 몯ᄒᆞ며 아의게 求ᄒᆞᄂᆞᆫ 바로ᄡᅧ 兄셤김을 能티 몯ᄒᆞ며 벋의게 求ᄒᆞᄂᆞᆫ 바로 몬져 施홈을 能티 몯ᄒᆞ노니 庸ᄒᆞᆫ 德을 行ᄒᆞ며 庸ᄒᆞᆫ 言을 謹ᄒᆞ야 不足ᄒᆞᆫ 배잇거든 敢히 勉티 아니티 아니ᄒᆞ며 有餘ᄒᆞ거든 敢히 盡티 아니ᄒᆞ야 말이 힝실을 도라보며 힝실이 말을 도라볼디니 君子ㅣ 엇디 慥慥티 아니ᄒᆞ리오

| 직역 |

"군자의 도가 네 가지인데, 구(丘)는 하나도 잘하지 하지 못한다. 아들에게 구하는 바로 아버지를 섬기지 못하며, 신하에게 구하는 바로 임금을 섬기지 못하며, 아우에게 구하는 바로 형을 섬기지 못하며, 벗에게 구하는 바로 먼저 베풀지 못한다. 평범하고 한결같은 덕을 행하며 평범하고 한결같은 말을 삼가, 행동에 부족한 바가 있으면 감히 힘쓰지 않을 수 없으며 말에 넘치는 바가 있으면 감히 다할 수 없어서, 말이 행동을 돌아보며 행동이 말을 돌아볼 것이니, 군자가 어찌 독실하게 하지 않겠는가?"

| 자해 |

求 : 요구함. • 庸 : 평범하고 한결같음. • 行 : 실천함. • 謹 : 삼감. • 慥慥 : 독실한 모양.

| 의해 |

"이 충(忠)과 서(恕)는 구(丘)가 배워서 군자 되기를 원하는 것이다. 군자가 마땅히 행하여야 할 도리에는 네 가지가 있지만, 구가 스스로 돌이켜 생각하니 오히려 하나도 제대로 하는 것이 없다. 아들의 도는 효도에 있으니 사람의 아들 된 이에게 구하는 것이 반드시 효도이나, 내가 아버지를 섬기는 데 효도를 다하지 못하고 있다. 신하의 도는 충성에 있으니 사람의 신하된 이에게 구하는 것이 반드시 충성이나, 내가 임금을 섬기는 데 충성을 다하지 못하고 있다. 아우의 도는 공손에 있으니 사람의 아우 된 이에게 구하는 것이 반드시 공손이나, 내가 형을 섬기는 데 공손을 다하지 못하고 있다. 벗의 도는 믿음에 있으니 사람의 벗된 이에게 구하는 것이 반드시 믿음이나, 내가 벗을 사귀는 데 믿음을 다하지 못하고 있다. 군자의 도를 내가 행하지 못함이 이와 같다. 군자가 아들과 신하와 아우와 벗의 도를 행하는 것은 덕을 자기에게 두고자 하는 것이고, 아들과 신하와 아우와 벗의 도를 말하는 것은 말을 가볍게 내지 않고자 함이다. 행동은 부족함에 이르기 쉬우니 감히 스스로 힘쓰지 않을 수 없고, 말은 넘칠까 두려우니 감히 스스로 충분히 삼갔다고 하지 못할 것이다. 말을 모두 행하면 행동을 돌아보는 것이고, 행동이 모두 말에 미치면 말을 돌아보는 것이다. 그러므로 돈독하게 조금의 거짓도 없도록 해야 한다. 나는 반드시 이 군자로 본보기를 삼아 스스로 힘쓸 것이다."

이상은 제13장(第十三章)이다. 도가 사람에게서 멀지 않다고 한 것은 부부도 할 수 있고, 구(丘)가 한 가지도 잘하지 못한다고 한 것은 성인도 하지 못하는 일이다. 모두 도가 넓은 것이며, 그렇게 되는 까닭은 지극히 은미하기 때문이다. 아래 장도 이와 같다.

| 요지 |

윗 장에서 도를 넓게 말하였기 때문에 이 장에서는 자신과 관련된 것을 말하였으니, 이것은 위와 아래가 서로 이어진다는 뜻이다. 전체 장이 모두 사람을 멀리하고 도를 행하는 자를 위하여 말하였다. 첫 번째 구절로 주장을 삼고 아래 세 구절은 단지 첫 번째 구절을 해석하였으니, "사람을 멀리 하지 않는다"는 구절이 중요하다. 그리고 다음 구절에서 사람으로 사람을 다스린다고 말한 것은 모두 사람을 멀리하지 않고 도를 행하고자 한 것이다. 셋째 구절에서 자기가 다른 사람에게 베푸는 것을 말한 이유는 사람을 멀리하지 않는 것이 도가 되기 때문이다. 넷째 구절에서 자기를 책망하는 것을 말한 이유 또한 사람을 멀리 하지 않는 것이 도가 되기 때문이다. 각 절에서 사람을 멀리 하지 않고서 도를 행한다는 뜻이 중요하지만, 충(忠)과 서(恕)가 도에서부터 멀지 않다는 것이 더욱 전체 장의 핵심이 된다. 사람으로 사람을 다스린다는 것과 자기가 원하지 않는 것을 베풀지 말라고 한 것은 사람 사람으로 하여금 각각 사람의 도를 다하게 하고자 한 것이니, 이것은 충(忠)과 서(恕)로써 사람을 다스리는 것이다. 돈독하게 스스로 닦는 것이 자기에게 달려 있다는 것은 실상 스스로 사람 된 도리를 다한 것이니, 이는 충(忠)과 서(恕)로써 스스로를 다스리는 것이다. 이것은 모두 사람을 멀리하지 않고서 도를 행하는 공부이다.

제 14 장

第十四章

君子素其位而行이오 不願乎其外니라

| 언해 |

君子는 그 位예 素ᄒᆞ야셔 行ᄒᆞ고 그 밧긜 願티 아니ᄒᆞᄂᆞ니라

| 직역 |

군자는 그 지위에 따라서 행하고 그 밖의 것을 원하지 않는다.

| 자해 |

素 : 현재(現在)와 같은 뜻.

| 의해 |

사람이 현재 처해 있는 지위는 같지 않지만, 이 지위에 처하면 반드시 이 도가 있으니, 이른바 현재 마땅히 행해야 할 이치이다. 군자가 다만 현재 처해 있는 지위에 따라서 마땅히 행할 도를 행하여 나의 분수 안에 있는 일을 다 할 따름이고, 현재의 지위 이외에 따로 원하고 사모하는 것이 있어서 얻을 수 없는 일을 바라지 않는다. 대개 본분 안의 도일지라도 스스로 쉽게 다 하지 못할 것이니 그 이외의 것에는 미칠 겨를이 없는 것이다.

素富貴(소부귀)하여는 行乎富貴(행호부귀)하며 素貧賤(소빈천)하여는 行乎貧賤(행호빈천)하며 素夷狄(소이적)하여는 行乎夷狄(행호이적)하며 素患難(소환난)하여는 行乎患難(행호환난)이니 君子(군자)는 無入而不自得焉(무입이부자득언)이니라

| 언해 |

富貴예 素ᄒᆞ얀 富貴예 行ᄒᆞ며 貧賤에 素ᄒᆞ얀 貧賤에 行ᄒᆞ며 夷狄에 素ᄒᆞ얀 夷狄에 行ᄒᆞ며 患難에 素ᄒᆞ얀 患難에 行ᄒᆞᄂᆞ니 君子ᄂᆞᆫ 든ᄃᆡ마다 스스로 得디 아니ᄒᆞᆯ ᄃᆡ 업ᄂᆞ니라

| 직역 |

부귀에 처해서는 부귀에 마땅한 도를 행하며, 빈천에 처해서는 빈천에 마땅한 도를 행하며, 이적에 처해서는 이적에 마땅한 도를 행하며, 환란에 처해서는 환란에 마땅한 도를 행한다. 군자는 들어가는 데마다 스스로 얻지 않음이 없다.

| 의해 |

이른바 현재의 지위에 따라 행한다는 것은 무엇인가? 만일 부귀한 지위에 처해서는 부귀에 마땅한 도를 행할 것이니, 은택이 백성에 더할 것이다. 빈천한 지위에 처하여서는 빈천에 마땅한 도를 행할 것이니, 몸을 닦아 홀로 착할 것이다. 이적의 지위에 처하여서는 이적에 마땅한 도를 행할 것이니, 충신(忠信)과 독경(篤敬)을 떠나지 않을 것이다. 환란의 지위에 처하여서는 환란에 마땅한 도를 행할 것이니, 문명(文明)하고 유순(柔順)할 것이다. 지위는 같지 않지만 군자가 모두 마땅히 해야 할 도리를 다하면, 도는 가는 곳을 따라서 있게 되고 마음은 가는 곳을 따라서 즐거울 것이다. 그러므로 들어가는 데마다 스스로 얻지 않음이 없을 것

이니, 이른바 지위에 따라 행한다는 것이 이와 같다.

在上位(재상위)하여 不陵下(불릉하)하며 在下位(재하위)하여 不援上(불원상)이오 正己而(정기이) 不求於人(불구어인)이면 則無怨(즉무원)이니 上不怨天(상불원천)하며 下不尤人(하불우인)이니라

| 언해 |

웃 位예 이셔 아래ᄅᆞᆯ 陵티 아니ᄒᆞ며 아래 位예 이셔 우흘 援티 아니ᄒᆞ고 몸을 正히 ᄒᆞ고 사ᄅᆞᆷ의게 求티 아니ᄒᆞ면 怨이 업ᄉᆞ리니 우흐로 하ᄂᆞᆯ을 怨티 아니ᄒᆞ며 아래로 사ᄅᆞᆷ을 尤티 아니ᄒᆞᄂᆞ니라

| 직역 |

윗 지위에 있으면서 아래를 업신여기지 않고 아래 지위에 있으면서 위를 잡아당기지 않으며, 자기를 바르게 하고 다른 사람에게 구하지 않으면 원망이 없을 것이니, 위로 하늘을 원망하지 않으며 아래로 사람을 허물하지 않을 것이다.

| 의해 |

군자가 자기 밖의 것을 원하지 않는다는 사실을 무엇을 가지고 볼 수 있는가? 윗 지위에 거하여 아래와 사귈 때에 거만하지 않아 아래를 업신여기지 않고, 아래 지위에 거하여 위와 사귈 때에 아첨하지 않아 위를 잡아당기지 않는다. 대개 아래를 업신여겨서 자기의 형세를 펴지 못하면 그 아래를 원망하고, 위를 잡아당겨서 자기가 하고자 하는 것을 이루지 못하면 그 위를 원망하게 된다. 이제 오직 자기에게 있는 것을 바르게 하고 다른 사람에게 구하는 바가 없으면, 위에서 얻지 못함이 없고 아래에서 얻지 못함

이 없을 것이니 무슨 원망이 있겠는가? 이 마음을 미루어 하늘에서 구하여, 얻고 잃어버림을 모두 자연의 이치에 맡길 따름이니 무엇 때문에 하늘을 원망하겠는가? 쓰거나 놓고, 주거나 빼앗는 것을 모두 우연한 일로 돌려보낼 따름이니 무엇 때문에 다른 사람을 원망하겠는가? 이른바 자기 밖의 것을 원하지 않는다는 것이 이와 같다.

고 군자 거이이사명 소인 행험이요행
故로 君子는 居易以俟命하고 小人은 行險以徼幸이니라

| 언해 |

故로 君子ᄂᆞᆫ 易예 居ᄒᆞ야 ᄡᅥ 命을 기ᄃᆞᆯ오고 小人은 險에 行ᄒᆞ야 ᄡᅥ 幸을 徼ᄒᆞᄂᆞ니라

| 직역 |

그러므로 군자는 평이한데 거하여 명을 기다리고, 소인은 위험을 행하여 요행을 바란다.

| 자해 |

易 : 평지이니, 거이(居易)는 지위에 따라 행함. • 俟命 : 밖의 것을 원하지 않음. • 徼 : 구함. • 幸 : 마땅히 얻지 못할 것을 얻음.

| 의해 |

오직 그 지위에 따라서 행하고 밖의 것을 원하지 않기 때문에 군자는 하는 바가 이치를 따라 평이하고 쉬운 길에 편안하게 처하여 궁하거나 영달하거나, 얻거나 잃어버리거나 한결같이 하늘에서 명령을 듣는다. 소인은 사사로운 지혜를 행하여 날로 기울어

지고 위험한 길로 가서 마땅히 얻지 못할 것을 구하니, 어찌 군자가 평이한데 거하여 하늘의 명을 기다리는 것과 같겠는가?

자왈 사유사호군자 실저정곡 반구저기신
子曰 射有似乎君子하니 失諸正鵠이오 反求諸其身이니라

| 언해 |

子ㅣ ᄀᆞᆯᄋᆞ샤ᄃᆡ 射ㅣ 君子ᄀᆞᄐᆞᆷ이 인ᄂᆞ니 正과 鵠에 失ᄒᆞ고 도라 그 몸애 求ᄒᆞᄂᆞ니라

| 직역 |

공자가 말하였다. "활 쏘는 것이 군자와 비슷하니, 정곡을 맞추지 못하면 돌이켜 그 자신에서 구한다."

| 자해 |

正鵠 : 정은 베에 그린 것이고 곡은 가죽을 붙인 것이니, 쏘는 과녁.

| 의해 |

공자가 말하였다. "활 쏘는 것이 한 가지 재주이지만 군자의 도와 같은 것이 있다. 활을 쏘아 저 정곡을 맞추지 못하면 돌이켜 자기 자신에게 구하여 내 뜻이 바르지 못하고 자기 몸이 곧지 못하다고 생각하여 나를 이긴 자를 원망하지 않는다."

활 쏘는 자은 이와 같은 마음가짐을 갖는다. 그러므로 군자가 행하여 얻지 못하는 것이 있으면 돌이켜 자기 자신에게 구하는 것과 같기 때문에 '군자와 같은 것이 있다'고 하는 것이다. 이 말에 의거해 보면 군자가 지위에 따라 행하고 그 밖의 것을 원하지 않는다고 한 것이 활쏘기와 다르겠는가?

이상은 제14장(第十四章)이다. 자사의 말이니, 장 처음에 "子曰" 이라는 글자가 없는 것은 모두 자사의 말이다.

| 요지 |

이 장은 군자가 자기 자신의 분수를 편안하게 여겨 밖의 것을 원하는 마음이 없다는 것을 말하였다. 첫 번째 구절로 강령을 삼고 아래에 자세하게 그 뜻을 밝혀서 말을 이끌어 맺었다.

제 15 장

第十五章

君子之道(군자지도)는 辟如行遠必自邇(비여행원필자이)하며 辟如登高必自卑(비여등고필자비)니라

| 언해 |

君子의 道는 辟컨댄 먼딕 行ᄒᆞ리 반ᄃᆞ시 갓가온 ᄃᆡ로브터 홈 ᄀᆞᄐᆞ며 辟컨댄 노픈ᄃᆡ 오ᄅᆞ리 반ᄃᆞ시 ᄂᆞᄌᆞᆫ ᄃᆡ로브터 홈 ᄀᆞᄐᆞ니라

| 직역 |

군자의 도는 비유하자면 먼 곳에 갈 때에 반드시 가까운 곳으로부터 시작하는 것과 같으며, 비유하자면 높은 곳에 오를 때에 반드시 낮은 곳으로부터 시작하는 것과 같다.

| 자해 |

辟 : '비(譬)'자와 같음. 비유.

| 의해 |

군자의 도는 없는 곳이 없지만, 그 나아가는 것에는 차례가 있다. 본성을 다하고 천명을 아는 것이 반드시 인륜과 일상생활에 근본하며, 의리에 정밀하고 신묘한 경지에 들어가는 것이 반드시 청소하고 대답하는 것과 같이 평범한 일에 근본을 두고 있다. 비유하자면 먼 곳에 갈 때에 반드시 가까운 곳으로부터 시작하는 것

과 같다. 가까운 곳에서부터 길에 들어서서 먼 곳에 이르니, 가까운 곳을 놓아두고 먼 곳에 이를 수 없다. 또 비유하자면 높은 곳을 오를 때에 반드시 낮은 곳으로부터 시작하는 것과 같다. 낮은 곳에서부터 위로 통하여 높은 곳에 도달하니, 낮은 것을 놓아두고 높은 곳에 오를 수 없다. 도에 나아가는데 차례가 있는 것이 이와 같다.

시왈 처자호합 여고슬금 형제기흡 화락차
詩曰 妻子好合이 如鼓瑟琴하며 兄弟既翕하여 和樂且
탐 의이실가 낙이처노
耽이라 宜爾室家하며 樂爾妻帑라하여늘

| 언해 |

詩예 ᄀᆞᆯ오ᄃᆡ 妻子의 好ᄒᆞ며 合홈이 瑟과 琴을 鼓홈 ᄀᆞᄐᆞ며 兄과 弟ㅣ 이믜 翕ᄒᆞ야 和ᄒᆞ며 樂ᄒᆞ고 ᄯᅩ 耽ᄒᆞᆫ디라 네의 室家를 宜케 ᄒᆞ며 네의 妻와 帑를 樂게 ᄒᆞ다 ᄒᆞ야ᄂᆞᆯ

| 직역 |

『시경』에 이르기를, "처자가 좋아하고 화합하는 것이 비파와 거문고를 타는 것과 같으며, 형과 아우가 이미 화합하여 어울리며 즐겁고 또 기쁘다. 너의 집안을 마땅하게 하며 너의 처와 자손을 즐겁게 하라"고 하였다.

| 자해 |

詩 : 「소아(小雅) · 당체(棠棣)」. • 鼓瑟琴 : 화(和)함. • 翕 : 합(合)함. • 耽 : 『시경』에 '담(湛)'자로 썼으니, 즐거움. • 帑 : 자손.

| 의해 |

도가 집안에서 행해지는 것을 보지 못하였는가? 『시경』에 이르기를, "처와 아내가 서로 좋아하고 정분이 합하는 것이 비파와 거문고를 타는 것과 같다"라고 하니, 조화의 지극함이다. "형제가 이미 하나같이 우애하여 어울리며 즐겁고 또 기쁘다"라고 하니, 즐거움이 오래도록 변하지 않는 것이다. 이미 화합하면 너의 집을 마땅하게 할 것이고, 좋아하며 화합하면 너의 아내와 자손을 즐겁게 하리라.

子曰(자왈) 父母(부모)는 其順矣乎(기순의호)신저

| 언해 |

子ㅣ ᄀᆞᆯᄋᆞ샤ᄃᆡ 父母는 그 順ᄒᆞ시린뎌

| 직역 |

공자가 말하였다. "부모는 아마도 안락하실 것이다."

| 자해 |

順 : 편안하고 즐겁게 여김.

| 의해 |

공자가 이 시를 읽고 칭찬하여 말하였다. "처자가 화합하지 못하고 형제가 우애하지 못하면 모두 부모에게 근심을 끼친다. 사람이 처자를 화합하게 하고 형제와 우애함이 이와 같으면, 부모는 편안하고 즐거워하지 않음이 없을 것이다."

반드시 처와 자식을 화합하게 하고 형제와 우애한 다음에 부모가 편안하고 즐거워하시는 것은 비록 도 가운데의 한 가지 일이지만, 또한 먼 곳에 갈 때에 반드시 가까운 곳으로부터 시작하며, 높은 곳에 오를 때에 반드시 낮은 곳으로부터 시작한다는 뜻을 알 수 있을 것이다. 그러니 배우는 자가 낮고 가까운 곳을 따르지 않고 갑자기 높고 먼 곳을 구할 수 있겠는가?

이상은 제15장(第十五章)이다.

제 16 장

第十六章

자왈 귀신지위덕 기성의호
子曰 鬼神之爲德이 其盛矣乎인저

| 언해 |

子ㅣ ᄀᆞᆯᄋᆞ샤ᄃᆡ 鬼神의 德이 되옴이 그 盛ᄒᆞᆫ뎌

| 직역 |

공자가 말하였다. “귀신의 덕됨이 성대하구나!”

| 자해 |

鬼神 : 정자가 말하였다. “귀신은 천지의 공용(功用)이고, 조화의 자취이다.” 장자(張子)가 말하였다. “귀신이라는 것은 두 기운의 진실한 능력이다.” 주자가 말하였다. “두 기운으로 말한다면 귀라는 것은 음의 신령함이고, 신이라는 것은 양의 신령함이다. 한 기운으로 말한다면 와서 펴는 것은 신이 되고 뒤집어 돌아가는 것은 귀가 되니, 실상은 한 존재일 따름이다.” • 爲德 : 성정(性情)과 공효(功效)라는 말과 같음.

| 의해 |

공자가 말하였다. “하늘과 땅 사이가 모두 이 음양의 기운이니, 그 기운의 신령한 곳을 일러 귀신이라고 한다. 귀신의 덕은 없는 듯 하지만 있고, 빈 듯하지만 가득 차 있으니, 유행(流行)함이 지

극히 성대하다."

시지이불견 청지이불문 체물이불가유
視之而弗見하며 聽之而弗聞이로되 體物而不可遺니라

| 언해 |

視호려 ᄒᆞ야도 見티 몯ᄒᆞ며 聽호려 ᄒᆞ야도 聞티 몯호ᄃᆡ 物에 體ᄒᆞ야 可히 遺티 몯ᄒᆞᄂᆞ니라

| 직역 |

보려고 해도 보지 못하며 들으려고 해도 듣지 못하지만, 사물의 본체가 되어 빠뜨릴 수가 없다.

| 자해 |

體物 : 귀신은 형상과 소리가 없다. 그러나 사물의 마침과 시작은 음과 양이 합하고 흩어져서 이루어지니, 사물의 본체가 되어 어떤 사물도 귀신을 빠뜨릴 수가 없다. 사물의 본체가 된다고 말한 것은 『주역』에서 "일을 주관한다"는 것과 같음.

| 의해 |

어떻게 그 덕의 성대함을 볼 것인가? 형상이 있는 것은 모두 볼 수 있지만 귀신은 형상이 없으니 보려고 하나 보지 못하고, 소리가 있는 것은 모두 들을 수 있지만 귀신은 소리가 없으니 들으려 하여도 듣지 못한다. 그러나 귀신은 형상과 소리는 없지만 실상 형상과 소리 가운데에서 두루 그 사물의 본체가 된다. 사물 위에 나아가 보면 사물이 처음으로 생겨 날 적에 기운이 날로 이르러서 불어나고 늘어나는 것은 신(神)이 이르러서 펴는 것이고, 사물이 생겨나서 이미 가득히 찰 적에 기운이 날로 돌이켜서 풀려 흩

어지는 것은 귀(鬼)가 돌이켜 돌아가는 것이다. 음양의 기운이 합하고 흩어져서 사물이 시작하고 마친다. 그러므로 귀신의 덕이 사물의 본체가 되어서 모든 사물이 빠뜨려 버릴 수 없다. 하늘과 땅 사이에 가득 찬 것이 모두 사물인데, 모두 귀신이 그 사물의 본체가 되어 어떠한 사물도 귀신을 빠뜨려 버릴 수 없으니 이것이 덕의 성대함이다.

使天下之人(사천하지인)으로 齊明盛服(제명성복)하여 以承祭祀(이승제사)하고 洋洋乎如(양양호여)在其上(재기상)하며 如在其左右(여재기좌우)니라

| 언해 |

天下읫 사ᄅᆞᆷ으로 ᄒᆡ여곰 齊ᄒᆞ며 明ᄒᆞ며 服을 盛히 ᄒᆞ야 ᄡᅧ 祭祀를 承케 ᄒᆞ고 洋洋히 그 上에 인ᄂᆞᆫ ᄃᆞᆺᄒᆞ며 그 左右에 인ᄂᆞᆫ ᄃᆞᆺᄒᆞ니라

| 직역 |

천하의 사람으로 하여금 재계하며 깨끗하게 하며 옷을 차려입어 제사를 받들게 하고 차고 가득하게 그 위에 있는 듯하며 그 좌우에 있는 듯하다.

| 자해 |

齊 : 가지런히 하여 재계(齋戒)함. • 明 : 깨끗함. • 洋洋 : 흘러 움직이고 차고 가득함.

| 의해 |

귀신이 사물의 본체가 되어 어떠한 사물도 귀신을 빠뜨려 버리지 못하는 것을 무엇을 가지고 볼 것인가? 나타나서 보기 쉬운 것으로 말하면 귀신의 신령함이 천하의 모든 사람으로 하여금 두려워하고 공경하고 받들어 이어서 각각 마땅히 제사할 대상에 따라서 재계하고 깨끗하게 하여 안을 엄숙하게 하고, 옷을 차려입게 하여 바깥을 엄숙히 해서 제사를 이어 받들게 한다. 정성과 공경함이 지극하여 자기의 정신이 모이면 귀신의 정신도 또한 모이니, 귀신의 신령이 흘러 움직이고 차고 가득하여 그 위에 있는 것 같으며 그 좌우에 있는 것을 깨달아야 한다. 이에 발로되어 보이는 것이 밝게 나타나서 가는 곳마다 있는 것을 볼 수 있을 것이다. 이것이 사물의 본체가 되어 빠뜨려 버리지 못한다는 한 증거이다.

시왈 신지격사 불가탁사 신가역사
詩曰 神之格思를 不可度思온 矧可射思아

| 언해 |

詩예 ᄀᆞᆯ오ᄃᆡ 神의 格홈을 可히 度디 몯ᄒᆞ곤 ᄒᆞᄆᆞᆯ며 可히 射ᄒᆞ랴

| 직역 |

『시경』에서 “신이 오는 것을 헤아릴 수 없는데 하물며 싫어하겠는가?”라고 하였다.

| 자해 |

詩 : 「대아(大雅) · 억(抑)」. • 格 : 이르러 옴. • 矧 : “하물며”라는 말. • 射 : ‘역(斁)’과 같음. 싫어함. 싫어하고 게을러서 공경하지 않음. • 思 : 어조사.

| 의해 |

귀신이 사물의 본체가 되는 것이 어찌 다만 제사할 때만 그러하겠는가? 『시경』에서 "신이 오는 것을 추측하여 헤아릴 수 없으니, 옥루(屋漏)[옥루는 방의 서남쪽 모퉁이로 매우 어두워 혼자 앉는 곳]에서 정성과 공경을 극진하게 하더라도 오히려 정성과 공경이 부족하여 부끄러움이 있을까 두려워하는데, 하물며 싫어하여 공경하지 않을 수 있겠는가?"라고 하였다. 이 시를 보면 더욱 귀신이 사물의 본체가 된다는 것을 믿을 수 있다.

부 미 지 현　성 지 불 가 엄　여 차 부
夫微之顯이니 誠之不可揜이 如此夫인저

| 언해 |

微ᄒᆞᆫ 거시 顯ᄒᆞ니 誠의 可히 揜티 몯홈이 이ᄀᆞᆮᄐᆞᆫ뎌

| 직역 |

은미한 것이 나타나니, 성을 가릴 수 없는 것이 이와 같구나.

| 자해 |

誠 : 진실하여 헛됨이 없음. 음과 양이 합하고 흩어지는 작용이 진실하기 때문에 그것이 발현하여 보이는 것을 가릴 수가 없음이 이와 같음.

| 의해 |

귀신은 보지 못하고 듣지 못하니 매우 은미하지만, 사물의 본체가 되어 빠뜨려 버리지 못한다는 사실이 이처럼 나타나서 가릴 수 없으니 그 이유는 무엇인가? 귀신은 기운이 굽히고 펴는 실제의 이치이니, 만물 사이에 흘러 행하여 있는 곳마다 나타나서 가

릴 수 없는 것이다. 그 귀신의 덕이 성대함을 어떠하다고 말하겠는가?

이상은 제16장(第十六章)이다. 볼 수 없고 들을 수 없는 것은 은미함이고, 사물의 본체가 되는 것과 있는 것 같다는 것은 넓음이다. 앞의 세 장은 그 넓음의 작은 것으로 말하였고, 뒤의 세 장은 그 넓음의 큰 것으로 말하였고, 이 한 장은 넓음과 은미함을 겸하고 크고 작음을 포함하여 말하였다.

| 요지 |

이 장은 귀신을 말하여 도를 떠날 수 없다는 뜻을 밝힌 것이니, 앞 장의 '솔개가 날고 물고기가 뛴다'는 것과 같은 뜻이다. 귀신의 은미함과 나타남을 말한 것은 도의 넓음과 은미함을 말한 것이다. 하나의 기운이 펴고 굽히고 가고 와서 그치지 않는 것은 『주역』에서 "한 번 음이 되고 한 번 양이 되는 것을 도라고 이른다"라는 것이니, 사물마다 있고 때마다 그러한 것이다. 첫 번째 구절은 앞머리이다. 덕은 곧 성실함이고 성대함은 곧 사물의 본체가 되어 빠뜨려 버리지 않는 것이니, 다만 마땅히 합하여 보아야 한다. 둘째 구절은 바로 그 성대함을 보인 것이다. 셋째 구절과 넷째 구절은 그 성대함을 증명한 것이다. 마지막 구절은 '정성 성(誠)'자로 결론은 지었으니, 이것으로 그 성대한 바를 맺었다.

제 17 장

第十七章

자왈 순 기대효야여 덕위성인 존위천자
子曰 舜은 其大孝也與신저 德爲聖人이시고 尊爲天子시
부유사해지내 종묘향지 자손보지
고 富有四海之內하사 宗廟饗之하시며 子孫保之하시니라

| 언해 |

子ㅣ ᄀᆞᆯᄋᆞ샤ᄃᆡ 舜은 그 큰 孝ㅣ신뎌 德은 聖人이 되시고 尊은 天子ㅣ 되시고 富ᄂᆞᆫ 四海ㅅ內ᄅᆞᆯ 두샤 宗廟ᄅᆞᆯ 饗ᄒᆞ시며 子孫을 保ᄒᆞ시니라

| 직역 |

공자가 말하였다. "순은 큰 효자이셨다. 덕은 성인이 되고 높기로는 천자가 되고 부유함은 사해 안을 가져 종묘에서 제사를 받드셨으며 자손을 보전하셨다."

| 자해 |

子孫 : 우사(虞思)와 진호공(陳胡公)의 자손들을 말함.

| 의해 |

공자가 말하였다. "어버이를 섬기는 자가 모두 마땅히 효도를 다해야 하지만, 오직 예전 순이 그 효도를 극진히 다하여 큰 효자가

되었다. 무엇으로 그가 큰 효자임을 알 수 있는가? 사람의 아들 된 자가 덕이 아니면 어버이를 드러내지 못하는데, 순은 나면서 알고 편안히 행하여 덕이 성인이 되니 이것이 그 덕의 지극함이다. 귀함이 아니면 그 어버이를 높이지 못하는데, 순은 요의 왕위를 물려받아서 높기로는 천자가 되니 이것이 그 높음의 지극함이다. 부유함이 아니면 어버이를 봉양하지 못하는데 순은 부유함이 사해의 안과 만방의 봉록을 소유하니, 이것이 그 부유함의 지극함이다. 위로는 종묘에서 제사를 받들어 어버이를 위하여 근본에 보답하시고 아래로는 자손이 그 업적을 보전하여 어버이를 위하여 넉넉함을 전하였다. 이것으로 그 효도가 진실로 사람이 원하고 바라는 것 이상이 되었으니, 그 얼마나 큰가?"

고 대덕 필득기위 필득기록 필득기명
故로 大德은 必得其位하며 必得其祿하며 必得其名하며
필득기수
必得其壽니라

| 언해 |

故로 큰 德은 반ᄃᆞ시 그 位를 어ᄃᆞ며 반ᄃᆞ시 그 祿을 어ᄃᆞ며 반ᄃᆞ시 그 名을 어ᄃᆞ며 반ᄃᆞ시 그 壽를 언ᄂᆞ니라

| 직역 |

"그러므로 큰 덕을 지닌 사람은 반드시 지위를 얻으며 반드시 봉록을 얻으며 반드시 이름을 얻으며 반드시 장수를 얻는다."

| 자해 |

壽 : 순(舜)의 나이가 110세임을 말함.

| 의해 |

"순의 덕과 복이 모두 높으니 이것이 큰 효자가 된 것이다. 그러나 덕은 복의 근본이 되고 복은 덕의 증험이 되기 때문에, 순이 성인의 큰 덕이 있으므로 반드시 귀함이 천자가 되어 그 지위를 얻었고, 반드시 부유함이 사해를 소유하여 그 봉록을 얻었고, 또 반드시 사람사람이 칭송하여 그 이름을 얻었고, 반드시 많은 해를 지나서 그 장수(長壽)를 얻었다. 사람이 본래 그러한 것과 마땅히 그러한 것을 행하면 구하지 않아도 저절로 응한다."

故(고)로 天之生物(천지생물)이 必因其材而篤焉(필인기재이독언)하나니 故(고)로 栽者(재자)를 培之(배지)하고 傾者(경자)를 覆之(복지)니라

| 언해 |

故로 하ᄂᆞᆯ의 物을 生ᄒᆞᆷ이 반ᄃᆞ시 그 材ᄅᆞᆯ 因ᄒᆞ야 篤ᄒᆞᄂᆞ니 故로 栽ᄒᆞᆫ 者ᄅᆞᆯ 培ᄒᆞ고 傾ᄒᆞᆫ 者ᄅᆞᆯ 覆ᄒᆞᄂᆞ니라

| 직역 |

"그러므로 하늘이 만물을 낳음에 반드시 그 재질에 따라서 도탑게 하니, 자라는 것을 북돋아주고 기울어진 것은 엎어버린다."

| 자해 |

材 : 바탕. • 篤 : 도타움. • 栽 : 심음. • 培 : 기운이 이르러 불어 번식함. • 覆 : 기운이 돌이켜 흩어짐.

| 의해 |

"덕이 지극하면 복이 스스로 응하니 이것이 모두 하늘의 뜻이다.

그러므로 하늘이 만물을 낼 때에 반드시 그 근본 재질을 따라서 도탑게 하고 후하게 한다. 만물 가운데 제대로 자라는 것은 근본이 완전하고 굳기 때문에 하늘이 길러 북돋아 주고, 만물 가운데 기울어진 것은 근본이 먼저 흩어져서 하늘이 기르지 않아 엎어진다. 하늘이 다만 만물을 따라 행한 것이지 사사로운 뜻이 그 사이에 있지 않으니 진실로 그 스스로 취한 것이다."

詩曰(시왈) 嘉樂君子(가락군자)의 憲憲令德(현현령덕)이 宜民宜人(의민의인)이라 受祿于天(수록우천)이어늘 保佑命之(보우명지)하시고 自天申之(자천신지)라하니라

| 언해 |

詩예 ᄀᆞᆯ오ᄃᆡ 嘉樂ᄒᆞᆫ 君子의 憲ᄒᆞ며 憲ᄒᆞᆫ 令德이 民에 宜ᄒᆞ며 人에 宜ᄒᆞᆫ디라 祿을 하ᄂᆞᆯᄭᅴ 受ᄒᆞ거ᄂᆞᆯ 保ᄒᆞ며 佑ᄒᆞ야 命ᄒᆞ시고 하ᄂᆞᆯ로브터 申타 ᄒᆞ니라

| 직역 |

"『시경』에서 '아름답고 즐거우신 군자여, 나타나고 나타난 훌륭한 덕이 백성에게 마땅하고 하며 사람에게 마땅하여 봉록을 하늘에서 받도다. 보전하며 도와서 명령하시고 하늘로부터 거듭한다'라고 하였다."

| 자해 |

詩 : 「대아(大雅) · 가락(嘉樂)」. • 申 : 거듭함. • 憲 : 『시경(詩經)』에는 顯으로 되어 있음.

| 의해 |

"『시경』을 보지 못하였는가? 『시경』에서 말하였다. '아름답다 할 만하고 즐겁다 할 만한 군자여, 이 나타나고 나타나는 아름다운 덕이 있도다. 아래에 있는 백성에게 마땅하고 또 위에 있는 사람에게 마땅하여 이로써 봉록을 하늘에서 받도다. 오직 그 자신을 보호하고 그 행함을 도와서 명령하여 천자가 될 뿐 아니라, 또 하늘이 거듭하여 보전하며 도와서 명령이 그치지 않아 길이 복을 누리게 한다.' 큰 덕을 권고하는 뜻이 이와 같다. 순의 덕은 바로 하늘로부터 거듭된 것이니, 덕으로 복을 얻은 것이 어찌 요행으로 이룬 것이겠는가?"

故(고)로 大德者(대덕자)는 必受命(필수명)이니라

| 언해 |

故로 큰 德은 반ᄃᆞ시 命을 受ᄒᆞᄂᆞ니라

| 직역 |

"그러므로 큰 덕을 지닌 사람은 반드시 명을 받는다."

| 자해 |

受命 : 하늘의 명을 받아 천자가 됨.

| 의해 |

"하늘의 뜻으로 부터 보면, 순과 같이 큰 덕을 지닌 사람은 반드시 하늘의 거듭되는 명령을 받아 천자가 되어 온전한 봉록과 지위와 이름과 수명을 누린다. 그것은 진실로 이치가 반드시 그러하여 의심이 없는 것이다."

공자의 말씀을 따라서 보면, "효도는 일상의 덕이니, 그 지극함을 극진하게 하면 하늘을 감동시킬 수가 있다. 도가 아주 넓으니, 도를 떠날 수 있겠는가?"라고 한 것이다.

이상은 제17장(第十七章)이다. 이것은 일상의 평범하고 한결같은 행실을 따라 미루어서 그 지극함을 극진하게 하여 도의 작용이 넓은 것을 보여 준 것이다. 그러한 까닭은 곧 본체가 은미하기 때문이니, 뒤의 두 장도 또한 이 뜻이다.

| 요지 |

이 장은 순이 효도를 다하여 하늘을 감동시킨 일을 보여주어서, 사람이 마땅히 일상의 평범하고 한결같은 덕에 소홀하지 말아야 함을 알려주었다. 큰 효도는 전체 장의 강령이 된다. 덕이 성인이 되고 또 높고 부유하고 제사를 받들고 보전함이 하늘에서 명을 받은 실상이기 때문에 다음 절 이하는 모두 덕으로 주장을 삼았다. 그러나 효도의 뜻이 이미 그 가운데에 있으니 효도와 덕이 원래 두 가지가 아님을 볼 수 있다. 순의 큰 효도는 곧 순의 큰 덕이고, 순이 덕으로 명을 받은 것은 곧 순이 효도로 하늘을 감동시킨 것이니, 이치가 다르지 않다.

제 18 장

第十八章

자왈 무우자 기유문왕호 이왕계위부 이무
子曰 無憂者는 其惟文王乎신저 以王季爲父하시고 以武
왕위자 부작지 자술지
王爲子하시니 父作之어시늘 子述之하시니라

| 언해 |

子ㅣ ᄀᆞᆯᄋᆞ샤ᄃᆡ 근심업ᄉᆞ니ᄂᆞᆫ 그 오직 文王이신뎌 王季로뻐 父삼으시고 武王으로뻐 子삼으시니 父ㅣ 作ᄒᆞ야시ᄂᆞᆯ 子ㅣ 述ᄒᆞ시니라

| 직역 |

공자가 말하였다. "근심 없는 이는 오직 문왕일 것이다. 왕계를 아버지로 삼고 무왕을 아들로 삼으니, 아버지가 일으키고 아들이 이었다."

| 의해 |

공자가 말하였다. "예로부터 여러 왕이 왕조를 세우고 지킴에 모두 마음에 부족한 바가 있었으니, 이 부족한 바가 곧 근심거리인 것이다. 천륜(天倫)의 성대함을 만나서 근심할 만한 일이 없었던 것은 오직 문왕일 것이다. 무엇으로 알 수 있는가? 문왕이 어진 왕계를 아버지로 삼고 성스러운 무왕을 아들로 삼으니, 아버지는 왕가(王家)에 부지런하여 앞에서 일으키고 아들은 크게 그 뜻을

이어서 뒤에서 꾸몄다. 앞과 뒤에 모두 사람을 얻어서 일으키고 이어받은 것이 모두 의지한 바가 있어 이미 창조하는 수고로움이 없고 다시 폐하고 떨어뜨리는 근심이 없으니, 무엇을 근심하겠는가?"

武王이 纘大王王季文王之緖하사 壹戎衣而有天下하시되 身不失天下之顯名하사 尊爲天子시고 富有四海之內하사 宗廟饗之하시며 子孫保之하시니라

| 언해 |

武王이 大王과 王季와 文王의 緖ᄅᆞᆯ 니으샤 ᄒᆞᆫ번 戎衣ᄒᆞ샤 天下ᄅᆞᆯ 두샤ᄃᆡ 몸애 天下읫 顯ᄒᆞᆫ 일흠을 일티 아니ᄒᆞ샤 尊은 天子ㅣ 되시고 富ᄂᆞᆫ 四海ㅅ內ᄅᆞᆯ 두샤 宗廟ᄅᆞᆯ 饗ᄒᆞ시며 子孫을 保ᄒᆞ시니라

| 직역 |

"무왕이 태왕과 왕계와 문왕의 실마리를 이어 한 번 갑옷을 입어서 천하를 갖게 되었는데, 스스로 천하에 드러난 이름을 잃지 않아 높기로는 천자가 되고 부유함은 사해 안을 가져 종묘에서 제사를 받들며 자손을 보전하였다."

| 자해 |

纘 : 이어받음. • 大王 : 왕계의 아버지. • 緖 : 업(業). • 戎衣 : 갑옷과 투구 등.

| 의해 |

"이어받은 자의 일로 말한다면, 태왕이 처음 임금의 터를 닦고 왕계가 임금의 집을 짓고 문왕이 천하를 삼분하여 그 둘을 소유하였으니, 이것이 주나라의 세업(世業)이다. 무왕이 이 세업을 이어받았는데, 본래 천하를 소유하려고 한 것은 아니었지만 그 뒤에 주(紂)의 악이 하늘에 쌓이고 땅에 차서 마지못해 치니, 이에 갑옷을 한 번 입어서 드디어 천하를 소유하였다. 신하로서 임금을 치는 것은 순리가 아니고 그 이름이 아름답지 못하니, 드러난 이름을 잃어버리기 쉽다. 그러나 그의 행동은 모두 하늘에 순응하고 사람을 따르는 행동이며 천하 얻는 것을 이롭게 여기는 마음이 없다고 천하 사람들이 모두 믿었기 때문에 스스로 천하에 드러난 이름을 잃어버리지 않았다. 이에 왕이 되어 높기로는 천자가 되고, 천하를 소유하여 부유함이 사해의 안을 가져 종묘에서 제사를 받들고 자손을 보전하여 오래되었다. 그 이어받은 일이 빛나고 큰 것이 이와 같다."

武王(무왕) 末受命(말수명)이어시늘 周公(주공)이 成文武之德(성문무지덕)하사 追王大王(추왕태왕) 王季(왕계)하시고 上祀先公以天子之禮(상사선공이천자지례)하시니 斯禮也達乎諸侯大夫及士庶人(사례야달호제후대부급사서인)하니 父爲大夫(부위대부)오 子爲士(자위사)어든 葬以大夫(장이대부)요 祭以士(제이사)하며 父爲士(부위사)요 子爲大夫(자위대부)어든 葬以士(장이사)요 祭以大夫(제이대부)하며 期之喪(기지상)은 達乎大夫(달호대부)하고 三年之喪(삼년지상)은 達乎天子(달호천자)하니 父母之喪(부모지상)은 無貴賤一也(무귀천일야)니라

| 언해 |

武王이 末애 命을 受ᄒᆞ야시ᄂᆞᆯ 周公이 文武ㅅ德을 일오샤 大王과 王季를 조초 王ᄒᆞ시고 우ᄒᆞ로 先公을 祀ᄒᆞ샤ᄃᆡ 天子ㅅ禮로ᄡᅥ ᄒᆞ시니 이 禮ㅣ 諸候와 大夫와 밋 士와 庶人의게 達ᄒᆞ니 父ㅣ 大夫 되고 子ㅣ 士ㅣ 되얏거든 葬호ᄃᆡ 大夫로ᄡᅥ ᄒᆞ고 祭호ᄃᆡ 士로ᄡᅥ ᄒᆞ며 父ㅣ 士ㅣ 되고 子ㅣ 大夫되얏거든 葬호ᄃᆡ 士로ᄡᅥ ᄒᆞ고 祭호ᄃᆡ 大夫로ᄡᅥ ᄒᆞ며 期ㅅ喪은 大夫에 達ᄒᆞ고 三年ㅅ喪은 天子에 達ᄒᆞ니 父母ㅅ喪은 貴ᄒᆞ며 賤ᄒᆞ니 업시 ᄒᆞᆫ가지니라

| 직역 |

"무왕이 말년에 명을 받았는데, 주공이 문왕과 무왕의 덕을 이루어 태왕과 왕계를 왕으로 높이고 위로 선공(先公)을 천자의 예로써 제사지냈다. 이 예가 제후와 대부 및 사(士)・서인에게까지 이른다. 아버지가 대부가 되고 아들이 사가 되었으면 대부로써 장사지내고, 사로써 제사지낸다. 아버지가 사가 되고 아들이 대부가 되었으면 사로써 장사지내고, 대부로써 제사지낸다. 일년상은 대부에 이르고 삼년상은 천자에 이르니, 부모의 상은 귀하며 천한 이가 없이 한가지이다."

| 자해 |

末 : 노년과 같음. • 先公 : 조감(組紺)으로부터 위로 후직(后稷)까지를 이름.

| 의해 |

"무왕이 명을 받아 천자가 될 때가 이미 말년이었기 때문에 문왕의 일을 제대로 잇지 못하였으니 문왕의 일을 이루지 못한 것이 곧 무왕의 일을 이루지 못한 것이다. 주공이 이에 문왕과 무왕의 덕을 이루어서 그 펴고자 하던 효심을 펴고 그 널리 하지 못한 은혜의 뜻을 널리 베풀었다. 주공이 문왕과 무왕의 뜻을 미루어 가까이 고공(古公)을 추존하여 태왕이라고 하고 공계(公季)를 추존

하여 왕계라 하였다. 또 주공이 문왕과 무왕의 뜻을 미루어 멀리 조감(組紺) 이상으로부터 후직(后稷)에게 이르기까지 모두 천자의 예로 제사지냈다. 이 제사지내는 예는 인정(人情)의 지극함이니 어찌 홀로 천자만 위하여 베풀겠는가? 이에 또 예법을 제정하여 아래로 제후와 대부와 사와 서인에게 이르기까지 모두 분수에 따라 스스로 그 마음을 다하게 하였다. 만일 아버지가 대부가 되고 아들이 사가 되면 아버지가 돌아가실 때에 대부로써 장사지내고 사로써 제사지낸다. 만일 아버지가 사가 되고 아들이 대부가 되면 아버지가 돌아가실 때에 사로써 장사지내고 대부로써 제사지낸다. 장사는 죽은 사람의 작위를 따라서 죽은 사람으로 하여금 그 분수에 맞아 편안하게 하고, 제사는 산 사람의 작위를 따라서 산 사람으로 하여금 그 감정을 펴게 한다. 이에 다시 상복의 제도가 있으니, 일년상은 서인으로부터 위로 대부에 이르러 그치고, 삼년상은 서인으로부터 위로 천자에 이르기까지 두루 통하여 행한다. 삼년상은 부모의 상이므로 자식이 부모의 상복을 입는 것은 귀천의 분수가 없이 하나일 따름이다. 모두 문왕과 무왕의 덕을 주공이 이루어서 그 아들이 이어받은 일을 온전하게 한 것이 이와 같았다."

공자의 말을 따라서 보면, 문왕이 근심이 없는 것과 무왕과 주공이 잘 이어받은 것이 모두 도의 크고 넓음이니, 도는 진실로 떠날 수 없는 것이다.

이상은 제18장(第十八章)이다.

| 요지 |

공자가 말한 근본 뜻은 다만 주나라의 덕을 대대로 서술한 것이다. 그런데 자사는 덕이 있는 것이 곧 도가 있는 것으로서 모두 천리의 작용이고 때에 맞는 도라고 생각하여 인용하였다. 큰 뜻은 문왕이 더욱 중요하니, 첫 번째 구절에서는 문왕이 일으키고 이어

받음에 사람을 얻어서 근심이 없는 것을 말하였고, 아래에서는 아들이 이어받은 일을 자세하게 말하였다. 바로 이것으로 일으킨 자를 빛나게 한 것과 문왕이 근심이 없었던 것을 볼 수 있다.

제 19 장

第十九章

자왈 무왕주공 기달효의호
子曰 武王周公은 其達孝矣乎신저

| 언해 |

子ㅣ ᄀᆞᆯᄋᆞ샤ᄃᆡ 武王과 周公은 그 達ᄒᆞᆫ 孝ㅣ신뎌

| 직역 |

공자가 말하였다. "무왕과 주공은 천하에 두루 통하는 효자이다."

| 자해 |

達 : 두루 통함. 맹자의 말에 의하면 높은 것.

| 의해 |

공자가 말하였다. "자식의 도리를 다 하는 자를 모두 효자라고 말할 수 있으나, 천하에 두루 통하는 효자라고 말할 수는 없다. 그러나 오직 무왕과 주공의 효는 도를 실천하고 인륜을 다하여 때에 따른 제도를 극진히 한 것이다. 그래서 천하가 칭송하여 다른 말이 있지 않았다."

부효자 선계인지지 선술인지사자야
夫孝者는 善繼人之志하며 善述人之事者也니라

| 언해 |

孝ᄂᆞᆫ 사ᄅᆞᆷ의 ᄠᅳᆮ을 善히 繼ᄒᆞ며 사ᄅᆞᆷ의 일을 善히 述홈이니라

| 직역 |

"효라는 것은 사람의 뜻을 잘 이어받으며 사람의 일을 잘 발전시키는 것이다."

| 의해 |

"무왕과 주공이 이른바 '천하에 두루 통하는 효'라고 하는 것은 무엇인가? 할아버지와 아버지가 뜻은 있었지만 미처 이루지 못한 것을 성취하는 것이 이어받는 것이다. 반드시 할아버지와 아버지가 살아계실 때에 이 뜻이 있는 것이 아니라, 내가 하는 바의 뜻이 천리에 합하면 이 세상과 저 세상이 간격이 있어도 서로 감동하니, 이것이 뜻을 잘 이어받는 것이 된다. 할아버지와 아버지의 일은 본받아 행하는 것이 발전시키는 것이다. 반드시 할아버지와 아버지가 살아계실 때에 이 일이 있는 것이 아니라, 내가 하는 바의 일이 천리에 합하면 처지를 바꾸어서 모두 그러할 것이니, 이것이 일을 잘 발전시키는 것이 된다. 이처럼 때에 따라 분수를 다하여 한결같이 이치에 맞으면, 사해에 미루고 만세에 전하여 통한다."

춘추 수기조묘 진기종기 설기상의 천기
春秋에 修其祖廟하며 陳其宗器하며 設其裳衣하며 薦其
시식
時食이니라

| 언해 |

春秋에 그 祖廟롤 修ᄒᆞ며 그 宗器를 陳ᄒᆞ며 그 裳衣롤 設ᄒᆞ며 그 時食을 薦ᄒᆞᄂᆞ니라

| 직역 |

"봄과 가을에 조상의 사당을 수리하며, 종기(宗器)를 진열하며, 의상을 진설하며, 제철의 음식을 올린다."

| 자해 |

祖廟 : 천자는 일곱, 제후는 다섯, 대부는 셋, 적사(適士)는 둘, 관사(官師)는 하나. • 宗器 : 선세(先世)가 보관한 중요한 그릇. 주나라의 적도(赤刀)와 대훈(大訓)과 하도(河圖)의 등속과 같은 것. • 裳衣 : 조상이 전해 준 의복(衣服). 제사를 지낼 때 진설하여 시동(尸童)에게 줌. • 時食 : 네 계절의 음식 종류.

| 의해 |

"'뜻을 이어받고 일을 발전시킨다'는 것은 무엇인가? 제사보다 더 큰 것이 없으니, 네 계절에 모두 제사가 있다. 조상의 사당을 평일에 수리하지만, 제삿날이 되면 다시 더 수리하여 엄숙하고 청결하게 하여 감히 게을리 하지 않는다. 제삿날이 되면 조상의 사당에 보관하는 그릇을 내어서 진열하여 잘 지키고 있음을 보여준다. 제삿날이 되면 조상의 사당에 보관하는 의복을 시동에게 주어 입혀서 조상신이 이에 의탁하여 살아계실 때의 모습을 재현하도록 하는데 이것은 정성을 남김없이 이루고자 하는 것이다. 네

계절에 먹는 것이 각각 종류가 있으니, 날것과 익힌 것으로 제사 드리는데 사람을 받드는 음식으로 귀신에게 올리는 것은 즐기시던 것을 생각하는 공경함을 갖는 것이다. 귀신에게 제사할 때에 신중함 다하는 것이 이와 같다."

宗廟之禮(종묘지례)는 所以序昭穆也(소이서소목야)요 序爵(서작)은 所以辨貴賤也(소이변귀천야)요 序事(서사)는 所以辨賢也(소이변현야)요 旅酬(려수)에 下爲上(하위상)은 所以逮賤也(소이체천야)요 燕毛(연모)는 所以序齒也(소이서치야)니라

| 언해 |

宗廟ㅅ禮ᄂᆞᆫ 뻐 昭와 穆을 序ᄒᆞᄂᆞᆫ 배오 爵을 序홈은 뻐 貴와 賤을 辨ᄒᆞᄂᆞᆫ 배오 事ᄅᆞᆯ 序홈은 뻐 賢을 辨ᄒᆞᄂᆞᆫ 배오 모다 酬홈애 下ㅣ 上을 爲홈은 뻐 賤에 미쳐ᄂᆞᆫ 배오 燕에 毛로 홈은 뻐 齒ᄅᆞᆯ 序ᄒᆞᄂᆞᆫ 배니라

| 직역 |

"종묘의 예는 소(昭)와 목(穆)의 차례를 정하는 것이고, 작위의 차례를 정하는 것은 귀한 이와 천한 이를 분변하는 것이고, 일의 차례를 정하는 것은 어진 이를 분변하는 것이고, 여럿이 술을 마실 때에 아랫사람이 윗사람을 위하는 것은 천한 이에게까지 미치는 것이고, 잔치에서 머리털의 색깔로 차례를 세우는 것 나이의 차례를 정하는 것이다."

| 자해 |

昭穆 : 종묘에서 조상의 신주를 모시는 차례에, 왼편은 소(昭)가 되고 오른편

은 목(穆)이 됨. • 爵 : 공(公)과 후(侯)와 경(卿)과 대부. • 事 : 제사 드리는 사람의 일. • 旅 : 무리[衆]. • 酬 : 술 마시는 것을 인도함. • 燕毛 : 제사를 마치고 잔치할 때에 머리털의 색깔로 어른과 어린이를 분별하여 앉는 차례를 세움. • 齒 : 나이.

| 의해 |

"제사의 예를 행할 때에 오직 조상에게 공경을 다할 뿐만 아니라, 아래에서 제사를 받드는 자를 대접하는 데에도 또한 주도면밀해야 한다. 종묘에서 제사할 때에 같은 성이 모두 모여서 차례대로 서는 예는 누가 소되고 누가 목이 되는 가를 정해서 대수의 순서를 혼잡하지 않게 하는 것이니, 이는 친한 이를 친한 이로 대우한다는 뜻이다. 다른 성이 제사를 도와 줄 경우에 공과 후로부터 백과 자와 남에 이르기까지, 그리고 경과 대부로부터 사에 이르기까지 작위로써 차례를 정하여 귀하고 천함을 분변하여 높고 낮은 이를 문란하게 하지 않으니, 이는 귀한 이를 귀한 이로 대우한다는 뜻이다. 같은 성과 다른 성이 제사에 참여하여 직분을 맡은 것으로 차례를 정하는 것은 덕행과 능력에 따라서 어떤 재목인지 나타내 보이는 것이니, 이는 어진 이를 어진 이로 대우한다는 뜻이다. 제사를 마치고 술을 마실 때에 같은 성의 형제가 다른 성의 손님에게 드려서 손님이 술잔을 돌리면 형제가 또 다시 권하여 모든 사람이 서로 섞여서 두루 주고받는다. 이때에 손님과 형제 가운데 아래에 있는 자제가 각기 그 위에 있는 이를 위하여 잔을 드는 것은 천한 이에게까지 미치도록 하는 것이다. 분수를 따라 공경하게 하니, 이는 어린이를 어린이로 대우한다는 뜻이다. 제사를 마치고 다른 성의 손님이 물러가고 같은 성끼리 사사로운 장소에서 잔치하여 은혜를 보일 때, 머리털이 흰 정도로 앉는 차례를 분변하여 높고 낮은 가운데에 각각 나이로써 차례를 정하여 공경함을 더하니, 이는 노인을 노인으로 대우한다는 뜻이다. 무왕과 주공이 제사하는 자세한 모습이 이와 같았다."

踐其位하여 行其禮하며 奏其樂하며 敬其所尊하며 愛其所親하며 事死如事生하며 事亡如事存이 孝之至也니라

| 언해 |

그 位ᄅᆞᆯ 踐ᄒᆞ야 그 禮ᄅᆞᆯ 行ᄒᆞ며 그 樂을 奏ᄒᆞ며 그 尊ᄒᆞ더신 바ᄅᆞᆯ 공경ᄒᆞ며 그 親ᄒᆞ더신 바ᄅᆞᆯ ᄉᆞ랑ᄒᆞ며 주근 이 셤김을 산 이 셤김 ᄀᆞᆮ티 ᄒᆞ며 업슨 이 셤김을 인ᄂᆞᆫ 이 셤김 ᄀᆞᆮ티 홈이 孝의 지극홈이니라

| 직역 |

"그 자리를 밟아서 그 예를 행하며 그 음악을 연주하며 그가 높이던 이를 공경하며 그가 친애하던 이를 사랑하며, 죽은 이 섬기는 것을 살아 있는 이 섬기는 것과 같이 하며, 없는 이 섬기는 것을 있는 이 섬기는 것과 같이 하는 것이 효의 지극함이다."

| 자해 |

踐 : '밟을 리(履)'자와 같음. • 其 : 선왕(先王)을 가리킴. • 所尊 : 선왕의 조고(祖考). • 所親 : 선왕의 자손과 신서(臣庶). • 死・亡 : 사는 처음 죽었을 때를 말하고, 망은 이미 장사하고 돌아와 없는 것을 말하니, 모두 선왕을 가리킴.

| 의해 |

"제사지내는 예를 보니, 모두 무왕과 주공이 선왕을 잘 본받아서 한 것이다. 선왕은 신명(神明)을 짝하여 자리를 갖게 되었으니, 이제 비록 제후에서부터 왕이 되었으나 마땅히 밟는 것이 이치에 맞으면 이제 그 자리를 밟는다. 선왕이 강신(降神)하고 헌작(獻爵)하고 오르고 내림에 예가 있었으니, 이제 비록 칠헌(七獻)을

바꾸어 구헌(九獻)을 하지만 행하는 것이 이치에 맞으면 이제 그 예를 행한다. 선왕의 성스러운 모습이 느껴 이르게 하는 음악이 있었으니, 이제 비록 육일(六佾)을 바꾸어 팔일(八佾)을 하지만 연주하는 것이 이치에 맞으면 그 음악을 연주한다. 선왕이 높이던 이는 조상이니, 이제 봄과 가을에 정성과 공경을 다하는 것은 선왕이 높이던 이를 공경하는 것이다. 선왕이 친애한 이는 자손과 신서(臣庶)이니, 이제 종묘에 있어 같이 즐거워하는 것은 선왕이 친애하던 이를 사랑하는 것이다. 이것은 무왕과 주공이 선왕을 받들어 섬김에 비록 선왕이 이미 죽었지만 살아있는 것 같이 하고, 비록 선왕이 이미 없어졌으나 섬김을 있는 것 같이 함이니, 진실로 잘 이어받고 잘 준행하는 효도의 지극함이다."

교사지례 소이사상제야 종묘지례 소이사호기
郊社之禮는 所以事上帝也요 宗廟之禮는 所以祀乎其
선야 명호교사지례 체상지의 치국 기여시저
先也니 明乎郊社之禮와 禘嘗之義면 治國은 其如示諸
장호
掌乎인저

| 언해 |

郊와 社ㅅ禮ᄂᆞᆫ ᄡᅥ 上帝ᄅᆞᆯ 섬기ᄂᆞᆫ 배오 宗廟ㅅ禮ᄂᆞᆫ ᄡᅥ 그 先을 祀ᄒᆞᄂᆞᆫ 배니 郊와 社ㅅ禮와 禘와 嘗ㅅ義예 ᄇᆞᆰ으면 나라 다ᄉᆞ림은 그 掌ᄋᆞᆯ 봄 ᄀᆞᄐᆞᆫ뎌

| 직역 |

"하늘에 제사하고 땅에 제사하는 예는 상제를 섬기는 것이고, 종묘(宗廟)의 예는 선조를 제사하는 것이다. 하늘에 제사하고 땅에 제사하는 예와 체(禘)와 상(嘗)의 뜻에 밝으면, 나라를 다스리는

것은 손바닥을 보는 것과 같을 것이다."

| 자해 |

郊 : 하늘에 제사함. • 社 : 땅에 제사함. • 禘 : 천자의 종묘 제사이니, 태조의 선조를 태묘(太廟)에 제사하고 태조를 배향(配享)함. • 嘗 : 가을 제사이니, 네 계절에 모두 제사하지만 하나만 들어서 말함. • 示 : '시(視)'자와 같으니, '손바닥을 보는 것'은 보기가 쉬움을 말함.

| 의해 |

"제사하는 예는 다만 이것만이 아니요, 하늘에 제사하고 땅에 제사하는 예가 있다. 동지에 원구(圓丘)에 제사하고 하지에 방택(方宅)에 제사하는 것은 천지의 생성이 한없이 이로움을 받들어 상제에게 보답하는 것이다. 종묘의 예가 있으니, 5년에 한번 체제(禘祭)로 합하여 제향하고 3년에 한번 상제(嘗祭)로 나누어 올리니, 선조의 덕을 한없이 입었기 때문에 제사하여 선조에게 갚는 것이다. 이 예와 이 뜻은 오직 성인이 제정하고 또한 성인이 밝히시니, 진실로 문장을 따라 그 감정에 통하여 잠잠하게 그 정미한 뜻을 알아야 한다. 상제에게 제사하는 인(仁)한 자는 반드시 인하게 모든 백성을 기르는 도를 알아야 하고, 어버이에게 제사하는 효자는 반드시 효로서 천하를 다스리는 이치를 알아야 한다. 이렇게 하면 그 나라를 다스리는 것이 매우 쉬워서 손바닥을 보는 것과 같지 않겠는가? 제사하는 예에 밝으면 곧 다스림에 통할 수 있을 것이니, 진실로 무왕과 주공이 아니면 이어받지 못했을 것이다. 공자가 칭찬하여 '천하에 두루 통하는 효'라 한 것이 이와 같으니, 요컨대 모두 일상의 중용을 따라 미루어 그 지극함에 다한 것이다. 여기에서 도가 넓고 떠날 수 없음을 볼 수 있을 것이다."

이상은 제19장(第十九章)이다.

| 요지 |

이 장은 천하에 두루 통하는 효로써 주장을 삼았으니, 잘 이어받는 것은 바로 천하에 두루 통하는 효도이고, 제사하는 예는 바로 잘 이어받은 것이다. 마지막 구절에서 하늘에 제사하고 땅에 제사하는 예를 겸하여 말한 것은 상제에게 제사하고 어버이에게 제사하는 일이 모두 한 근본이라는 뜻으로, 천하에 두루 통하는 효를 보여준 것이다. 효로써 천하를 다스리는 것은 천하에 두루 통하는 효 가운데 큰 것인데, 그 이치가 제사에서 벗어나지 않기 때문에 아울러 말하였다.

제 20 장

第二十章

哀公이 問政한대 子曰 文武之政이 布在方策하니 其人이 存則其政이 擧하고 其人이 亡則其政이 息이니라 人道는 敏政하고 地道는 敏樹하니 夫政也者는 蒲盧也니라 故로 爲政이 在人하니 取人以身이요 修身以道요 修道以仁이니라

| 언해 |

哀公이 政을 묻ᄌᆞ온대 子ㅣ ᄀᆞᆯᄋᆞ샤ᄃᆡ 文武의 政이 方과 策애 布ᄒᆞ야 이시니 그 사ᄅᆞᆷ이 이시면 그 政이 擧ᄒᆞ고 그 사ᄅᆞᆷ이 업스면 그 政이 息ᄒᆞᄂᆞ니라 人의 道ᄂᆞᆫ 政에 ᄲᆞᄅᆞ고 地의 道ᄂᆞᆫ 樹에 ᄲᆞᄅᆞ니 政은 蒲盧ㅣ니라 故로 政을 ᄒᆞᆷ이 사ᄅᆞᆷ에 이시니 사ᄅᆞᆷ을 取호ᄃᆡ 몸으로ᄡᅥ ᄒᆞ고 몸을 닷고ᄃᆡ 道로ᄡᅥ ᄒᆞ고 道ᄅᆞᆯ 닷고ᄃᆡ 仁으로ᄡᅥ ᄒᆞᆯ디니라

| 직역 |

애공(哀公)이 정치에 대하여 물으니, 공자가 대답하셨다. "문왕과 무왕의 정치는 방(方)과 책(策)에 실려 있으니, 그 사람이 있으면 그 정치가 일어나고 그 사람이 없으면 그 정치가 종식된다." 사람의 도는 정치에 민감하고 땅의 도는 나무에 민감하니, 무릇 정치

는 갈대와 같다. 그러므로 정치를 하는 것은 사람에게 달려있으니, 사람을 취하는 것은 몸으로써 하고 몸을 닦는 것은 도로써 하고 도를 닦는 것은 인으로써 해야 한다.

| 자해 |

哀公 : 노(魯)나라 임금으로 이름은 장(蔣). • 方策 : 나무판과, 대쪽으로 만든 책. • 息 : 멸(滅)함. • 敏 : 빠르게 드러남. • 蒲盧 : 갈대. • 人 : 어진 신하를 말함. • 身 : 임금의 몸을 가리킴. • 道 : 천하의 공통된 도. • 仁 : 천지가 만물을 낳는 마음으로서, 사람이 태어나면서 부여받은 것.

| 의해 |

이것은 공자가 정치에 관해 논의한 것을 인용하여 중용의 도를 밝힌 것이다. 예전에 노나라 애공이 정치에 대하여 공자에게 물은 것이다.

◑ 공자가 대답하셨다. "정치는 문왕(文王)과 무왕(武王)에게서 완전히 갖추어졌고, 문왕과 무왕의 정치는 나무판과 대쪽과 같은 서책에 기재되어 있어 상고할 수 있다. 이제 진실로 문왕과 무왕 시대의 임금과 신하 같은 자가 나온다면, 그 사람이 있기 때문에 그 정치가 시행될 것이다. 그렇지 않으면 그러한 사람이 없기 때문에 그 정치가 종식될 것이니, 나무판과 대쪽에 기재된 것이 한낱 묵은 자취가 될 뿐이다.

◑ 사람이 있으면 어떻게 정치가 일어나는가? 대개 사람의 도는 실천이 중요하니 이는 정치에서 빨리 드러난다. 임금과 신하가 덕을 한가지로 하면 백 가지 법도가 떨쳐지고 갖춰질 것이다. 땅의 도는 발현되어 만물을 낳는[生] 것이 중요하니 나무에서 가장 빨리 드러난다. 지질이 좋고 윤택하면 만물이 북돋워지고 번식할 것이다. 문왕과 무왕의 정치는 조정에서 만든 것이니 가장 정밀

하고 자세하며 인정에 합하고 지방과 풍속에 마땅하다. 나무 가운데 쉽게 나오는 갈대와 같이 아름답고 착하여 행하기 쉬우니, 그러한 사람을 얻어서 행하면 더할 수 없이 빠르다.

◑ 사람의 도는 정치에서 빠르게 나타나기 때문에 임금이 정치를 하는 것은 훌륭한 인재를 얻음에 달려있으니, 대개 어진 신하가 보필한 뒤에야 기강이 다스려질 것이다. 그러나 인재는 스스로 이르지 않기 때문에 그 사람을 취하는 것은 임금 자신의 몸으로써 해야 한다. 표준이 이미 세워지면 취하고 놓음이 스스로 밝아지니, 그런 뒤에야 어진 인재가 즐겨 따를 것이다. 이와 같이 몸은 사람을 취하고 정치를 세우는 근본이 되니 진실로 중요하다. 그렇다면 몸은 무엇으로 말미암아 단정해지는가? 그 몸을 닦는 것은 도로써 해야 한다. 대체로 도는 이 몸을 틀지워 주는 것이므로 거동이 모두 강상(綱常)과 윤기(倫紀)를 좇아서 행하게 한다면, 접하는 바가 각각 이치에 합당하여 몸이 닦아지지 않음이 없을 것이다. 그러나 도가 어찌 헛되이 갖추어져서 모양만 꾸미는 것으로 가능하겠는가? 그 도를 닦는 것은 또한 인으로써 해야 한다. 대개 인은 이 도를 관철시키는 것으로서, 오직 변하지 않는 인륜 사이에 모두 측은하고 사랑하는 참 마음이니 두루 흘러서 사이가 없으면 도가 모두 실현되고 몸이 온전하게 될 것이다. 이와 같이 하면 임금은 밝고 신하는 어질어서 문왕과 무왕의 정치가 실행될 것이다.

仁者는 人也니 親親이 爲大하고 義者는 宜也니 尊賢이 爲大하니 親親之殺와 尊賢之等이 禮所生也니라 在下位하여 不獲乎上이면 民不可得而治矣리라 故로 君子는 不可以不修身이니 思修身인댄 不可以不事親이요 思事親인댄 不可以不知人이요 思知人인댄 不可以不知天이니라

| 언해 |

仁은 人이니 親을 親ᄒᆞᆷ이 크고 義ᄂᆞᆫ 宜니 賢을 尊ᄒᆞᆷ이 크니 親을 親ᄒᆞᄂᆞᆫ 殺와 賢을 尊ᄒᆞᄂᆞᆫ 等이 禮ㅣ 生ᄒᆞᄂᆞᆫ 배니라 故로 君子ㅣ 可히 ᄡᅥ 몸을 닷디 아니티 몯ᄒᆞᆯ ᄭᅥ시니 몸 닷곰을 ᄉᆡᇰ각ᄒᆞᆯ띤댄 可히 ᄡᅥ 어버이ᄅᆞᆯ 셤기디 아니티 몯ᄒᆞᆯ ᄭᅥ시오 어버이 셤김을 ᄉᆡᇰ각ᄒᆞᆯ띤댄 可히 ᄡᅥ 사ᄅᆞᆷ을 아디 아니티 몯ᄒᆞᆯ ᄭᅥ시오 사ᄅᆞᆷ 아ᄅᆞᆷ을 ᄉᆡᇰ각ᄒᆞᆯ띤댄 可히 ᄡᅥ 하ᄂᆞᆯ을 아디 아니티 몯ᄒᆞᆯ ᄭᅥ시니라

| 직역 |

인(仁)은 사람이니 친한 이를 친애함이 크고, 의(義)는 마땅함이니 어진 이를 높임이 큰 것이니, 친한 이를 친애하는 '쇄(殺)'와 어진 이를 높이는 '등(等)'이 예(禮)가 생겨나는 바이다. [아래에 있으면서 위에서 신임을 얻지 못하면 백성이 다스려질 수 없으리라.] 그러므로 군자가 몸을 닦지 않을 수 없을 것이니, 몸 닦기를 생각한다면 어버이를 섬기지 않을 수 없을 것이요, 어버이 섬기기를 생각한다면 사람을 알지 않을 수 없을 것이요, 사람 알기를 생각한다면 하늘을 알지 않을 수 없을 것이다.

| 자해 |

人 : 사람의 몸을 가리켜 말함. 인간은 하늘이 만물을 낳는 이치를 갖추어서 자연히 측은하고 자애로운 마음을 갖게 되니 깊이 체득하면 알 수 있음. • 宜 : 사리를 분별하여 각각 마땅한 바가 있음. • 殺 : 차이를 두어 차례로 줄여나간다는 의미로 음은 '쇄'. • 等 : 등급 등차. • 禮 : 인(仁)과 의(義) 두 글자를 절충하여 말한 것임.

| 의해 |

도 닦기는 진실로 인으로써 해야 한다. 인이란 무엇인가? 인간은 하늘이 만물을 낳는 이치를 갖추어서 측은하고 자애로운 마음을 갖고 태어난다. 인은 모든 존재를 사랑하지 않음이 없지만 나의 어버이를 친애하는 것이 가장 크다. 어버이는 나의 몸이 나온 바로서, 한이 없는 은혜를 입어 양심의 발현이 가장 참되고 두터우니, 이것은 오륜(五倫) 가운데 가장 간절한 것으로, 도 가운데 인륜에 해당되는 것이 모두 이것으로부터 확충된다. 인을 재제(裁制)하는 것은 의(義)가 되는데, 의란 무엇인가? 사물을 분별하여 각각 그 마땅한 것을 얻도록 하는 것이다. 의는 공경하지 않음이 없지만 어진 이를 높이는 것이 제일이다. 어진 자는 어버이를 친애하는 이치로 말미암아 강론하고 밝혀간다. 인심(仁心)의 발현은 여기서 도움을 얻으니 이것은 오륜 가운데 가장 시급한 것으로, 도의 실천이 모두 이것으로부터 통한다. 부모로부터 구족(九族)에 이르기까지 친한 이를 친애 하는 정도에는 점진적인 차이가 있고, 스승으로부터 벗에 미치기까지 어진 이를 높이는 일에는 등급이 있어 절도와 문채가 있으니, 이것은 예가 발현되어 나타나는 것으로 사사로운 뜻으로 하는 것이 아니다. 의로써 마땅하게 하고 예로써 절제하는 것은 모두 인으로써 도를 닦는 자가 반드시 해야 할 바이니, 이것은 몸을 닦는 긴요한 것이다.

◑ "在下位不獲乎上, 民不可得而治矣" 단락은 아래에 있는 것이 잘못되어 여기에 중복되어 있는 것이다.

◑ 정치는 사람을 얻는 데에 달려 있고 사람을 얻는 것은 몸으로

써 하니, 진실로 몸이 사람을 취하고 정치를 하는 근본이다. 그러므로 군자가 몸을 닦아서 그 마룻대[極]를 단정하게 하지 않을 수 없을 것이니, 몸 닦기를 도로써 하고 도 닦음을 인으로써 해야 한다. 인은 어버이 사랑을 제일로 삼으니, 어버이를 섬기지 않으면 인을 다하고 도를 다하지 못할 것이다. 그러므로 몸 닦기를 생각한다면 어버이를 섬겨서 그 근본을 도탑게 하지 않을 수 없다. 또한 어버이에게 친애하는 인을 다하고자 한다면 반드시 어진 이를 높이는 의로 말미암아야 한다. 사람을 알지 못하면 어버이 섬기는 이치를 강론하고 밝혀서 그 친애하는 마음을 열 수 없기 때문에, 어버이 섬기기를 생각한다면 그 사람의 인함을 알아 그 도움을 얻어야 할 것이다. 친한 이를 친애 정도에는 점진적인 차이가 있고, 어진 이를 높이는 등급은 모두 하늘이 정하고 펼쳐 보인 예이다. 따라서 하늘을 알지 못하면 근본이 통하지 못하고 품절(品節)이 밝지 못하여 어진 이를 높이는 일도 그 정당함을 잃을 것인데, 하물며 어버이를 섬길 수 있겠는가? 그러므로 사람을 알아서 어버이 섬기기를 생각한다면 하늘을 알아 질서를 세워 그 하늘의 자연스러운 법칙을 다하지 않을 수 없을 것이다. 하늘을 아는 것으로부터 말미암아 사람을 알고, 사람 아는 것으로부터 말미암아 어버이를 섬기니, 인은 친애함으로부터 시작되고 도는 인으로부터 행해져 몸을 닦는 일이 온전해질 것이다.

天下之達道(천하지달도) 五(오)에 所以行之者(소이행지자)는 三(삼)이니 曰(왈) 君臣也(군신야) 父子也(부자야) 夫婦也(부부야) 昆弟也(곤제야) 朋友之交也(붕우지교야) 五者(오자)는 天下之達道也(천하지달도야)요 知仁勇三者(지인용삼자)는 天下之達德也(천하지달덕야)니 所以行之者(소이행지자)는 一也(일야)니라

| 언해 |

天下에 達ᄒᆞᆫ 道ㅣ 다ᄉᆞ새 ᄡᅧ 行ᄒᆞᄂᆞᆫ 밧 者ᄂᆞᆫ 세히니 ᄀᆞᆯ온 君臣과 父子와 夫婦와 昆弟와 朋友의 交홈 다ᄉᆞᆺ슨 天下엣 達ᄒᆞᆫ 道ㅣ오 知와 仁과 勇 세ᄒᆞᆫ 天下엣 達ᄒᆞᆫ 德이니 ᄡᅧ 行ᄒᆞᄂᆞᆫ 밧 者ᄂᆞᆫ 一이니라

| 직역 |

천하에 두루 통하는 도는 다섯이고 그것을 행하는 것은 셋이니, 군신과 부자와 부부와 형제와 벗을 사귀는 다섯 가지는 천하에 두루 통하는 도요, 지(知)와 인(仁)과 용(勇) 세 가지는 천하에 두루 통하는 덕이니, 이것을 행하는 것은 하나이다.

| 자해 |

達道 : 언제 어디서나 두루 통하는 보편적인 길. 『서경』의 '오전(五典)'이나 『맹자』에서 말한 '부자유친(父子有親) 군신유의(君臣有義) 부부유별(夫婦有別) 장유유서(長幼有序) 붕우유신(朋友有信)'을 가리킴. • 知 : 이 도리를 아는 것. • 仁 : 이 도리를 체득하는 것. • 勇 : 이 도리에 힘쓰는 것. • 達德 :언제 어디서나 통하는 보편적인 덕. • 一 : 誠을 뜻함.

| 의해 |

시험 삼아 몸 닦는 일을 자세하게 말하겠다. 몸 닦기는 도로써 하는데, 언제 어디서나 두루 통하는 보편적인 도는 다섯 가지이다. 또한 도 닦기는 인으로써 하는데, 이 보편적인 도를 실행하는 것은 세 가지 덕이다. 다섯 가지 도는 무엇인가? 조정에는 군신(君臣)이요, 집에는 부자와 부부와 형제요, 바깥에는 벗의 사귐이다. 이 다섯 가지는 큰 인륜으로서, 예나 지금이나 한가지이니, 이것으로 몸을 닦는 것이다. 세 가지 덕은 무엇인가? 밝은 슬기로 도를 아는 것은 지(知)가 되고, 지극히 공정한 마음으로 도를 체득하는 것은 인(仁)이 되고, 강건하게 이 도에 힘쓰는 것이 용(勇)이 된다. 이 세 가지는 하늘이 명한 본성의 덕이요, 모든 사람들

이 똑 같이 얻은 것으로 언제 어디서나 두루 통하는 보편적인 덕이니 이것으로 도를 닦는 것이다. 그러나 세 가지 보편적인 덕으로써 다섯 가지 보편적인 도를 행하는 근거는 하나일 따름이니, 그것이 바로 성실(誠實)이다. 이 이치를 가지고 사사로운 욕심에 물들지 않는다면, 아는 것이 진실로 알게 되어 도를 이것으로 알고, 인이 진실로 인이 되어 도를 이것으로 체득하고 용이 진실로 용이 되어 도가 이것으로 강하게 될 것이니, 삼달덕(三達德)과 오달도(五達道)가 헛된 이름에만 그치지는 않을 것이다.

혹 생 이 지 지 / 혹 학 이 지 지 / 혹 곤 이 지 지 / 급
或生而知之하며 或學而知之하며 或困而知之하나니 及
기 지 지 / 일 야 / 혹 안 이 행 지 / 혹 리 이 행 지
其知之하여는 一也니라 或安而行之하며 或利而行之하며
혹 면 강 이 행 지 / 급 기 성 공 / 일 야
或勉强而行之하나니 及其成功하여는 一也니라

| 언해 |

或生ᄒᆞ야 知ᄒᆞ며 或學ᄒᆞ야 知ᄒᆞ며 或困ᄒᆞ야 知ᄒᆞᄂᆞ니 그 知홈애 미처ᄂᆞᆫ ᄒᆞᆫ가지니라 或安ᄒᆞ야 行ᄒᆞ며 或利ᄒᆞ야 行ᄒᆞ며 或勉强ᄒᆞ야 行ᄒᆞᄂᆞ니 그 功을 일옴애 미처ᄂᆞᆫ ᄒᆞᆫ가지니라

| 직역 |

혹 태어나면서 알며 혹 배워서 알며 혹 어렵게 알지만 그 아는 데에 이르러서는 한가지이다. 혹 편안하게 행하며 혹 이롭게 여겨 행하며 혹 힘써서 행하지만 그 공을 이룸에 이르러서는 한 가지다.

| 자해 |

보편적인 도를 세분하면 아는 것은 지(知)요, 행하는 것은 인(仁)이요, 알아서 공을 이루어 한 가지가 되는 것은 용(勇)이다. 그 등급으로 말한다면 '생지(生知)'와 '안행(安行)'은 지요, '학지(學知)'와 '이행(利行)'은 인이요, '곤지(困知)'와 '면행(勉行)'은 용에 해당한다.

| 의해 |

보편적인 덕으로써 보편적인 도를 행하는 것이지만 사람의 기품은 같지 않다. 지로써 말한다면 타고난 바탕이 지극히 밝아서 공부할 필요도 없이 태어나면서부터 이 도를 아는 자가 있으며, 혹은 맑은 기품을 타고 났지만 욕심에 가려져서 반드시 강습하고 토론하여 배운 뒤에야 이 도를 아는 자가 있으며, 또는 어둡고 가려져서 배움에 도달하지 못하여 반드시 어렵고 힘겹게 노력을 하고 생각에 비추어 반복하여 찾은 뒤에야 이 도를 아는 자도 있다. 처음 알 때에는 그 일이 비록 다르지만 의리가 꿰여 통한 뒤에 모두 이 도를 아는 것이 한가지이다.

행함으로써 말한다면, 혹 하늘로부터 부여받은 바탕이 순수하여 힘쓰지 않고 편안히 도를 행하는 자가 있으며, 혹은 순수한 기품을 타고 났지만 욕심이 섞여서 도가 이롭다는 것을 알아 의식적으로 이 도를 행하는 자가 있으며, 혹은 순수하지 못하고 욕심에 섞여서 편안한 바를 얻지 못하고 그 이로움을 알지 못하여 억지로 힘써서 이 도를 행하는 자가 있다. 처음 노력할 때에는 그 하는 일이 비록 다르지만 성취된 뒤에 이 도를 행함은 한가지이다. 알고 행하는 것이 마침내 하나로 돌아가니 이것이 천하의 보편적인 덕이 되는 것이요, 이를 통해 도를 행하는 것이다.

子曰 好學은 近乎知하고 力行은 近乎仁하고 知恥는 近乎勇이니라

| 언해 |

學을 됴히 너김은 知예 갓갑고 힘뻐 行홈은 仁에 갓갑고 븟그리옴을 알옴은 勇애 갓가오니라

| 직역 |

공자께서 '배우기를 좋아하는 것은 지(知)에 가깝고 힘써 행하는 것은 인(仁)에 가깝고 부끄러움을 아는 것은 용(勇)에 가깝다'라고 말씀하셨다.

| 자해 |

'子曰' 두 글자는 연문(衍文)임. • 윗 문장과 통하여 세 가지 지(知)가 지(知)가 되고 세 가지 행(行)이 인(仁)이 되며, 이 세 가지에 가까운 것이 용(勇)이 됨.

| 의해 |

다섯 가지 도가 행해지는 것은 진실로 같지만 세 가지 덕은 기품에 얽매이기 쉽다. 그렇다면 덕에 들어가고자 하는 자는 어떻게 해야 할 것인가? 반드시 상지(上智)가 되고, 지극한 인이 되고, 큰 용이 된 다음에 덕에 들어 갈 수 있으니 어찌 갑작스럽게 도달하겠는가? 그러나 배우기를 좋아하는 것은 이치를 밝히는 것이니, 진실로 배우기를 좋아하여 게으르지 않다면 듣고 보는 것이 날로 넓어지고 밝고 깨달음이 날로 열릴 것이니, 비록 완전한 지(知)는 아니지만 점점 지에 나아갈 수 있을 것이다. 힘써 행하는 것은 도에 나아가는 것이니 진실로 힘써 행하여 그치지 않으면

자기 몸의 사사로움은 점점 없어지고 하늘의 이치는 점점 회복될 것이니, 비록 완전한 인(仁)은 아니지만 점점 인에 나아갈 수 있을 것이다. 부끄러움을 아는 것은 뜻을 세우는 것이니 진실로 다른 사람만 못함을 부끄러워한다면 겁내고 나약함이 날로 없어질 것이니, 비록 완전한 용(勇)은 아니지만 점점 용에 나아갈 것이다. 이것이 의식적으로 힘써서 덕에 들어가고자 하는 일이다.

知斯三者 則知所以修身이요 知所以修身 則知所以治人이요 知所以治人 則知所以治天下國家矣리라

| 언해 |

이 세ᄒᆞᆯ 알면 ᄡᅥ 몸닷ᄀᆞᆯ 바ᄅᆞᆯ 알고 ᄡᅥ 몸닷ᄀᆞᆯ 바ᄅᆞᆯ 알면 ᄡᅥ 사ᄅᆞᆷ 다ᄉᆞ릴 바ᄅᆞᆯ 알고 ᄡᅥ 사ᄅᆞᆷ 다ᄉᆞ릴 바ᄅᆞᆯ 알면 ᄡᅥ 天下國家ᄅᆞᆯ 다ᄉᆞ릴 바ᄅᆞᆯ 알리라

| 직역 |

이 세 가지를 알면 몸 닦을 바를 알 것이요, 몸 닦을 바를 알면 사람 다스릴 바를 알 것이요, 사람 다스릴 바를 알면 천하국가 다스릴 바를 알 것이다.

| 자해 |

斯三者 : 위에서 말한 호학·역행·지치. • 人 : 내 몸과 대비시켜 말함. 다른 사람. • 天下國家 : 모든 사람을 말함.

| 의해 |

배우기를 좋아하며 힘써 행하며 부끄러움을 아는 이 세 가지는 몸을 닦는 중요한 방도이다. 군자가 진실로 이 세 가지를 알면 배우기를 좋아하여 지(知)에 가까워져서 몸 닦기의 단서가 열릴 것이요, 힘써 행하여 인(仁)에 가까워져서 몸을 닦는 실상이 될 것이요, 부끄러움을 알아 용(勇)에 가까워져서 알고 행함이 아울러 지극하여 몸이 닦아질 것이다. 이미 몸 닦는 바를 알면 남과 내가 몸이 같기 때문에 그 이치도 같아서 스스로 사람 다스릴 줄을 알 것이요, 이미 사람 다스릴 줄을 알면 천하 국가가 모두 사람이고 또한 다 같은 몸이기 때문에 스스로 천하국가 다스리는 것을 알 것이다. 밝게 알면 처함이 스스로 합당하여 모두 몸 닦기에서 벗어나지 않으니, 몸 닦기가 진실로 정치의 근본이 된다.

凡爲天下國家 有九經하니 曰 修身也와 尊賢也와 親親也와 敬大臣也와 體群臣也와 子庶民也와 來百工也와 柔遠人也와 懷諸侯也니라

| 언해 |

믈읫 天下國家ᄅᆞᆯ ᄒᆞ욤이 아홉 經이 인ᄂᆞ니 ᄀᆞᆯ온 몸을 닷곰과 賢을 尊홈과 親을 親홈과 大臣을 공경홈과 群臣을 體홈과 庶民을 子홈과 百工을 來케 홈과 遠人을 柔홈과 諸侯ᄅᆞᆯ 懷케 홈이니라

| 직역 |

무릇 천하·국가를 다스리는 데에는 구경(九經)이 있으니, '몸을 닦음'과 '어진 이를 높임'과 '친한 이를 친애함'과 '대신을 공경함'

과 '여러 신하들을 보살핌'과 '서민을 자식처럼 사랑함'과 '장인들을 오게 함'과 '먼 나라 사람을 부드럽게 감싸줌'과 '제후를 품어줌'을 말한다.

| 자해 |

經 : 변하지 않는 원칙. • 體 : 군주 자신이 여러 신하의 처지에 서서 그 마음을 보살핌. • 子 : 부모가 그 자식을 사랑함과 같음. • 柔遠人 : 손님과 나그네 등을 부드럽게 감쌈.

| 의해 |

몸을 닦으면 천하 · 국가를 다스리는 방도에 대하여 알고 있겠지만, 몸을 닦는 것 외에도 많은 것이 필요하다. 천하 · 국가를 다스리는 데에는 아홉 가지 바꾸지 못할 원칙이 있다. 몸은 천하 · 국가의 근본이 되니 제일 먼저 몸을 닦아서 교화의 근원을 확고하게 해야 한다. 그 다음으로 '어진 이를 높임'은 덕 있는 이를 스승으로 삼아 몸을 닦는데 도움을 삼으며, 도에 나아가는 데에는 집안이 가장 우선하기 때문에 그 근본인 구족(九族)의 친한 이를 친애해야 한다. 집안으로부터 조정에 이르면, 대신은 나를 보필하는 자이니 흡족하게 예로서 대우해야 하며, 여러 신하는 수족이니 나의 몸으로 그들의 위치에 서서 그 처지를 헤아리고 그 마음을 보살펴야 한다. 조정으로부터 나라에 이르면, 여러 백성들은 나라의 근본이기 때문에 백성들이 원하는 것을 헤아려 자식처럼 사랑해야 하며, 장인들은 국가의 사용하는 물품을 충당하는 바탕이 되기 때문에 그 노고를 헤아려 불러오게 해야 한다. 나라로부터 천하에 이르면 내 나라에 출입하는 먼 나라 사람들을 편안하게 하고 부드럽게 감싸주어 이 곳을 잊지 않도록 하며, 제후는 왕실의 병풍이고 울타리가 되는 자이니 마땅히 품어주어 감복(感服)하도록 하여 그들로 하여금 마음이 떠나게 않도록 해야 한다. 이것들은 변하지 않는 원칙으로서 그 순서를 바꿀 수 없으며, 조

리가 있으니 어지럽혀서는 안 된다. 그러므로 이것을 아홉 가지 변하지 않는 원칙, 곧 '구경(九經)'이라고 한다. 이것이 바로 문왕과 무왕의 정치가 나무판과 대쪽과 같은 문헌에 실려 있다는 것이다.

修身則道立하고 尊賢則不惑하고 親親則諸父昆弟不怨하고 敬大臣則不眩하고 體群臣則士之報禮重하고 子庶民則百姓勸하고 來百工則財用足하고 柔遠人則四方歸之하고 懷諸侯則天下畏之니라

| 언해 |

몸을 닷그면 道ㅣ 셔고 賢을 尊ᄒᆞ면 惑디 아니ᄒᆞ고 親을 親ᄒᆞ면 諸父와 昆弟ㅣ 怨티 아니ᄒᆞ고 大臣을 공경ᄒᆞ면 眩티 아니ᄒᆞ고 群臣을 體ᄒᆞ면 士의 禮ᄅᆞᆯ 報ᄒᆞᆷ이 重ᄒᆞ고 庶民을 子ᄒᆞ면 百姓이 勸ᄒᆞ고 百工을 來케 ᄒᆞ면 財用이 足ᄒᆞ고 遠人을 柔ᄒᆞ면 四方이 歸ᄒᆞ고 諸侯를 懷케 ᄒᆞ면 天下ㅣ 畏ᄒᆞᄂᆞ니라

| 직역 |

몸을 닦으면 도가 확립되고, 어진 이를 높이면 의혹치 않게 되고, 친한 이를 친애하면 아버지 형제들[諸父]과 나의 형제들이 원망하지 않게 되고, 대신을 공경하면 혼미하지 않게 되고, 여러 신하들을 보살피면 선비가 예로 보답하는 것이 정중해지고, 서민을 자식처럼 사랑하면 백성이 서로 권하게 되고, 장인들을 오게 하면 재물이 풍족해지고, 먼 나라 사람들을 부드럽게 감싸주면 사방의

백성들이 귀순해 오고, 제후를 품어주면 천하가 그를 두려워한다.

| 자해 |

道立 : 도가 몸에 확립되어 백성의 표준이 됨. 즉 제황이 표준[極]을 세움. • 不惑 : 이치를 의심하지 않음. • 不眩 : 일에 혼미하지 않음.

| 의해 |

이 단락은 구경(九經)의 효험을 말한 것으로 임금이 이 구경을 실행하면 각각 그 효험이 있게 될 것이다. 몸을 닦으면 내 몸이 도를 다하여 천하・국가의 준칙이 되니 임금의 마룻대[極]가 설 것이며, 어진 이를 높이면 그의 자문과 보필에 힘입어 몸을 닦고 사람을 다스리는 이치에 의혹되는 바가 없게 될 것이며, 친한 이를 친애하면 은혜롭고 서로 신뢰하여 위로 백부・숙부 등 아버지 형제들과 아래로 나의 형제들이 모두 기쁜 마음을 갖게 되어 나를 원망하지 않게 될 것이며, 대신을 공경하면 그들에게 정사를 위임하여 능력을 발휘하도록 하고 그들의 판단에 의거하여 결정하기 때문에 일에 미혹되지 않게 될 것이며, 여러 신하들을 그들의 처지에 서서 헤아리고 보살피면 임금이 신하를 수족과 같이 보고 신하가 임금을 복심(腹心)과 같이 보아 선비가 모두 힘을 다하고 충성을 본받아서 예로 보답하는 것이 정중해질 것이며, 서민을 자식처럼 사랑하면 백성이 임금 사랑하기를 부모와 같이하여 즐거워하고 고무되어 춤추면서 임금을 높이고 친애하기를 서로 권할 것이며, 모든 장인을 오게 하면 그들이 만들어낸 기구가 재물이므로 나라가 필요로 하는 재물이 풍족해질 것이며, 먼 곳 사람들을 은혜로써 안락하게 해주면 사방을 떠도는 선비와 장사하는 무리가 모두 그 길로 나아가 귀순하게 될 것이며, 제후를 덕으로써 품으면 제후는 신하로서 복종하여 안과 밖이 한 집안이 될 것이니 모든 신민(臣民)이 우러러 사랑하고 믿어서 복종하지 않는

이가 없어 천하가 두려워하게 될 것이다. 구경(九經)의 효험이 이와 같으니 임금이 무엇을 꺼려 행하지 아니하는가?

齊明盛服(제명성복)하야 非禮不動(비례부동)은 所以修身也(소이수신야)요 去讒遠色(거참원색)하며 賤貨而貴德(천화이귀덕)은 所以勸賢也(소이권현야)요 尊其位(존기위)하며 重其祿(중기록)하며 同其好惡(동기호오)는 所以勸親親也(소이권친친야)요 官盛任使(관성임사)는 所以勸大臣也(소이권대신야)요 忠信重祿(충신중록)은 所以勸士也(소이권사야)요 時使薄斂(시사박렴)은 所以勸百姓也(소이권백성야)요 日省月試(일성월시)하여 旣稟稱事(희름칭사)는 所以勸百工也(소이권백공야)요 送往迎來(송왕영래)하며 嘉善而矜不能(가선이긍불능)은 所以柔遠人也(소이유원인야)요 繼絶世(계절세)하며 擧廢國(거폐국)하며 治亂持危(치란지위)하며 朝聘以時(조빙이시)하며 厚往而薄來(후왕이박래)는 所以懷諸侯也(소이회제후야)니라

| 언해 |

齊ᄒᆞ며 明ᄒᆞ며 服을 盛히 ᄒᆞ야 禮아니어든 動티 아니홈은 ᄡᅥ 몸을 닷ᄂᆞᆫ 배오 讒을 去ᄒᆞ고 色을 멀리ᄒᆞ며 貨ᄅᆞᆯ 賤히 너기고 德을 貴히 너김은 ᄡᅥ 賢을 勸ᄒᆞᄂᆞᆫ 배오 그 位ᄅᆞᆯ 尊히 ᄒᆞ며 그 祿을 重히 ᄒᆞ며 그 好ᄒᆞ며 惡홈을 ᄒᆞᆫ가지로 홈은 ᄡᅥ 親을 親홈을 勸ᄒᆞᄂᆞᆫ 배오 官을 盛히 ᄒᆞ야 使ᄅᆞᆯ 任케 홈은 ᄡᅥ 大臣을 勸ᄒᆞᄂᆞᆫ 배오 忠信으로 ᄒᆞ고 祿을 重히 홈은 ᄡᅥ 士ᄅᆞᆯ 勸ᄒᆞᄂᆞᆫ 배오 時로 브리며 薄히 斂홈은 ᄡᅥ 百姓을 勸ᄒᆞᄂᆞᆫ 배오 날로 省ᄒᆞ며 ᄃᆞ로 試ᄒᆞ야 旣와 稟을 일에 맛게 홈은 ᄡᅥ 百工을 勸ᄒᆞᄂᆞᆫ 배오 가ᄂᆞᆫ 이ᄅᆞᆯ 보내고 오ᄂᆞᆫ 이를 마ᄌᆞ며 어딘 이ᄅᆞᆯ 아름다이 너기고 能티 몯ᄒᆞᆫ 이ᄅᆞᆯ 에엿비

너김은 뻐 遠人을 柔ᄒᆞᄂᆞᆫ 배오 그츤 世를 니으며 廢ᄒᆞᆫ 나라ᄒᆞᆯ 擧ᄒᆞ며 亂을 治ᄒᆞ고 危를 持ᄒᆞ며 朝와 聘을 때로뻐 ᄒᆞ며 往을 厚히 ᄒᆞ고 來를 薄히 홈은 뻐 諸侯를 懷ᄒᆞᄂᆞᆫ 배니라

| 직역 |

재계하고 마음을 정결히 하며 의복을 정중하게 갖추어 입고 예가 아니면 움직이지 않음은 몸을 닦는 것이다. 중상모략하는 자들을 제거하고 여색을 멀리 하며 재물을 천하게 여기고 덕을 귀하게 여김은 어진 이를 권하는 것이다. 그 지위를 높이며 그 녹봉을 무겁게 하며 그들이 좋아하고 싫어하는 것을 함께 함은 친한 이를 친해하도록 권하는 것이다. 관속들을 충분히 두어 일을 맡기고 부리도록 함은 대신을 우대하여 권하는 것이다. 충심과 믿음으로 대우하고 녹봉을 무겁게 함은 선비를 권하는 것이다. 적당한 때에 부리며 세금을 가볍게 함은 백성을 권하는 것이다. 매일 살피고 매달 시험하여 일의 성과를 저울질해서 희(旣)와 름(廩)을 알맞게 줌은 장인들을 권하는 것이다. 가는 이를 잘 보내고 오는 이를 잘 맞이하며 어진 이를 아름답게 여기고 무능한 이를 불쌍히 여김은 먼 나라 사람을 부드럽게 감싸는 것이다. 끊어진 세계(世系)를 이어주고 폐한 나라를 일으켜 주며 혼란을 다스려주고 위태로움을 붙들어주며 조(朝)와 빙(聘)을 때에 알맞게 하며 가져가는 것을 후하게 하고 가져오는 것을 박하게 함은 제후를 품어주는 것이다.

| 자해 |

官盛任使 : 말단 관속(官屬)을 많이 두어 세세한 일을 맡기기에 충분함. • 忠信重祿 : 정성스럽게 대접하고 녹봉을 무겁게 함. • 旣廩 : 旣는 '희'(餼 : 음식을 줌)로 읽고 름(稟)은 름(廩 : 창고)으로 읽으니, 희름(旣廩)이란 음식물과 식량으로 주는 녹봉을 뜻함. • 稱事 : 일의 성과에 따라 알맞게 함. • 往 : 천자가 제후에게 보내주는 예물. • 來 : 제후가 천자에게 바치는 공물. • 朝 : 제후가 천자를 찾아와 뵙는 것. • 聘 : 제후가 대부를 시켜 공물을 바침. 참

고로「왕제(王制)」에 따르면 해마다 한 번 작게 빙(聘)하고 3년에 한 번 크게 빙(聘)하며 5년에 한 번 조회(朝會)함.

| 의해 |

이 단락은 구경(九經)의 일에 대하여 말한 것이다. 구경의 효험을 거두고자 한다면 반드시 먼저 구경의 일을 다 해야 하니 자세히 설명하면 다음과 같다. 고요하여 아직 사물에 응접하지 않았을 때에는 재계하여 심지(心志)를 밝혀 마음을 정결하게 하고 의복을 정중하게 갖추어 입어 외모를 엄숙하게 하며, 움직여 사물에 응접할 때는 몸가짐이 한결같이 절도와 예를 좇아야 한다. 만일 예가 아니면 함부로 움직이지 아니하여 공경하지 않는 때가 없어서 이 몸이 항상 법도 안에 있을 것이니, 이것이 몸을 닦아서 도를 모두 구현하는 것이다. 중상모략하는 참소를 들으면 어진 이가 편안하지 못하고 여색과 재물을 좋아하면 어진 이와 서로 어긋날 것이니, 중상모략하는 이를 제거하고 여색을 멀리하고 재물을 천하게 여기고 한결같이 덕이 있는 사람을 귀중하게 여긴다면 순수한 마음으로 어진 이를 등용해서 어진 사람이 그 뜻을 행할 수 있을 것이다. 이것이 어진 이를 권하여 조정에 서도록 하는 것이다. 벼슬의 지위를 높여서 귀하게 하고 녹봉을 무겁게 하여 부유하게 하며 좋아하고 미워함을 같이 하여 서로 좋아하고 허물함이 없으면, 아버지 형제들과 나의 형제들이 서로 감동하고 기뻐하여 차마 나에게 야박하게 하지 못할 것이다. 이것이 친한 이를 친애하도록 권하여 원망하지 않도록 하는 것이다. 육경(六卿) 벼슬 아래에 각각 그 소속 관원을 충분히 두어 부릴 수 있도록 하여 세세한 일로 수고하지 않게 하면, 대신이 자연스럽게 도와주어 나라의 큰일을 잘 다스릴 것이다. 이것이 대신을 권하는 바이다. 여러 신하는 지위가 낮으면 형세가 막히고 벼슬이 적으면 녹봉이 박할 것이니, 반드시 충심과 믿음으로 정성스럽게 대우하고 녹봉을 무겁게 하여 넉넉하게 살 수 있도록 해야 할 것이다. 그렇게

한다면 한 몸으로 알고 아끼는 심정이 지극하여 사람들이 모두 덕에 감동하여 충성을 본받을 것이니, 이것이 선비를 권하는 바이다. 백성을 부리는 것은 때에 알맞게 하여 농사를 망치지 않도록 하고 그 힘을 소진시키지 않으며, 세금을 일정하고 가볍게 거두어 재물을 남겨둔다면, 백성이 남는 힘과 재산이 있어서 모두 열심히 일에 나아가고 즐겁게 나라를 받들 것이다. 이것이 백성을 권하여 임금을 사랑하도록 하는 바이다. 장인들의 경우는 잘하고 못하며, 부지런함과 게으름의 차이가 있다. 그러므로 날마다 살펴서 기예를 쌓게 하고 달마다 시험하여 그 실적을 살펴서 육식의 희(旣)와 곡식의 름(稟)을 반드시 그 실적과 부합되게 주어야 한다. 공이 있는 이에게는 부족하지 않고 공이 없는 이에게 넘치지 않게 하면 게으른 자가 날로 각성하고 유능한 자는 더욱 힘을 쓸 것이니, 이것이 장인들을 권하여 분발하도록 하는 것이다. 먼 나라 사람이 내 나라에서 나가는 경우에는 공문[節]을 주어 관(關)과 진(陳)에서 막히지 않게 하고, 내 나라에 오는 자는 물자를 풍족히 주어 넉넉하게 해준다. 또한 내 나라에 머물기를 원하는 자가 있으면 능력에 따라 임무를 주어 그 능력을 아름답게 여기고 무능한 자를 불쌍히 여긴다면 먼 나라 사람이 모두 그 길로 귀순해 올 것이다. 이것이 먼 나라 사람을 부드럽게 감싸는 바이다. 제후의 대가 끊어져 나라는 있는데 사람이 없는 경우는 그 방손(傍孫)과 지손(支孫)을 취하여 잇게 하여 그 종사(宗社)가 끊어지지 않도록 하며, 사람은 있는데 나라가 없는 경우는 예전에 봉한 것을 회복하여 그 작토(爵土)를 누리게 한다. 기강이 문란한 자는 다스리고 사직이 위태로운 경우는 붙들어 주며, 제후가 대부로 하여금 천자에게 와서 공물을 드리도록 하는 것과 제후가 와서 조회하는 것을 모두 그 때에 알맞게 하되, 소원하여 게으르지 않고 빈번하여 피폐하지 않도록 한다. 내가 잔치를 베풀고 보내주는 예물은 후하게 하고 상대가 공물을 바치는 것은 박하게 하여 재물이 떨어지지 않도록 한다. 이것이 제후를 품어서 천하로 하여금 두렵게 하는 바이니 '구경'의 일이 이와 같다.

凡爲天下國家 有九經하니 所以行之者는 一也니라

| 언해 |

믈읫 天下國家롤 ᄒᆞ욤이 아홉 經이 이시니 行ᄒᆞᄂᆞᆫ 밧 者ᄂᆞᆫ 一이니라

| 직역 |

무릇 천하·국가를 다스리는 데에는 구경(九經)이 있으니 그것을 행하는 것은 하나이다.

| 자해 |

一 : 성(誠)함, 구경(九經)의 실상.

| 의해 |

천하·국가를 다스리는 데에는 구경이 있어서 그 조목과 사실과 효험이 이와 같이 자세하지만, 구경을 행하는 것은 성실(誠) 한가지다. 모두 진실한 뜻으로써 하는 것이요, 거짓으로 꾸민 것이 아니니 이것이 구경의 실상이다.

凡事는 豫則立하고 不豫則廢하나니 言前定則不跲하고 事前定則不困하고 行前定則不疚하고 道前定則不窮이니라

| 언해 |

믈읫 일이 豫ᄒᆞ면 立ᄒᆞ고 豫티 아니ᄒᆞ면 廢ᄒᆞᄂᆞ니 말ᄉᆞᆷ이 前에 定ᄒᆞ야시면 跲디 아니ᄒᆞ고 일이 前에 定ᄒᆞ야시면 困티 아니ᄒᆞ고 行이 前에 定ᄒᆞ야시면 疚티 아니ᄒᆞ고 道ㅣ 前에 定ᄒᆞ야시면 窮티 아니ᄒᆞᄂᆞ니라

| 직역 |

무릇 일은 미리하면 서고 미리하지 않으면 폐한다. 말이 앞에서 정해지면 쓰러지지 않고, 일이 앞에서 정해지면 곤란하지 않고, 행동이 앞에서 정해지면 병폐가 없고, 도가 앞에서 정해지면 궁하게 되지 않는다.

| 자해 |

凡事 : 달도(達道)와 달덕(達德)과 구경(九經)에 속한 일. • 豫 : 평소에 미리 정하는 것. • 跲(겁) : 쓰러짐. • 疚 : 병(病).

| 의해 |

이른바 '하나'라는 것은 진실로 하루아침에 얻을 수 있는 것이 아니다. 달도(達道)와 달덕(達德)과 구경(九經)의 일은 평소에 미리 수없이 많은 공부를 통해서 얻어진다. 임시로 취하여 판단하는 경솔한 짓을 하지 않는다면, 덕을 닦을 수 있고 도를 행할 수 있고 또한 근본이 서서 일이 확립될 것이다. 만일 평소에 미리 이러한 공부를 하지 않고 일시에 이루어지기를 요구한다면 어찌 일이 확립될 수 있겠는가? 곧 폐하고 무너질 것이다. 만일 말하기 전에 말해야 할 이치를 먼저 정하면 말이 모두 착실하여 막힘이 없을 것이니, 무슨 어긋남이 있겠는가? 일하기 전에 일해야 할 이치를 먼저 정하면 일에 모두 원칙이 있어서 저절로 실행될 것이니, 무슨 곤란함이 있겠는가? 행하기 전에 행해야 할 이치를 먼저 정하면 행하는 것이 모두 떳떳하여 스스로 정대(正大)하고 광

명(光明)하여 마음에 부끄러움이 없을 것이니, 무슨 병통이 있겠는가? 도와 덕과 구경을 꿰뚫는 당연한 이치는 도이다. 마땅히 해야 할 도리를 미리 정하여 그 본체를 세운다면, 왼편에도 마땅하고 오른편에도 마땅하여 모두 그 근원에 합하고 저절로 널리 응하고 곡진하게 마땅할 것이니, 무슨 궁함이 있겠는가? 모든 일은 미리 하면 확립됨이 이와 같다.

在下位하여 不獲乎上이면 民不可得而治矣리라 獲乎上이 有道하니 不信乎朋友면 不獲乎上矣리라 信乎朋友가 有道하니 不順乎親이면 不信乎朋友矣리라 順乎親이 有道하니 反諸身不誠이면 不順乎親矣리라 誠身이 有道하니 不明乎善이면 不誠乎身矣리라

| 언해 |

아랫 位예 이셔 우희 獲디 몯ᄒᆞ면 民을 可히 시러곰 다ᄉᆞ리디 몯ᄒᆞ리라 우희 獲홈이 道ㅣ 이시니 朋友에 믿브디 몯ᄒᆞ면 우희 獲디 몯ᄒᆞ리라 朋友에 믿븜이 道ㅣ 이시니 어버의게 順티 몯ᄒᆞ면 朋友에 믿브디 몯ᄒᆞ리라 어버의게 順홈이 道ㅣ 이시니 몸애 反ᄒᆞ야 誠티 몯ᄒᆞ면 어버의게 順티 몯ᄒᆞ리라 몸을 誠히욤이 道ㅣ 이시니 善에 ᄇᆞᆰ디 몯ᄒᆞ면 몸을 誠티 몯ᄒᆞ리라

| 직역 |

아랫자리에 있으면서 위에서 신임을 얻지 못하면 백성을 다스릴 수 없을 것이다. 위에 신임을 얻는 데에는 도가 있으니 붕우에게

미덥지 못하면 위에서 신임을 얻지 못할 것이다. 붕우에게 미더움에는 도가 있으니 어버이를 따르지 않으면 붕우에게 미덥지 못할 것이다. 어버이를 따르는 데에는 도가 있으니 몸에 돌이켜 성실하지 못하면 어버이를 따르지 못할 것이다. 몸을 성(誠)하게 함에는 도가 있으니 선에 밝지 못하면 몸을 성하게 하지 못할 것이다.

| 의해 |

일에 있어 마땅히 미리 해야 할 것이란 무엇인가? 성실할 따름이다. 아랫자리에 있는 사람의 경우에 임금과 윗사람의 마음을 얻지 못하면, 그 자리를 편안히 하고 그 뜻을 행하지 못할 것이니, 비록 백성을 다스리고자 하지만 할 수가 없을 것이다. 그러나 윗사람의 신임을 얻고자 아첨해서는 안된다. 평소에 미리 정해 놓은 도가 있으니, 이것은 벗에게 신뢰를 얻는 것일 따름이다. 벗에게 신뢰를 얻지 못하면 뜻과 행실이 이치에 합하지 못하고 인정을 받지 못하여 윗사람의 신임을 얻지 못할 것이다. 그러나 벗에게 신뢰를 얻고자 구차스럽게 아첨해서는 안된다. 미리 정해 놓은 도가 있으니, 이것은 어버이를 따르는 것일 따름이다. 어버이를 따르지 않으면 후하게 해야 할 곳에 야박하게 하여 벗에게 신뢰를 얻지 못할 것이다. 그러나 어버이를 따르고자 하는 것이 또한 아첨하고 뜻을 왜곡하여 좇는 것이 아니다. 미리 정해 놓은 도가 있으니, 몸을 성실하게 할 따름이다. 자기 몸에 돌이켜서 성실하지 못하면 밖으로 어버이 섬기는 예는 있으나 마음으로 어버이 섬기는 실상이 없을 것이니 어버이가 기뻐하지 않을 것이다. 이와 같이, 한 번 자기 몸을 성실히 하면 어버이를 따르게 되고 벗에게 신뢰를 얻고 위에서 신임을 얻고 백성을 이롭게 다스릴 수 있을 것이다. 몸을 성실하게 한 효과가 이와 같지만, 몸을 성실하게 하는 것이 갑자기 억지로 해서는 안 되니, 그 도는 선을 밝히는데 있을 따름이다. 격물(格物)하고 치지(致知)하여 지극한 선

이 있는 바를 알지 못한다면, 여색을 좋아하듯이 선을 좋아하고 나쁜 냄새를 싫어하듯이 악을 미워하지 못할 것이다. 따라서 비록 억지로 힘써서 그 몸을 성실하게 하고자 하지만 불가능할 것이다. 이것이 성(誠)을 구하는 일 가운데 가장 먼저 정해야 할 것이다.

성 자 천 지 도 야 성 지 자 인 지 도 야 성 자 불 면
誠者는 天之道也요 誠之者는 人之道也니 誠者는 不勉
이 중 불 사 이 득 종 용 중 도 성 인 야 성 지
而中하며 不思而得하여 從容中道하나니 聖人也요 誠之
자 택 선 이 고 집 지 자 야
者는 擇善而固執之者也니라

| 언해 |

誠ᄒᆞᆫ 者ᄂᆞᆫ 天의 道ㅣ오 誠히오ᄂᆞᆫ 者ᄂᆞᆫ 人의 道ㅣ니 誠ᄒᆞᆫ 者ᄂᆞᆫ 힘ᄡᅳ디 아니ᄒᆞ야 中ᄒᆞ며 ᄉᆡᆼ각디 아니ᄒᆞ야셔 得ᄒᆞ야 從容히 道애 中ᄒᆞᄂᆞ니 聖人이오 誠히오ᄂᆞᆫ 者ᄂᆞᆫ 善을 ᄀᆞᆯ히야 구디 執ᄒᆞᄂᆞᆫ 者ㅣ니라

| 직역 |

성(誠)한 것은 하늘의 도요 성(誠)해 오는 것은 사람의 도이다. 성한 자는 힘쓰지 않아도 들어맞으며 생각하지 않아도 얻어서 자연스럽게 도에 맞으니 성인이요, 성(誠)해 오는 자는 선을 가려서 굳게 잡는 것이다.

| 자해 |

誠者 : 진실하여 거짓이 없는 천리의 본연한 것. • 誠之者 : 진실하여 거짓이 없고자 노력하는 인사(人事)의 당연함. • 從容 : 자연스러움.

| 의해 |

반드시 무엇보다 먼저 성실(誠)해야 한다는 것은 무슨 뜻인가? 이것은 천리에 근거하여 인사에 절실한 것이기 때문이다. 이 이치는 사람의 몸과 더불어 함께 와서 본래 진실하고 거짓이 없으니, 이것이 이른바 '성(誠)'이다. 이 성이라는 것은 천도가 근본적으로 그러한 것이요 사람이 몸을 닦은 뒤에 생겨나는 것이 아니다. 그러나 하늘의 이치는 비록 성(誠)하지만 사람의 마음은 기품과 물욕에 얽매여 혹 성하지 못하는 경우가 있다. 그러므로 진실하고 거짓이 없는 원래 그러한 처음을 회복하고자 하니 이것이 이른바 '성(誠)해 오는 것'이다. 이 '성해 오는 것'은 인도의 당연한 것이니 마땅히 스스로 힘을 다해야 한다.

◑ 오직 천도의 성(誠)을 온전히 한 자는 편안히 행하여 도에 힘쓰지 않아도 스스로 들어맞지[中] 않음이 없고, 나면서부터 알기 때문에 생각하여 찾지 않아도 스스로 도를 얻지 못할 것이 없다. 이는 자연스럽게 도에 부합하는 성인이다. 성인은 본래 성(誠)하지 않음이 없어서 하늘과 더불어 하나가 되니, 곧 하늘의 도이다. 반면에 성(誠)에 이르지 못하여 사람의 도를 다함으로써 '성(誠)해 오는 자'는 생각하지 않는다면 얻지 못하기 때문에 반드시 모든 이치를 가려서 선을 밝히고, 힘쓰지 않으면 맞지 않기 때문에 반드시 가려서 얻은 선을 굳게 지켜 진실무망(眞實無妄)에 도달한 뒤에 그친다. 힘을 쓰고 닦아서 사람의 일을 다 하여 하늘의 이치에 부합하는 것이 사람의 도이다.

博學之(박학지)하며 審問之(심문지)하며 愼思之(신사지)하며 明辨之(명변지)하며 篤行之(독행지)니라

| 언해 |

너비 빅호며 슬펴 무르며 삼가 싱각ᄒᆞ며 ᄇᆞᆰ이 분변ᄒᆞ며 도타이 行홀 띠니라

| 직역 |

넓게 배우며 살펴 물으며 삼가 생각하며 밝게 분변하며 도탑게 행하라.

| 의해 |

'선을 가려 굳게 잡는 일'에는 하나의 절목(節目)만 있는 것이 아니다. 반드시 널리 배워 세상에서 보고 들은 것을 모아 두루 사물의 이치를 알고, 반드시 살펴 물어서 그 배운 바에 의심나는 것을 질정하여 정정(訂正)하고, 반드시 삼가 생각하여 학문에서 얻은 바를 정밀하게 연구하여 스스로 마음에서 얻고, 반드시 밝게 분변하여 공(公)·사(私), 의(義)·리(利), 옳은 것과 그른 것, 참되고 거짓된 것을 세밀하게 분별하여 어그러지고 그릇되지 말아야 한다. 선을 가려 택하는 것이 이런 정도에 이르면 정밀하다고 할 수 있다. 이와 같이 하고서 도탑게 행하여, 반드시 이익을 버리고 의리에 나아가며 옳은 것은 취하고 그른 것은 버려서 한 터럭이라도 사사로운 인욕이 올바른 천리를 빼앗지 못하도록 해야 한다. 이것이 배우고 묻고 생각하고 분변하여 얻는 바가 모두 그 실상을 밟는 것이니, 가려서 잡은 바가 이와 같다면 매우 굳다고 할 수 있다. 이것이 배워서 알고 이롭게 여겨 행하여 성(誠)에 이르는 길이다.

有弗學(유불학)이언정 學之(학지)인댄 弗能(불능)을 弗措也(부조야)하며 有弗問(유불문)이언정 問之(문지)인댄 弗知(부지)를 弗措也(부조야)하며 有弗思(유불사)이언정 思之(사지)인댄 弗得(부득)을 弗措也(부조야)하며 有弗辨(유불변)이언정 辨之(변지)인댄 弗明(불명)을 弗措也(부조야)하며 有弗行(유불행)이언정 行之(행지)인댄 弗篤(부독)을 弗措也(부조야)하여 人一能之(인일능지)어든 己百之(기백지)하며 人十能之(인십능지)어든 己千之(기천지)니라

| 언해 |

ᄇᆡ호디 아니ᄒᆞᆷ이 이실띠언뎡 ᄇᆡ홀띤댄 能티 몯ᄒᆞ니ᄅᆞᆯ 措티 아니ᄒᆞ며 묻디 아니ᄒᆞᆷ이 이실띠언뎡 무를 띤댄 아디 몯ᄒᆞ니ᄅᆞᆯ 措티 아니ᄒᆞ며 ᄉᆡᆼ각디 아니ᄒᆞᆷ이 이실띠언뎡 ᄉᆡᆼ각ᄒᆞᆯ띤댄 得디 몯ᄒᆞ니ᄅᆞᆯ 措티 아니ᄒᆞ며 분변티 아니ᄒᆞᆷ이 이실띠언뎡 분변ᄒᆞᆯ띤댄 ᄇᆞᆰ디 몯ᄒᆞ니ᄅᆞᆯ 措티 아니ᄒᆞ며 行티 아니ᄒᆞᆷ이 이실띠언뎡 行ᄒᆞᆯ띤댄 도탑디 몯ᄒᆞ니ᄅᆞᆯ 措티 아니ᄒᆞ야 人ᄋᆞᆫ ᄒᆞᆫ번에 能히 ᄒᆞ거든 己ᄂᆞᆫ 百을 ᄒᆞ며 人ᄋᆞᆫ 열 번에 能히 ᄒᆞ거든 己ᄂᆞᆫ 千ᄋᆞᆯ ᄒᆞᆯ띠니라

| 직역 |

배우지 않을지언정 배운다면 능하지 못한 것을 놓지 않으며, 묻지 않을지언정 묻는다면 알지 못하는 것을 놓지 않으며, 생각하지 않을지언정 생각한다면 얻지 못한 것을 놓지 않으며, 분변하지 않을지언정 분변한다면 밝지 못한 것을 놓지 않으며, 행하지 않을지언정 행한다면 도탑지 못한 것을 놓지 않는다. 다른 사람이 한 번에 능히 한다면 자신은 백 번을 하며, 다른 사람이 열 번에 능히 한다면 자신은 천 번을 해야 한다.

| 의해 |

'어렵게 알고 힘써서 행하는 자'가 선을 선택하여 잡는 일은 어떻게 해야 하는가? 배우지 않는다면 그만이겠지만, 배운다면 반드시 힘을 극진히 하고 몸으로 생각하여 능숙해지기를 구해야 한다. 만일 하나라도 능숙하지 못한 것이 있으면 이 마음을 놓지 않는다. 묻지 않는다면 그만이겠지만, 묻는다면 반드시 반복하여 질정해서 정밀하게 알기를 구해야 한다. 만일 하나라도 알지 못하는 것이 있으면 이 마음을 놓지 않는다. 생각하지 않는다면 그만이겠지만, 생각한다면 반드시 융회(融會)하고 관통하여 얻은 뒤에 그만두어야 한다. 만일 하나라도 얻지 못하는 것이 있으면 이 마음을 놓지 않는다. 분변하지 않는다면 그만이겠지만, 분변한다면 반드시 기미를 분석하여 밝게 된 뒤에 그만두어야 한다. 만일 하나라도 밝지 못한 것이 있으면 이 마음을 놓지 않는다. 행하지 않는다면 그만이겠지만, 행한다면 반드시 독실함을 구하여 그 이치를 실천한 뒤에 그만두어야 한다. 만일 하나라도 독실하지 않은 것이 있으면 이 마음을 놓지 않아야 한다. 오직 이 놓지 않는 마음을 갖기 때문에 '배워서 알고 이롭게 여겨 행하는 사람'이 선을 가리고 잡는데 한 번의 공부로써 능하다면 나는 그 백배의 공부를 하고, '배워서 알고 이롭게 여겨 행하는 사람'이 선을 가리고 잡는데 열 배의 공부로써 능하다면 나는 그 천 배의 공부를 해야 한다. 이것이 '어렵게 알고 힘써 행하는 일'이다. 이른바 '미리 성(誠)을 정해 놓은 자'는 그 일을 마땅히 이와 같이 해야 한다.

과능차도의 수우 필명 수유 필강
果能此道矣면 雖愚나 必明하며 雖柔나 必强이니라

| 언해 |

과연히 이 道롤 能히 ᄒᆞ면 비록 愚ᄒᆞ나 반ᄃᆞ시 明ᄒᆞ며 비록 柔ᄒᆞ나 반ᄃᆞ시 强ᄒᆞᄂᆞ니라

| 직역 |

과연 이 도를 능히 할 수 있다면, 비록 어리석지만 반드시 밝아지며 비록 유(柔)하나 반드시 강(强)해질 것이다.

| 자해 |

明 : 선을 가리는(선택하는) 일. • 强 : 굳게 잡음의 효험.

| 의해 |

여기에서 도는 '어렵게 알고 힘써 행하는 자'가 가려서 잡아 성(誠)을 구하는 방도이다. 사람들은 다만 그 일을 백배하지 못할까 두려워하는데, 만일 진실로 이 다섯 가지에 다른 사람보다 백배의 공을 기울인다면 학문이 이미 쌓여서 분명히 기질을 변화시킬 수 있다. 그렇게 된다면 비록 우매한 자라도 반드시 앎을 이루어 밝은데 나아가서 '태어나면서 아는 자'와 같아질 것이니, 하물며 어리석지 않은 자는 어떠하겠는가? 비록 유약한 자라도 반드시 힘써 행하여 강한데 나아가서 '편안히 행하는 자'와 함께 같아질 것이니, 하물며 유약하지 않은 자는 어떠하겠는가? 아는 것이 같아지고 공을 이루는 것도 같아질 것이다. 이로 말미암아 달덕(達德)과 달도(達道)로써 몸을 닦고 구경(九經)으로써 천하 국가를 다스려서, 그 사람이 있으면 그러한 정치가 시행될 것이니, 문왕과 무왕의 성대함을 어찌 회복할 수 없겠는가? 임금은 마땅히 힘써야 한다.

이상은 제20장(第二十章)이다.

| 요지 |

이 장은 공자의 말을 인용하여 순임금과 문왕·무왕·주공의 과업을 이어서 그 전한 것이 일치함을 밝힌 것으로, 정사(政事)를 들어 시행하면 이와 같을 것이다. 대개 비(費)와 은(隱)을 포함하고 크고 작음을 겸하여 제20장의 뜻을 끝마치니, 이 장에서 비로소 성(誠)에 대하여 자세하게 말하였다. 이른바 성(誠)은 실상 이 편에서 문의 지도리[樞]와 옷의 단추와 같이 긴요하다.

또 고찰하건대 『공자가어(孔子家語)』에도 이 장이 수록되어 있는데, 그 글이 더욱 자세하다. '성공일야(成功一也)' 아래에 공(公)이 '선생님의 말씀이 아름답고 지극하지만 과인이 실은 고루하여 충분히 이루지는 못합니다'라는 말이 있기 때문에 그 아래에 다시 '자왈(子曰)'로 대답을 이어갔다. 그런데 지금 이 묻는 말은 없고 오히려 '자왈' 두 글자만 있으니, 아마도 자사(子思)가 그 번거로운 문장을 간추려서 이 편에 붙인 것 같다. 그러나 간추린 내용이 충분하지 못하니 마땅히 연문(衍文)으로 보아야 한다. '박학지(博學之)' 이하는 『공자가어』에 없으니 생각건대 『공자가어』에 빠진 글이 있거나, 이 장은 혹 자사가 보충한 것 같다.

제 21 장

第二十一章

自誠明을 謂之性이요 自明誠을 謂之敎이니 誠則明矣요 明則誠矣니라

| 언해 |

誠으로 말ᄆᆡ아마 明홈을 性이라 닐ᄋᆞ고 明으로 말ᄆᆡ아마 誠홈을 敎ㅣ라 닐ᄋᆞᄂᆞ니 誠ᄒᆞ면 明ᄒᆞ고 明ᄒᆞ면 誠ᄒᆞᄂᆞ니라

| 직역 |

성으로 말미암아 밝아짐을 본성이라 이르고 명으로 말미암아 성해짐을 교라 이르니, 성하면 밝아지고 밝아지면 성해진다.

| 자해 |

自 : 말미암음.

| 의해 |

자사가 윗 장을 이어서 천도와 인도를 겸하여 말하였다. "나는 공자께서 '성한 것'과 '성해 오는 것'을 구분하는 데에서 본성[性]과 교(敎)를 알았다. 그 안에 얻은 실리(實理)를 온전히 실현하여 밝은 지혜가 저절로 가려지지 않고 비추는 것으로부터 말하면 곧

본성이라 한다. '성하여 밝아짐'이라는 것은 생각하지 않고 힘쓰지 않으며 하늘이 부여한 것을 온전히 실현해서 천성(天性)으로 삼은 것이니 하늘의 도이다. 이치를 궁구하고 앎을 모두 이루어 사사로운 욕심을 버리고 그 안에 얻은 실리를 회복하여 온전히 한 것으로부터 말하면 교(敎)라고 한다. '밝아서 성해짐'이라는 것은 선을 택하여 굳게 잡아 몸에 배워 익힌 것으로서, 성인의 가르침으로부터 비롯되는 것이니 사람의 도이다. 본성이라는 것과 교라는 것은 천도와 인도로서 비록 다르지만 그 귀착점은 같다. '성하여 밝아짐'은 성으로부터 밝음에 이르는 것이 아니라 성이 곧 밝은 것이다. '밝아서 성해짐'이라는 것은 밝음으로부터 성에 이르는 것이지만 밝으면 또한 성할 것이다. 성이 밝지 않음이 없는 것은 하늘이 진실로 사람을 기다리지 않는 것이고, 밝아서 성함에 이를 수 있다면 마침내 사람과 하늘이 같은 것이다. 이런 까닭에 군자는 스스로 힘쓰는 것을 귀하게 여긴다."

이상은 제21장(第二十一章)이다. 자사가 윗 장의 '공자의 천도'와 '인도의 뜻'을 이어서 말하였다.

◑ 여기서부터 아래 열두 장은 모두 자사의 말이니, 반복해서 이 장의 뜻을 미루어 밝힌 것이다.

| 요지 |

이 글은 앞 장에서 말한 천도와 인도의 뜻을 분명하게 밝힌 것으로, 사람이 가르침으로부터 말미암아 본성을 회복하고 인도를 다하여 천도에 부합하고자 한 것이다. 천도를 말한 것은 사람이 준거할 기준이 되는 법칙을 알아야 한다는 점을 보여준 것이며, 인도를 말한 것은 사람이 닦을 바를 알아야 한다는 점을 보여준 것이다.

제 22 장

第二十二章

惟天下至誠이어야 爲能盡其性이니 能盡其性則能盡人之性이요 能盡人之性則能盡物之性이요 能盡物之性則可以贊天地之化育이요 可以贊天地之化育則可以與天地參矣니라

| 언해 |

오직 天下의 지극한 誠이아 能히 그 性을 盡ᄒᆞᄂᆞ니 能히 그 性을 盡ᄒᆞ면 能히 人의 性을 盡ᄒᆞ고 能히 人의 性을 盡ᄒᆞ면 能히 物의 性을 盡ᄒᆞ고 能히 物의 性을 盡ᄒᆞ면 可히 ᄡᅥ 天地의 化育을 贊ᄒᆞ면 可히 ᄡᅥ 天地의 化育을 贊ᄒᆞ면 可히 ᄡᅥ 天地로 더브러 參ᄒᆞᄂᆞ니라

| 직역 |

오직 천하의 지극한 성이라야 그 본성을 다할 수 있으니, 그 본성을 다할 수 있으면 사람의 본성을 다할 수 있고 사람의 본성을 다할 수 있으면 사물의 본성을 다할 수 있고 사물의 본성을 다할 수 있으면 천지의 화육을 도울 수 있고 천지의 화육을 도울 수 있으면 천지와 더불어 참여할 수 있게 된다.

| 자해 |

贊 : 돕는 것과 같음. • 與天地參 : 사람이 천지와 더불어 함께 서서 '천·지·인' 셋이 됨을 말함.

| 의해 |

자사가 '성으로부터 밝아짐'으로 말하였다. "하늘이 명한 본성은 본래 진실하고 거짓이 없다. 오직 성인의 마음이 지극히 진실무망(眞實無妄)하여 천하가 여기에 더 보탤 것이 없으니 이것은 천하의 지극한 성으로서 본연(本然)의 성품을 온전히 실현할 수 있는 것이다. 그러므로 태어나면서 알고 편안하게 행하여 하나의 이치도 온전히 실현하지 않음이 없다. 이 본성은 사람과 사물에 보편적인 것으로서, 동일하게 하늘과 땅에 근원을 두기 때문에 사람과 사물의 본성이 또한 나의 본성이다. 그 본성을 살피고 여기에서 말미암아 온전히 실현하는 것이 '그 본성을 다함'이다. 이에 밝게 알고 마땅하게 조처하여서 천하의 지혜로운 자와 어리석은 자, 어진 자와 불초한 자가 모두 각각 그 본연한 성품을 회복하여 다른 사람의 본성을 다하게 할 수 있다. 사람의 본성을 다하면 사물의 본성을 능히 다하게 할 수 있다. 밝게 알고 마땅하게 조처하여 천하의 금수와 물고기, 동물과 식물 모두가 각각 그 본연한 성을 온전히 실현하여 사물의 본성을 다하게 되는 것이다. 대개 사람과 사물의 본성은 곧 천지가 화육(化育)하는 것이다. 천지가 사람과 사물을 낳지만 각각 그 본성을 온전히 실현시키지 못하는 것은 천지의 화육이 미치지 못하는 경우가 있기 때문이다. 지극한 성(誠)이라야 그 본성을 다하여 사람의 본성을 다하고 사물의 본성을 다할 수 있어 천지의 위대한 작용을 하나하나 남김없이 두루 펴서, '마름질하고 이루고 돕고 도와[裁成輔相]' 천지의 화육(化育)을 도울 수 있다. 천지의 화육을 도와주게 되면 하늘은 위에 자리하여 사물을 덮고 땅은 아래에 자리하여 사물을 싣고 지성(至誠)은 가운데에 자리하여 사물을 이루어, 천지가 사

물을 화육하는 데에 참여하여 사람이 하늘·땅과 더불어 셋이 될 것이다. 지성(至誠)이 본성을 다하는 큰 효과가 이와 같으니 이것이 천도이다."

이상은 제22장(第二十二章)이다. 천도를 말한 것이다.

| 요지 |

이 장의 첫 번째 두 구절이 이미 문장 전체의 뜻을 다 나타냈으니, 아래 구절에서 말한 인간과 사물, 하늘과 땅은 모두 본성을 온전히 실현하는 일 가운데에 포함된 것이다. 본성은 본래 천지만물을 관통하여 일체(一體)가 된다. 스스로 자신의 본성을 다하여야만 사람의 본성을 다할 수 있게 되고 사물의 본성을 다하여 천지의 화육을 도울 수 있다. 사람의 본성을 다하고 사물의 본성을 다하여 천지가 만물을 화육하는 데에 참여하여 돕게 되어야 그 본성을 다할 수 있는 것이다.

제 23 장

第二十三章

其次는 致曲이니 曲能有誠이니 誠則形하고 形則著하고 著則明하고 明則動하고 動則變하고 變則化이니 唯天下至誠이야 爲能化니라

| 언해 |

그 버곰은 曲으로 致ᄒᆞᄂᆞ니 曲ᄒᆞ면 能히 誠ᄒᆞᆷ이 인ᄂᆞ니 誠ᄒᆞ면 形ᄒᆞ고 形ᄒᆞ면 著ᄒᆞ고 著ᄒᆞ면 明ᄒᆞ고 明ᄒᆞ면 動ᄒᆞ고 動ᄒᆞ면 變ᄒᆞ고 變ᄒᆞ면 化ᄒᆞᄂᆞ니 오직 天下의 지극ᄒᆞᆫ 誠이아 能히 化ᄒᆞᄂᆞ니라

| 직역 |

그 다음은 한 끝을 미루어 이루는 것이니, 한 끝을 미루어 이루면 성(誠)할 수 있다. 성하면 나타나고, 나타나면 뚜렷해지고, 뚜렷해지면 밝아지고, 밝아지면 움직이고, 움직이면 변하고, 변하면 화(化)하는 것이니 오직 천하의 지극한 성이라야 화할 수 있다.

| 자해 |

其次 : 대현(大賢) 이하의 성(誠)이 지극하지 못한 자를 통틀어 말함. • 致 : 미루어 이름. • 曲 : 치우쳐 있는 한 끝. • 形 : 가운데에 쌓여서 바깥으로 나타남. • 著 : 더 나타나 뚜렷하게 됨. • 明 : 환히 빛나며 성(誠)이 들어남. •

動 : 지극한 성(誠)이 사물을 움직임. • 變 : 사물이 지극한 성을 좇아 변함. • 化 : 알지 못하는 사이에 변화가 이루어짐.

| 의해 |

자사가 '밝음으로부터 성해짐'을 말하였다. "지극한 성이 본성을 온전히 실현하면 전체가 모두 드러나서 사람과 사물의 본성을 다하고, 천지에 참여하여 돕는 효과를 얻게 될 것이다. 대현(大賢) 이하 지성(至誠)에 버금가는 사람은 기품에 거리껴서 선한 한 끝이 치우쳐 온전하지 못하면 곧 '곡(曲)'이라고 한다. 만일 사람의 기질이 온후하면 나타나 보이는 것이 매우 어질고, 기질이 강하고 굳세면 나타나 보이는 것이 매우 의롭다. 오직 선한 한 끝이 나타난 곳을 따라서 가려잡는 노력을 계속하고, 하나하나 미루어 이루어서 각각 끝까지 다하도록 하는 것이 '곡(曲)을 이루는 것'이다. 곡이 모두 이루어지면 덕이 실하게 되어 내게 갖추어진 이치에 사사로움이 조금도 섞이지 않아 그 온전한 성을 간직할 수 있으므로 한 끝에만 그치지는 않을 것이다. 성이 온전하게 이루어져서 부족하고 빠진 것이 없으면 모든 본체와 작용에 나타나 가운데에서부터 바깥으로 형상화(形象化) 될 것이며, 형상화 되면 적은 것으로부터 드러나 나타나게 되고, 나타나면 뚜렷해지고 환하게 빛나서 밝을 것이니, 몸에 대한 성의 작용이 이처럼 크다. 이 한 몸이 밝아져서 만물에 미치면 만물이 감동하여 선을 행하고 악함을 버리는 마음이 일어날 것이며, 감동하면 악을 버리고 선으로 옮겨가서 오랫동안 좋지 못했던 습관이 변할 것이다. 변하면 선해져서 누가 하는 일인지도 모르게 악을 버리게 되니, 스스로 알지 못하는 사이에 화(化)하는 것이다. 사물에 대한 성의 작용이 이와 같이 크게 나타나니, 알지 못하는 사이에 변화가 이루어지면 진리가 녹아들어 오염된 것을 씻어버리게 될 것이다. 알지 못하는 사이에 변화가 이루어지기는 진실로 쉽지 않다. 오직 천하의 지극한 성이라야 몸에 있는 덕의 신령함을 극진하게

보존하여 알지 못하는 사이에 사물의 변화가 이루어지는 데에까지 이를 수 있다. 이제 치우친 한 끝을 미루어 온전히 이룰 적에, 성이 쌓여 알지 못하는 사이에 변화가 이루어지는 경지에까지 이르면 지극한 성의 오묘함이 성인과 다름이 없으니, 이것은 인도로써 천도에 합한 것이다."

이상은 제23장(第二十三章)이다. 인도(人道)를 말한 것이다.

| 요지 |

이 글 전체에서 '치곡(致曲)' 두 글자가 매우 중요하다. 치우쳐 있는 한 끝을 바로잡아 온전하게 하는 공부는 선을 가려서 굳게 잡는 일이니, '유성(有誠)' 이하는 모두 그 효험(效驗)을 말한 것이다. 모두 치우친 것을 바로잡아 온전하게 하는 데에 힘쓸 때 가능한 것이니, 비록 차례차례 이루어가는 순서가 있으나 치우친 것을 바로잡아 온전하게 하는 것 이외에 따로 힘쓸 일은 없다. '형(形)' '저(著)' '명(明)'은 성을 몸에서 증험한 것으로써 말한 것이고, '동(動)' '변(變)' '화(化)'는 성이 사물에 미친 것으로써 말한 것이다. 오직 지극한 성이라야 화(化)할 수 있으며, 곡(曲)을 이룬 사람도 또한 화하니 모두 천도와 인도의 분별이 없다는 뜻을 보여준 것이다.

제 24 장

第二十四章

至誠之道는 可以前知니 國家將興에 必有禎祥하여 國家將亡에 必有妖孽하여 見乎蓍龜하며 動乎四體라 禍福將至에 善을 必先知之하며 不善을 必先知之니 故로 至誠은 如神이니라

| 언해 |

至誠의 道ᄂᆞᆫ 可히 ᄡᅧ 前의 아ᄂᆞ니 國家ㅣ 쟝ᄎᆞᆺ 興홈애 반ᄃᆞ시 禎祥이 이시며 國家ㅣ 쟝ᄎᆞᆺ 亡홈애 반ᄃᆞ시 妖孽이 이셔 蓍와 龜예 見ᄒᆞ며 四體예 動ᄒᆞᄂᆞᆫ디라 禍ㅣ며 福이 쟝ᄎᆞᆺ 니롬의 善을 반ᄃᆞ시 몬져 알며 不善을 반ᄃᆞ시 몬져 아ᄂᆞ니 故로 지극ᄒᆞᆫ 誠은 神ᄀᆞᄐᆞ니라

| 직역 |

지극한 성의 도는 미리 알 수 있으니, 국가가 흥하려고 할 때에는 반드시 복의 조짐이 있으며 국가가 망하려고 할 때에는 반드시 화의 싹이 있어 시초점과 거북점에 나타나며 사체(四體)에서 동한다. 그리하여 화와 복이 장차 이르려고 할 때에 선을 반드시 먼저 알며 불선을 반드시 먼저 알게 된다. 그러므로 지극한 성은 신

과 같은 것이다.

| 자해 |

禎祥 : 복(福)의 조짐. • 妖孽 : 화(禍)의 싹. • 蓍 : 시초점을 치는 것[筮]. • 龜 : 거북점을 치는 것[卜]. • 四體 : 동작(動作)과 몸가짐을 말함. • 神 : 귀신을 말함.

| 의해 |

자사가 말하였다. "일은 이 세상에 있는데 기미(幾微)가 먼저 보이고, 이치는 사람에 게 있는데 혹 사사로움과 거짓[僞]에 가려지는 경우가 있다. 오직 지극히 성한 사람이라야 하늘의 이치가 혼연(渾然)하여 한 터럭의 사사로움과 거짓이 없기 때문에 마음은 지극히 허(虛)하고 지극히 신령하여 이미 그러한 것을 볼 수 있을 뿐만 아니라, 장차 그러할 것도 미리 볼 수가 있으니 '지극한 성의 도는 미리 알 수 있다'는 것이다. 그러나 지혜와 사사로운 꾀를 빌려서 미리 알 수 있는 것은 아니다. 이치는 모두 같기 때문에, 국가가 장차 흥하려고 할 때에는 조화로운 기운이 복되고 길한 일의 조짐[祥瑞]을 만들어 반드시 경사스럽고 복된 징조[禎祥]가 때에 앞서 나타난다. 그리고 국가가 장차 망하려고 할 때에는 어그러진 기운이 정상에서 벗어난 일들을 만들어 반드시 재앙의 징조[妖孽]가 어느 틈에 먼저 발생하게 된다. 이 뿐만 아니라 멀리 사물에서 취하면 변화가 시초점[蓍]과 거북점[龜]에 나타나 길흉이 있고, 가까이 몸에서 취하면 말과 행동[云爲]이 사체에서 작동하여 득실이 있게 된다. '경사스럽고 복된 징조'의 길함과 얻음은 모두 복이 장차 이르려고 할 때 그 이치가 먼저 보이는 것이며, '재앙이 일어날 징조[妖孽]'의 흉함과 잃음은 모두 화가 장차 이르려고 할 때 그 이치가 먼저 보이는 것이다. 지극히 성한 사람은 몸이 맑고 밝아서 복이 장차 이르려고 함에 반드시 일에 앞서 알 수가 있고, 화(禍)가 장차 이르려고 함에 또한 반드시 일에 앞서 알

수가 있다. 대개 귀신은 화복의 기틀을 움직이고 지극히 성한 사람은 화복의 기미를 알 수 있다. 은미(隱微)함을 현저하게 밝히는 것은 귀신이고, 현저(顯著)함을 은미(隱微)한 데에서 아는 것은 지극히 성한 사람이다. 진실로 어둠과 밝음[幽明]을 통하여 하나의 도가 되고 하늘과 사람을 합하여 하나의 이치가 되기 때문에 지극히 성한 사람이 아는 바는 귀신과 같다. 이것이 '성으로부터 밝아짐'이니 하늘의 도이다."

이상은 제24장(第二十四章)이다. 하늘의 도(道)를 말하는 것이다.

| 요지 |

이 글의 앞 두 구절은 지극히 성한 사람이 기미를 아는 것을 말했고, 아래는 그 기미를 아는 바에 대하여 자세하게 풀어서 신묘함을 칭송한 것이다.

제 25 장

第二十五章

성자　　자성야　　이도　　자도야
誠者는 自成也요 而道는 自道也니라

| 언해 |

誠은 스스로 成ᄒᆞᄂᆞᆫ 거시오 道ᄂᆞᆫ 스스로 道ᄒᆞᆯ 꺼시니라

| 직역 |

성은 스스로 이루는 것이며, 도는 스스로 가야 할 길이다.

| 자해 |

誠・道 : 성은 사물이 스스로 이루는 것이고, 도는 사람이 스스로 가야 할 길이다. 성은 마음으로 말하였으니 근본이고, 도는 이치로써 말하였으니 작용이다.

| 의해 |

자사가 말하였다. "성이라는 것은 하늘이 명한 본성이 형상과 바탕을 갖춘 가운데에 주재하는 것이니, 이것은 모든 사물이 얻어서 스스로 이루는 것이므로 원래 이지러지고 부족함이 없다. 본성을 따르는 도는 인륜일용(人倫日用) 사이에 나타나므로 이것은 사람이 마땅히 스스로 가야 할 바이니 그 실천은 온전히 사람에게 달려 있다."

성자 물지종시 불성 무물 시고 군자 성
誠者는 物之終始니 不誠이면 無物이니 是故로 君子는 誠
지위귀
之爲貴니라

| 언해 |

誠은 物의 終이며 始니 誠티 아니ᄒᆞ면 物이 업ᄂᆞ니 이런 故로 君子ᄂᆞᆫ 誠히욤을 貴히 너기ᄂᆞ니라

| 직역 |

성이라는 것은 사물의 마침이며 시작이니, 성하지 않으면 사물이 없게 된다. 그러므로 군자는 성함을 귀하게 여긴다.

| 의해 |

무엇으로 '성은 스스로 이루며, 도는 스스로 가야 할 길'이라는 것을 알 수 있는가? 성이란 것은 사물의 마침이며 시작이다. 하나의 사물이 있으면 반드시 시작이 있는데 실상은 이치가 시작하는 곳으로 향하는 것이며, 돌아감에는 반드시 마침이 있는데 실상은 이치가 모두 무위(無爲)한 곳으로 향하는 것이다. 처음부터 끝까지 모두 이 이치가 하는 바이니 사물이 성(誠)을 버려두고서는 스스로 이루지 못한다. 하지만 성을 체득하는 책임은 사람에게 있다. 사람이 일을 시행할 때에 처음부터 끝까지 순수하게 성실한 마음이라야 비로소 일을 이룰 수 있다. 만일 성한 마음에 틈이 생기고 끊겨서 조금이라도 성하지 않으면 비록 일을 이룰지라도 이루지 못함과 똑 같아서 사물이 없는 것과 다름없으니, 어찌 스스로 마땅히 따라가야 할 도를 다하지 않을 수 있겠는가? 그러므로 군자는 선을 가려 굳게 잡고 진실한 마음으로써 진실한 이치를 체득하여 성을 귀하게 여기는 것이니, 이것이 바로 가야 할 길을

스스로 따라 가는 공부를 다 하는 것이다.”

성 자 비 자 성 기 이 이 야 소 이 성 물 야 성 기 인 야
誠者는 非自成己而已也라 所以成物也니 成己는 仁也
성 물 지 야 성 지 덕 야 합 내 외 지 도 야 고 시
요 成物은 知也니 性之德也라 合內外之道也니 故로 時
조 지 의 야
措之宜也니라

| 언해 |

誠은 스스로 己ᄅᆞᆯ 成홀 ᄯᆞᄅᆞᆷ이 아니라 ᄡᅥ 物을 成ᄒᆞᄂᆞᆫ 배니 己ᄅᆞᆯ 成홈은 仁이오 物을 成홈은 知니 性의 德이라 內外ᄅᆞᆯ 合ᄒᆞᆫ 道ㅣ니 故로 時로 措홈애 宜ᄒᆞᄂᆞ니라

| 직역 |

성이라는 것은 스스로 자기를 이룰 뿐만 아니라 사물을 이루어 주는 것이다. 자기를 이루는 것은 인이고 사물을 이루어 주는 것은 지이니, 본성의 덕으로 안과 바깥을 합하는 도이다. 그러므로 때에 맞게 조처하는 것이 마땅하다.

| 자해 |

仁者 : 성을 이루어 몸을 보존함. • 知者 : 성이 사물에 미치는 공효가 드러남.

| 의해 |

“군자가 성을 귀하게 여기는 것은 자신을 이루어 성한 자가 될 뿐만 아니라, 자신에게 있는 것이 진실하여 거짓이 없으면 자연히 사물에게까지 미쳐서 사물을 이루어 주는 근거가 되기 때문이다.

자기를 이루어 한 터럭의 사사로움과 거짓이 없으면 이것은 진실한 이치가 혼연(渾然)함이니 바로 인이며, 사물을 따라 성취하여 각각 제 자리를 얻게 하면 이것은 밝게 알고 마땅하게 처리함이니 바로 지이다. 인과 지는 성품의 고유한 덕으로서, 본성의 덕이 되어 본체와 작용이 모두 갖추어져서 나뉘고 달라짐이 없을 것이니, 바깥과 안을 하나로 합일하는 도이다. 그러므로 그 덕을 자신이 얻으면 일에 나타나서 때에 따라 조처함이 각각 그 마땅함을 얻을 것이다. 이것이 이른바 '스스로 자기를 이룰 뿐만 아니라 사물을 이루어주는 근거'이니 바로 인도인 것이다."

이상은 제25장(第二十五章)이다. 인도(人道)를 말한 것이다.

| 요지 |

이 장은 첫 번째 절에서 성이 사람에게 절실함을 말하고, 다음 절에서 거듭 강조하여 마땅히 성해야 할 것을 보여주고 마지막 절에서 더 나아가 성의 묘용을 말하였으니 모두 중점은 '군자성지(君子誠之)' 네 글자에 있다. '군자성지[君子誠之]'라는 것은 '스스로 가야할 길'을 따라가는 공부를 다 하여 '스스로 이루는 이치'를 온전히 하는 것이다. 그러므로 다음 절과 셋째 절에서 다만 성을 말하고 도를 말하지 않았으니, 스스로 이루면 스스로 가야할 길을 따라가게 되고, 자기를 이루면 사물 또한 이루어주게 된다. 이 장 전체에서는 성과 도와 인과 지와 본성을 말하였으니, 비록 이름과 항목은 같지 않지만 실상은 하나의 성이 모두 포괄하는 것이다. 이치가 진실하고 거짓 없음이 성이 되고, 성이 바깥으로 나타남이 도가 되니 인은 성의 본체이며 지는 성의 작용이다. 이것은 모두 하늘이 나에게 명한 것이기 때문에 본성이라고 말한다.

제 26 장

第二十六章

故(고)로 至誠(지성)은 無息(무식)이니

| 언해 |

故로 지극ᄒᆞᆫ 誠은 息홈이 업ᄉᆞ니

| 직역 |

그러므로 지극한 성은 쉼이 없으니

| 의해 |

자사가 말하였다. "지극한 정성의 덕이 융성하면 반드시 지극한 성의 공용(功用)이 있다. 그러므로 지극한 성은 성실한 이치에 순수하고 온전하여 사사로운 욕심이 사이에 끼어들지 못하여 그 성이 스스로 그치고 쉬는 때가 없는 것이다."

不息則久(불식즉구)하고 久則徵(구즉징)하고

| 언해 |

息디 아니ᄒᆞ면 久ᄒᆞ고 久ᄒᆞ면 徵ᄒᆞ고

| 직역 |

쉬지 않으면 오래가고 오래가면 징험이 나타나고

| 자해 |

久 : 지극한 성이 사람 마음속에 항상 있음. • 徵 : 지극한 성이 바깥에 나타나 징험할 수 있음.

| 의해 |

"마음의 이치가 혹 그치고 쉬게 되면 어찌 징험할 수 있겠는가? 지극한 성은 쉼 없이 처음부터 끝까지 한결 같아서 항상 오래도록 변하지 않으니, 오래되면 도리가 안에서 충만하여 자연히 바깥에 나타나 보여 징험할 수 있으므로 가리려고 해도 가릴 수가 없게 된다."

징 즉 유 원 　 유 원 즉 박 후 　 박 후 즉 고 명
徵則悠遠하고 悠遠則博厚하고 博厚則高明이니라

| 언해 |

徵ᄒᆞ면 悠遠ᄒᆞ고 悠遠ᄒᆞ면 博厚ᄒᆞ고 博厚ᄒᆞ면 高明ᄒᆞᄂᆞ니라

| 직역 |

징험되면 길고 멀며, 길고 멀면 넓고 두터우며, 넓고 두터우면 높고 밝다.

| 의해 |

“지극한 성이 오래되면 바깥으로 나타나 징험할 수 있다. 그 효과와 작용이 나타나면 길고 멀어서 아침 ·저녁처럼 가깝지 않고, 길고 멀면 그 범위가 드넓고 깊이 또한 깊으면서 두터우며, 넓고 두터우면 또한 깎아지른 듯 높고 밝게 빛나서 낮고 어둡지 않다. 덕이 마음속에 있는 사람은 그 순수하고 온전함을 극진히 하기 때문에 효과와 작용이 바깥에 나타나 징험할 수 있어서 스스로 그 덕을 지극히 성대하게 하는 것이다.”

博厚(박후)는 所以載物也(소이재물야)요 高明(고명)은 所以覆物也(소이부물야)요 悠久(유구)는 所以成物也(소이성물야)니라

| 언해 |

博厚ᄂᆞᆫ ᄡᅧ 物을 載ᄒᆞᄂᆞᆫ 배오 高明은 ᄡᅧ 物을 覆ᄒᆞᄂᆞᆫ 배오 悠久ᄂᆞᆫ ᄡᅧ 物을 成ᄒᆞᄂᆞᆫ 배니라

| 직역 |

넓고 두터움은 만물을 싣는 것이며, 높고 밝음은 만물을 덮는 것이며, 길고 오래감은 만물을 이루는 것이다.

| 자해 |

悠久 : 길고 먼 것이니 지극한 성실이 안과 바깥에서 길고 오래감을 말함.

| 의해 |

“지극한 성의 효과와 작용이 성대해지면 그것이 만물에 미치는 영

향을 쉽게 헤아릴 수 없을 만큼 크다. 지극한 성이 넓고 두터우면 무엇이든지 포용하여 스스로 크게 창생(蒼生)을 구제하여 천하가 모두 인의 깊은 지경에 들어가게 될 것이니, 곧 만물을 싣는 것이다. 지극한 성이 높고 밝으면 넓게 덮을 뿐만 아니라 구제하지 않음이 없어 스스로 창생을 덮고 또 천하가 모두 우러러 의지하게 될 것이니, 곧 만물을 덮는 것이다. 지극한 성이 넓고 두텁고 높고 밝아서 길고 오래가면 덕과 사업이 항상 새로워 천하가 길이 의지하게 되고 스스로 창생을 덮고 실어서, 시작부터 끝날 때까지 꺾어지고 무너지지 않을 것이니 곧 만물을 이루는 것이다."

博厚(박후)는 配地(배지)하고 高明(고명)은 配天(배천)하고 悠久(유구)는 無疆(무강)이니라

| 언해 |

博厚ᄂᆞᆫ 地를 配ᄒᆞ고 高明은 天을 配ᄒᆞ고 悠久ᄂᆞᆫ 疆이 업ᄉᆞ니라

| 직역 |

넓고 두터움은 땅을 짝하고, 높고 밝음은 하늘을 짝하고, 길고 오래감은 끝이 없다.

| 의해 |

"본래 땅은 창생을 싣는 것이 직분인데, 이제 지극한 성이 만물을 싣는 것은 그 넓고 두터움이 땅을 짝하는 것이다. 본래 하늘은 덮는 것이 직분인데, 이제 지극한 성이 만물을 덮는 것은 그 높고 밝음이 하늘을 짝하는 것이다. 하늘과 땅이 낳고 이루는 것은 예로부터 지금까지 끝이 없는데, 이제 지극한 성이 만물을 이루는 것은 오랫동안 길고 넓고 두텁고 높고 밝음이 하늘과 땅의 끝없

음과 다름없는 것이다."

여차자 불현이장 불동이변 무위이성
如此者는 不見而章하며 不動而變하며 無爲而成이니라

| 언해 |

이러틋ᄒᆞᆫ 者ᄂᆞᆫ 見티 아니ᄒᆞ야셔 章ᄒᆞ며 動티 아니ᄒᆞ야셔 變ᄒᆞ며 ᄒᆞ욤이 업시 成ᄒᆞᄂᆞ니라

| 직역 |

이와 같이 하는 것은 보이지 않아도 나타나며, 움직이지 않아도 변하며, 작위(作爲) 함이 없으면서 이루는 것이다.

| 자해 |

見 : 음은 현, 보일 시(示) 자와 같음.

| 의해 |

"지극한 성은 천지와 다름없는데, 이것은 결코 의도적으로 그러한 것이 아니다. 지극한 성의 넓고 두터움이 이미 땅을 짝하면 드러나 보이지 않아도 효과와 작용이 저절로 밝게 빛남을 볼 수 있으니, 이것이 '보이지 않지만 나타난다'는 것이다. 지극한 성의 높고 밝음이 이미 하늘을 짝하면 떨치고 만들지 않아도 효과와 작용이 저절로 흔적 없이 만물을 감화할 것이니, 이것이 '움직이지 않아도 변한다'는 것이다. 지극한 성의 길고 먼 것은 곧 천지의 끝이 없는 것이니, 차례차례 준비하여 시행하지 않아도 효과와 작용이 스스로 처음이나 끝이나 구별 없이 온전하여 폐단이 없을

것이니, 이것이 '작위 함이 없으면서 이룬다'는 것이다."

天地之道는 可一言而盡也니 其爲物이 不貳라 則其生物이 不測이니라

| 언해 |

天地의 道는 可히 ᄒᆞᆫ말애 盡ᄒᆞᆯ 꺼시니 그 物 이론디 貳티 아니ᄒᆞᆫ디라 곧 그 物을 生ᄒᆞᆷ이 測디 몯ᄒᆞᄂᆞ니라

| 직역 |

하늘과 땅의 도는 한 마디 말로 다할 수 있으니, 그 존재의 됨됨이는 두 가지로 하지 않는 것이다. 그리하여 만물을 낳은 것을 측량할 수 없다.

| 의해 |

"지극한 성의 효과와 작용이 이미 하늘·땅과 같으니, 하늘·땅의 효과와 작용을 보면 곧 지극한 성을 볼 수 있을 것이다. 천지가 지극히 커서 말로써 다 형용하지 못할 것 같지만 그 주재하는 도는 한 마디 말로 다 할 수 있으니, 그 한 마디는 바로 성일뿐이다. 하늘의 도를 세워 음과 양이라고 말한다. 낮과 밤과 위와 아래, 그리고 고요할 적에 한결 같고 움직일 적에 곧은 것은 실상 이치가 만물을 화육하는 데에 흘러 운행하는 것에 불과하니 다른 사물이 와서 섞이지 않는다. 이것이야말로 하늘의 하늘됨이 두 가지로 작용하지 않고 하나로 하는 순일(純一)한 곳이니, 하늘의 도가 성한 것이다. 땅의 도를 세워 유와 강이라고 말한다. 남북과

높고 깊음, 그리고 고요할 적에 닫히고 움직일 적에 열리는 것은 실상 이치가 천지 안에 흘러 운행하는 것에 불과하니 다른 사물이 와서 섞이지 않는다. 이것이 땅의 땅됨이 두 가지로 작용하지 않고 하나로 하지 않는 순일한 곳이니 땅의 도가 성한 것이다. 하늘과 땅은 오직 두 가지로 작용하지 않기 때문에, 잠시도 쉬지 않고 통하고 회복되어 모든 곳에서 변화하여 만물을 낳을 적에 형형색색으로 덮고 싣고, 가운데 가득 채운다. 하늘과 땅이 만물을 낳는 그 까닭을 알 수 없는데 어찌 측량할 수 있겠는가?"

천지지도 박야후야고야명야유야구야
天地之道는 博也厚也高也明也悠也久也니라

| 언해 |

天地의 道는 博과 厚와 高와 明과 悠와 久ㅣ니라

| 직역 |

하늘과 땅의 도는 넓고 두텁고 높고 밝고 길고 오래가는 것이다.

| 의해 |

"하늘과 땅의 도는 둘이 아니기 때문에 각각 그 성대함을 극진하게 할 수 있다. 땅의 도를 말하면 지극히 넓고 지극히 두터우며, 하늘의 도를 말하면 지극히 높고 지극히 밝으며, 하늘과 땅의 도를 합하여 말하면 지극히 길고 지극히 오래가니 하늘과 땅의 효과와 작용은 지극히 성대한 것이다."

今夫天 斯昭昭之多이니 及其無窮也하여는 日月星辰이 繫焉하며 萬物이 覆焉이니라 今夫地 一撮土之多이니 及其廣厚하여는 載華嶽而不重하며 振河海而不洩하며 萬物이 載焉이니라 今夫山 一卷石之多이니 及其廣大하여는 草木이 生之하며 禽獸이 居之하며 寶藏이 興焉이니라 今夫水 一勺之多이니 及其不測하여는 黿鼉蛟龍魚鼈이 生焉하며 貨財殖焉이니라

| 언해 |

이제 天이 이 昭昭의 함이니 그 無窮홈애 믿처ᄂᆞᆫ 日月과 星辰이 繫ᄒᆡ여시며 萬物이 覆ᄒᆡ연ᄂᆞ니라 이제 地ㅣ ᄒᆞᆫ 撮ㅅ土의 함이니 그 廣厚홈애 믿처ᄂᆞᆫ 華嶽을 載ᄒᆞ야쇼ᄃᆡ 重티 아니ᄒᆞ며 河海ᄅᆞᆯ 振ᄒᆞ야쇼ᄃᆡ 洩티 아니ᄒᆞ며 萬物이 載ᄒᆞ연ᄂᆞ니라 이제 山이 ᄒᆞᆫ 卷ㅅ石의 함이니 그 廣大홈애 믿처ᄂᆞᆫ 草木이 生ᄒᆞ며 禽獸ㅣ 居ᄒᆞ며 寶藏이 興ᄒᆞᄂᆞ니라 이제 水ㅣ 一勺의 함이니 그 測디 몯홈애 믿처ᄂᆞᆫ 黿鼉과 蛟龍과 魚鼈이 生ᄒᆞ며 貨財ㅣ 殖ᄒᆞᄂᆞ니라

| 직역 |

이제 하늘은 반짝이는 것들이 많이 모인 것이니, 그 무궁한 데에 미쳐서는 일월성신이 메여 있고 만물이 덮여 있다. 땅은 한 줌의 흙들이 많이 모인 것이니, 그 넓고 두터움에 미쳐서는 화산과 악산을 싣고 있지만 무거워 하지 않고, 강과 바다를 거두어들이지만 새지 않고 만물이 실려 있다. 산은 주먹만한 돌들이 많이 모인

것이니 그 넓고 큼에 미쳐서는 초목이 생장하며 금수가 살며 보배가 나온다. 물은 한 잔의 물들이 많이 모인 것이니 그 측량할 수 없음에 미쳐서는 큰 자라와 악어와 교룡과 물고기와 자라가 살고 재화가 번식한다.

| 자해 |

昭昭 : 경경(耿耿)과 같으니 작게 밝음. 이것은 한 곳을 가리켜 말함. • 及其無窮 : 제12장의 '급기지야(及其至也)'의 뜻과 같으니 전체를 들어 말한 것. • 振 : 거두어들임[收]. • 卷 : 구구(區區)함.

| 의해 |

시험 삼아 '천지가 만물을 낳는 그 까닭을 측량할 수 없다'는 것에 대하여 살펴보자. 하늘을 한 곳만 보면 반짝 반짝 조그맣게 빛나는 별들이 많은 모여 있는 것에 불과하지만 그 무궁한 전체에 미쳐서는 해와 달과 별들이 메여 있지 않음이 없으며, 갖가지 고르지 않은 사물들이 모두 덮혀 있으니, 하늘이 만물을 낳음이 어찌 그리 성대한가. 땅을 한곳만 가리키면 한 줌 흙들이 많이 모여 있는 것에 불과하지만 그 넓고 두터운 전체에 미쳐서는 화산과 악산과 같은 산을 싣고 있지만 무거워하지 않고, 강과 바다 같은 물을 거두어들이지만 넘치거나 새나가지 않으며, 갖가지 고르지 않은 사물들이 모두 그 안에 실려 있으니, 땅이 만물을 낳음이 어찌 그리 성대한가. 천지 사이에 나서 천지를 대신하여 만물을 낳는 것에는 또 산과 물이 있으니, 산은 주먹만한 돌들이 모여 있는 것에 불과하지만 그 넓고 큼에 미쳐서는 모든 초목이 자라나고 모든 금수가 살고 온 세상의 보배를 감추고 있어서 의복과 그릇으로 쓰이는 것들이 모두 여기서 나온다. 물은 한 잔의 물들이 많이 모여 있는 것에 불과하지만 그 측량할 수 없음에 미쳐서는 큰 자라와 악어와 교룡과 물고기와 자라 등속과 재화로 쓰이는 것들이 모두 그 가운데에 자라나며 심어져 모이니 산과 물이 만물을 낳

음이 어찌 그리 성대한가? 어느 한 가지도 천지가 만물을 낳는 성대한 작용이 아니겠는가? 만물을 낳는 까닭을 측량할 수 없음이 진실로 이와 같다.

> 시운 유천지명 오목불이 개왈천지소이위천
> 詩云 維天之命이 於穆不已라하니 蓋曰天之所以爲天
> 야 오호불현 문왕지덕지순 개왈문왕지소
> 也요 於乎不顯가 文王之德之純이여하니 蓋曰文王之所
> 이위문야 순역불이
> 以爲文也니 純亦不已니라

| 언해 |

詩예 닐오ᄃᆡ 天의 命이 於ㅣ라 穆ᄒᆞ야 已티 아니타 ᄒᆞ니 天의 ᄡᅧ 天된 바ᄅᆞᆯ 닐옴이오 於ㅣ라 顯티 아니냐 文王의 德의 純ᄒᆞ심이여 ᄒᆞ니 文王의 ᄡᅧ 文되신 바ᄅᆞᆯ 닐옴이니 純이 ᄯᅩᄒᆞᆫ 已티 아니홈이니라

| 직역 |

『시경』에서 "하늘의 명은 아! 깊고 멀어서 그치지 않는구나"라고 하였으니, 이것은 하늘이 하늘이 된 까닭을 말한 것이다. "아! 나타나지 않는가! 문왕(文王)의 덕의 순전(純全)함이여!"라고 하였으니, 이것은 문왕이 문(文)이 되신 까닭을 말한 것이니 순전(純全)함이 또한 그치지 않는 것이다.

| 자해 |

詩 : 『시경(詩經)』「주송(周頌)」〈유천지명(維天之命)〉. • 於 : 탄식하는 말. '오'로 읽음. • 穆 : 깊고 멈. • 不顯 : '어찌 나타나지 않겠는가'라고 함과 같음. • 純 : 순일(純一)하여 섞이지 않음이니 이것을 인용하여 '지극한 성(誠)은 쉼이 없음'을 밝힌 것.

| 의해 |

이것으로 지극한 성이 천지에 부합함을 알 수 있다. 『시경』에서 "하늘의 명이 기운으로 천변만화할 때, 그 주재(主宰)하는 것은 실상 깊고 멀어서 측량하기가 어렵지만 만고(萬古)에 흘러 운행을 그치지 않는다"라고 말하였다. 『시경』에서 높고 밝아 위에서 덮고 있는 것을 하늘이라고 말한 것이지만, 이 '그치지 않음'이 바로 하늘이 하늘된 까닭임을 밝힌 것이다. 또 "아름답도다. 어찌 나타나지 않겠는가, 문왕의 덕이여! 하늘의 이치에 혼연(渾然)하여 순일(純一)하고 잡되지 않도다"라고 말하였다. 시의 뜻은 대개 이 '순수하고 온전함'이 바로 문왕이 문(文)이 된 까닭임을 밝힌 것이다. 요컨대 하늘의 명이 그치지 않고, 문왕의 덕의 순전함이 또한 그치지 않으니 문왕이 문(文)이 된 까닭이 곧 하늘이 하늘된 까닭인 것이다. 그렇다면, '천지의 지극한 성의 도'가 '사람의 지극한 성이 쉬지 않음'과 같지 않겠는가?

이상은 제26장(第二十六章)이다. 하늘의 도(道)를 말한 것이다.

| 요지 |

이 장의 중점은 '지성무식(至誠無息)'한 구절에 있으니, '성인이 천지와 더불어 덕을 합함'을 말한 것이다. 세 부분으로 나누어 보면 첫 번째 절로부터 '무위이성(無爲而成)'까지는 지극한 성의 효과와 작용이 천지와 같이 자연히 나타남을 논한 것이고, '천지지도(天地之道)'로부터 '화재식(貨財殖)'까지는 천지의 '지극한 성이 쉼이 없는' 효과와 작용의 측면에서 '지극한 성의 쉼이 없는' 효과와 작용을 밝힌 것이며, 마지막 절은 시를 인용하여 천지와 성인이 하나같이 지극한 성으로써 쉼이 없음을 보인 것이니 '지극한 성[至誠]'이 이 장의 주장이다.

제 27 장

第二十七章

대재　　성인지도
大哉라 聖人之道여

| 언해 |

크다 聖人의 道ㅣ여

| 직역 |

크도다. 성인의 도여!

| 의해 |

자사가 '본성을 따르는 도[率性]'로서 사람이 마땅히 행해야 할 도리를 밝힐 때에 먼저 성인을 예로 들어서 모범으로 삼아 말하였다. "도는 오직 성인이라야 온전히 할 수 있으니, 위대하도다, 성인의 도여! 갖추지 않음이 없으며 있지 않음이 없어서, 넓고 넓으니 천하에 이것보다 큰 것이 없도다."

이것은 아래 글의 두 절을 포함하여 말한 것이다.

양 양 호 발 육 만 물 　 준 극 우 천
洋洋乎發育萬物하여 峻極于天이로다

| 언해 |

洋洋히 萬物을 發育ᄒᆞ야 峻홈이 天에 極ᄒᆞ얏도다

| 직역 |

양양하게 만물을 발육하여 높음이 하늘에 극하였도다.

| 자해 |

峻 : 높고 큼. 도가 지극히 큰 것이 지극하여 바깥이 따로 없음을 말함.

| 의해 |

도의 본체는 커서 하늘과 땅 사이에 흘러 있지 않은 곳이 없다. 큰 물결과 같이 어디에나 흘러 움직이고 무엇이든 가득 채워서 한정된 양이 없는데, 그 효과와 작용은 만물을 발육하는 것일 따름이다. 봄에 나고 여름에 자라고 가을에 거두고 겨울에 저장함이 모두 음양과 오행의 이치가 흘러 행하는 바이다. 그 체단(體段)은 높고 커서 하늘에 극하니 하늘이 하늘이 된 까닭은 음양과 오행의 혼륜(渾淪)한 이치가 가득 찬 것에 지나지 않는다. 세상에 존재하는 사물은 지극히 많지만 모두 이 도가 자라나게 하며, 하늘이 지극히 높지만 이 도가 또한 지극히 높기 때문에 '크도다'라고 말한 것이다.

우 우 대 재 　 예 의 삼 백 　 위 의 삼 천
優優大哉라 禮儀三百과 威儀三千이로다

| 언해 |

優優히 크다 禮儀三百과 威儀三千이로다

| 직역 |

우우하게 크도다. 예의가 삼백이요, 위의가 삼천이로다.

| 자해 |

優優 : 충족하여 남음이 있음. • 禮儀 · 威儀 : 예의는 경례(經禮)요, 위의는 곡례(曲禮). 이것은 도가 지극히 세세한 데에까지 들어가서 빈틈이 없음을 말함.

| 의해 |

도의 본체는 커서 사태(事態)의 끝까지 흩어져 있지 않은 곳이 없기 때문에 충족하고도 남을 정도로 섬세하게 모두 갖추었으니 지극히 큰 것이다. 경례는 관(冠)과 혼(婚)과 상(喪)과 제(祭)와, 조(朝)와 근(覲)과 회(會)와 동(同)과 같은 종류로서 큰 절목이 삼백 가지가 되는데, 하나도 도가 아님이 없다. 곡례는 진(進)하고 퇴(退)하고, 승(昇)하고 강(降)하고, 부(俯)하고 앙(仰)하고, 읍(揖)하고 손(遜)하는 것과 같은 종류로서 작은 절목이 삼천 가지가 되지만 하나도 도가 아님이 없다. 대개 도가 가운데에 포함하고 온축하여 세세한 데에까지 들어가서 사이가 없기 때문에 '크도다'라고 말한 것이다.

대 기 인 이 후 행
待其人而後에 行이니라

| 언해 |

그 사름을 기드린 後에 行ᄒᆞᄂᆞ니라

| 직역 |

그 사람을 기다린 후에 행하여진다.

| 의해 |

커서 포함하지 않음이 없고, 작아도 들어가지 않음이 없으니 도는 진실로 큰 것이니, 어찌 헛되이 행하여지겠는가? 모두 그 사람을 기다린 후에 행하여질 것이니, 반드시 이와 같은 사람을 얻은 뒤에야 이와 같은 도를 행할 수 있다.

故(고)로 曰(왈) 苟不至德(구부지덕)이면 至道(지도) 不凝焉(불응언)이라하니라

| 언해 |

故로 ᄀᆞᆯ오ᄃᆡ 진실로 지극ᄒᆞᆫ 德이 아니면 지극ᄒᆞᆫ 道ㅣ 凝티 아니ᄒᆞᆫ다 ᄒᆞ니라

| 직역 |

그러므로 '진실로 지극한 덕이 아니면 지극한 도가 모여 이루어지지 않는다'라고 말한 것이다.

| 자해 |

至德 : 앞 절의 그 사람을 말함. • 至道 : 위의 두 절을 가리켜 말함. • 凝 : 모아 이룸.

| 의해 |

도는 오직 사람을 기다려서 행하기 때문에 "진실로 그 사람이 마음 속 깊이 품은 생각이 천박하고 비루하며 학식과 견문이 거칠고 세세하지 못하여 지극한 덕이 아니라면 도의 큰 것은 그 온전

함을 알 수가 없고 도의 작은 것은 그 자세함을 다할 수가 없다. 그러므로 만물을 자라나게 하고 하늘과 같이 높고 커서 극진하며 삼천과 삼백의 지극한 도를 내가 쪼개어 두 가지 존재로 여기기 때문에 몸과 마음에 모여 이루지 못하는 것이니, 모아 이루지 못하면 어찌 도가 행하여지겠는가?"라고 말한 것이다.,

고 군자 존덕성이도문학 치광대이진정미
故로 君子는 尊德性而道問學이니 致廣大而盡精微하며
극고명이도중용 온고이지신 돈후이숭례
極高明而道中庸하며 溫故而知新하며 敦厚以崇禮니라

| 언해 |

故로 君子ᄂᆞᆫ 德性을 尊ᄒᆞ고 問學을 道ᄒᆞᄂᆞ니 廣大롤 致ᄒᆞ고 精微를 盡ᄒᆞ며 高明을 極ᄒᆞ고 中庸을 道ᄒᆞ며 故롤 溫ᄒᆞ고 新을 知ᄒᆞ며 厚롤 敦ᄒᆞ고 ᄡᅧ 禮롤 崇ᄒᆞᄂᆞ니라

| 직역 |

그러므로 군자는 덕성을 높이면서도 묻고 배움에서 말미암으니, 넓고 큰 것을 이루고 정밀하고 자세한 것을 다하며, 높고 밝은 것을 극진히 하고 중용에서 말미암으며, 옛 것을 익혀 새로운 것을 알며, 두터움을 더 두터이 하여 예를 높인다.

| 자해 |

尊 : 공경하여 받드는 뜻. • 德性 : 내가 하늘에서 받은 바의 바른 이치. • 道 : 말미암음. • 溫 : 불에 다시 익히어 따뜻하게 하는 것이니 온고(溫故)는 예전에 배운 것을 다시 때때로 익힘. • 敦 : 더 두터이 함.

| 의해 |

덕을 닦고 도를 모아 이루는 일은 어떻게 해야 하는가? 도체가 커서 바깥이 없는 것은 마음을 두지 않으면 받아들일 수가 없고, 도체가 작아서 안이 없는 것은 앎을 이루지 않으면 들어가지 못한다. 그러므로 덕성을 높여서 지켜 그 마음의 본체를 보존하는 일은 그 도체의 큼을 온전히 하는 것이다. 또 묻고 배움으로부터 나아가 차례차례 실행하며, 일에 있어 이치의 당연함을 궁구하는 것은 그 도체의 자세함을 다하는 것이니, 이것이 덕을 닦는 큰 단서이다. 그 자세함은 어떠한가? 덕성 가운데에 만물이 모두 갖추어서 근본적으로 광대하지만 가리어지면 좁고 작아질 것이니, 반드시 사사로운 뜻으로 덕성을 가리지 말고 그 광대함을 이루어야 한다. 그러나 광대한 것은 소략한 데 이르기 쉬우니 반드시 묻고 배우는 데에 힘써, 일에 있어 정밀하고 작아 드러나지 않는 이치를 남김없이 분석하여 털끝만큼이라도 어그러지지 않게 해야 한다. 덕성은 그 중심이 조금도 잡되지 않아 근본적으로 높고 밝은 것이지만 손상되면 낮고 더러워질 것이니, 반드시 사사로운 욕심으로 덕성을 손상하지 말고 그 높고 밝음을 극진히 해야 한다. 그러나 높고 밝은 것은 중을 지나치기가 쉬우니 반드시 묻고 배우는 데에 힘써, 치우치지 않고 기울어지지 않으며 평상(平常)한 중용의 이치에 의거하여 행하여서 지나치고 모자라는 잘못이 없도록 해야 한다. 마음에는 덕성이 갖추어져서 근본적으로 양지(良知)가 있다. 이른바 '고(故)'라는 것으로서 반드시 함영(涵泳)하고 익숙하게 하여 흘려 잊어버리지 말아야 하지만, 의리(義理)가 무궁하여 끊임없이 나날이 새로워지니 반드시 묻고 배워 나날이 알지 못하는 것을 알아야 한다. 마음에는 덕성이 갖추어져서 근본적으로 양능(良能)이 있다. 이른바 '후(厚)'라는 것으로서 반드시 배양하여 더 두텁게 하고 놓치지 말아야 하지만, 어느 곳에서나 절문(節文)의 예(禮)를 소홀히 할 수 없기 때문에 반드시 묻고 배워 나날이 그 삼가지 못한 바를 삼가야 한다. 이와 같이하면 덕이

닦여지고 도가 모여 이루어 질 것이다.

是故로 居上不驕하며 爲下不倍라 國有道에 其言이 足以興이요 國無道에 其默이 足以容이니 詩曰 旣明且哲하여 以保其身이라하니 其此之謂與인저

| 언해 |

이런 故로 우희 居ᄒᆞ야 驕티 아니ᄒᆞ며 아래되여 倍티 아니ᄒᆞᆫ디라 나라히 道ㅣ 이숌애 그 言이 足히 ᄡᅧ 興ᄒᆞ고 나라히 道ㅣ 업슴애 그 默이 足히 ᄡᅧ 容ᄒᆞᄂᆞ니 詩예 ᄀᆞᆯ오ᄃᆡ 이믜 明ᄒᆞ고 ᄯᅩ 哲ᄒᆞ야 ᄡᅧ 그 몸을 保ᄒᆞ다 ᄒᆞ니 그 이ᄅᆞᆯ 닐옴인뎌

| 직역 |

이런 까닭으로 윗자리에 거해서는 교만하지 않으며, 아랫사람이 되어서는 배반하지 않는다. 나라에 도가 있을 때에는 그 말이 족히 흥기될 수 있고, 나라에 도가 없을 때에는 그 잠잠함이 족히 용납할 수 있다. 『시경』에서 "'이미 밝고 또 지혜로워 그 몸을 보존한다"라고 하였으니, 이것을 말한 것이다.

| 자해 |

倍 : 등질 배(背)와 같음. • 興 : 흥기(興起)하여 지위에 있음을 말함. • 詩 : 『시경(詩經)』「대아(大雅)」「증민(烝民)」편.

| 의해 |

군자가 덕을 닦아서 도를 모아 이루면 도가 몸에 갖추어져서 스

스로 처신하는 것이 모두 마땅하게 된다. 그러므로 높은 지위에 있으면 그 자리를 올바르게 하고 천지와 더불어 화육하며 경례(經禮)와 곡례(曲禮)의 도로써 천하를 구제하지만, 교만하고 자랑하지 않는다. 아랫자리에 있으면 자리를 올바르게 하고 천지와 더불어 화육하며 경례와 곡례의 도로써 헌장(憲章)을 삼아 어기고 배반하지 않을 것이다. 나라에 도가 있을 때에는 덕이 담겨 있는 말은 모두 경례의 말씀이니, 족히 스스로 일어나서 높은 지위에 올라 자리를 올바르게 하고 천지와 더불어 화육하여 경례와 곡례의 도가 크게 쓰일 것이다. 나라에 도가 없을 때에는 자리를 거두고 물러나 침묵하여 위태롭고 과격한 주장을 하여 화를 당하지 않으니 족히 스스로 세상에 용납되어 자리를 올바르게 하고 천지와 더불어 화육하며 경례와 곡례의 도를 한 마음속에 감출 것이다. 군자는 위에 처하든지 아래에 처하든지, 또 나라가 다스려지든지 어지럽든지 간에 마땅히 이와 같이 처신한다. 『시경(詩經)』「대아(大雅)」「증민(烝民)」편에서 중산보(仲山甫)를 아름답게 여겨 "밝아서 이치를 다하고 또 지혜로워 일을 살피기 때문에 이치에 맞게 행동하고 그 몸을 보존하여 재해가 없다"라고 하니 이것은 덕이 닦여지고 도가 모여 이루어져서 위에 처하든지 아래에 처하든지, 또 나라가 다스려지든지 어지럽든지 간에 모두 마땅하게 처신함을 말한 것이다. 이러한 공(功)이 있고 이러한 효험이 있으면 군자요 성인이니, 크도다! 성인의 도는, 덕을 닦고 도를 모아 이룬 군자를 기다려서 행하여지는 것이니 이것이 인도(人道)이다.

이상은 제27장(第二十七章)이다. 인도(人道)를 말한 것이다.

| 요지 |

이 장은 인도를 말한 것이니, 중점이 군자의 몸에 있다. 앞의 다섯 절은 성인의 도를 찬미하여 이를 실천하는 사람에게 보여준

것이니, 바로 도를 체득한 군자를 예로 들어 뜻을 밝힌 것이다. 군자는 바로 성인을 배우는 자이다. 마지막 절에서 덕을 닦고 도를 모아 만사를 바르게 처리하는 효험을 들어, 군자가 도를 몸으로 온전히 체인한다면 성인이 되어 성인의 도를 행할 것이니, 더욱 덕을 닦으며 잠시도 쉬지 않고 만사를 바르게 처리해야 함을 보여준 것이다.

제 28 장

第二十八章

자왈 우이호자용 천이호자전 생호금지세
子曰 愚而好自用하며 賤而好自專이요 生乎今之世하여

반고지도 여차자 재급기신자야
反古之道면 如此者는 烖及其身者也이니라

| 언해 |

子ㅣ ᄀᆞᆯᄋᆞ샤ᄃᆡ 愚ᄒᆞ고 自用홈을 됴히 너기며 賤ᄒᆞ고 自專홈을 됴히 너기고 이젯 世예 나셔 녯 道ᄅᆞᆯ 反호려ᄒᆞ면 이ᄀᆞᄐᆞᆫ 者ᄂᆞᆫ 烖ㅣ 그 몸애 미ᄎᆞᆯ 者ㅣ니라

| 직역 |

공자가 말씀하셨다. "어리석으면서 스스로 쓰기를 좋아하며, 천하면서 스스로 오로지 하기를 좋아하며, 지금 세상에 태어나서 옛 도를 돌이키려고 한다면 이와 같은 자는 재앙이 그 몸에 미칠 것이다."

| 자해 |

烖 : 재앙 재(灾) 자의 옛 글자. • 反 : 회복함.

| 의해 |

자사가 말하였다. "아랫사람이 되어 배반하지 않는다는 것은 무

엇인가? 공자가 일찍이, 어리석은 사람은 마땅히 자기 한 몸을 지켜야 하는데 총명함을 가장하여 자신의 의견만을 고집하기 좋아하며, 천한 사람은 마땅히 자기 분수에 만족해야 하는데 망령되게 권세를 도적질하여 스스로 전횡하며, 지금 세상에 났으면 마땅히 지금의 법도를 좇아 지켜야 하는데 돌이켜 이미 지나간 옛날의 도를 행하려고 한다면 이런 사람은 이치에 어긋나고 분수를 넘어서서 왕의 법도를 어기는 것이니 재앙이 반드시 그 몸에 미칠 것이라고 말씀하셨다."

비 천 자 불 의 례 부 제 도 불 고 문
非天子면 不議禮하며 不制度하며 不考文이니라

| 언해 |

天子ㅣ 아니면 禮를 議티 몯ᄒᆞ며 度를 制티 몯ᄒᆞ며 文을 考티 몯ᄒᆞᄂᆞ니라

| 직역 |

천자가 아니면 예를 논의하지 못하며, 법도를 만들지 못하며, 문자를 상고하지 못한다.

| 자해 |

禮 : 가깝고 먼 사람과 귀하고 천한 사람이 서로 만나는 틀. • 度 : 품제(品制), 제도. • 文 : 글을 말함.

| 의해 |

공자의 말씀에 의하면, 법도를 제작하는 것은 국가의 매우 중대

한 일이니, 반드시 성인이 운수(運數)에 응하여 일어난 뒤에 한 시대의 법과 제도를 정하여서 만백성의 마음과 뜻을 고르게 할 수 있다. 가깝고 멀며, 귀하고 천한 사람이 서로 만나는 데에는 지켜야 할 예가 있는데, 오직 천자라야 논의할 수 있고 천자가 아니면 감히 논의하지 못한다. 궁실과 수레와 옷과 도구에는 정해진 등급이 있는데, 오직 천자라야 이를 정할 수 있고 천자가 아니면 감히 정하지 못한다. 글을 쓰는 문자에는 점과 획과 형상이 있는데, 오직 천자라야 상고하여 바로잡을 수 있고 천자가 아니면 감히 상고하여 바로잡지 못한다. 이와 같이 정치는 하나같이 높은 데에서 총괄되어야 한다.

금천하 차동궤 서동문 행동륜
今天下 車同軌하며 書同文하며 行同倫이니라

| 언해 |

이제 天下ㅣ 車ㅣ 軌ㅣ 同ᄒᆞ며 書ㅣ 文ㅣ 同ᄒᆞ며 行이 倫이 同ᄒᆞ니라

| 직역 |

지금 천하에 수레는 궤폭(軌幅)이 같으며 글은 문자가 같으며 행동은 차서(次序)가 같다.

| 자해 |

今 : 자사가 스스로 당시를 말함. • 軌 : 수레바퀴 자국의 치수로 제도를 뜻함. • 倫 : 차서(次序)의 체통(體統).

| 의해 |

예를 논의하고 법과 제도를 제정하고 글자를 상고하여 바로잡는 것은 천자만이 할 수 있는 일이다. 지금 천하는 문왕·무왕이 만든 법도를 계승하여 그 법제와 전장(典章)을 좇아 지켜서 그 때와 다름이 없다. 수레로 말한다면 만든 자가 한 사람이 아니지만 양 바퀴의 폭이 한결 같고, 글씨로써 말한다면 글을 쓰는 자가 한 사람이 아니지만 글자의 점과 획과 형상이 모두 한결 같으며, 행실로써 말한다면 행하는 자가 한 사람이 아니지만 상하가 서로 접하는 차서의 등급과 절문(節文)이 모두 한결 같으니 대개 주(周)나라 천자가 정한 바이다.

雖有其位(수유기위)나 苟無其德(구무기덕)이면 不敢作禮樂焉(불감작례악언)이며 雖有其德(수유기덕)이나 苟無其位(구무기위)면 亦不敢作禮樂焉(역불감작례악언)이니라

| 언해 |

비록 그 位ㅣ 이시나 진실로 그 德이 업ᄉᆞ면 敢히 禮樂을 作디 몯ᄒᆞ며 비록 그 德이 이시나 진실로 그 位ㅣ 업ᄉᆞ면 ᄯᅩᄒᆞᆫ 敢히 禮樂을 作디 몯ᄒᆞᄂᆞ니라

| 직역 |

비록 그 지위는 있으나 진실로 그 덕이 없으면 감히 예와 악을 짓지 못하며, 비록 그 덕은 있으나 진실로 그 지위가 없으면 또한 감히 예와 악을 짓지 못한다.

| 의해 |

이것으로 선왕이 제정한 법도가 모두 같다는 것을 알 수 있으니, 아래에 있는 자가 어찌 감히 위를 어기겠는가? 그러므로 지위뿐만 아니라 덕이 없는 자도 감히 예악을 지을 수 없다. 비록 천자의 지위에 있더라도 진실로 성인의 덕이 없으면 어리석기 때문에 감히 스스로 예와 악을 짓지 못하고, 비록 성인의 덕이 있더라도 천자의 지위가 아니면 낮기 때문에 전횡하여 함부로 예와 악을 지을 수 없다.

<ruby>子曰<rt>자왈</rt></ruby> <ruby>吾說夏禮<rt>오설하례</rt></ruby>나 <ruby>杞不足徵也<rt>기부족징야</rt></ruby>이요 <ruby>吾學殷禮<rt>오학은례</rt></ruby>하니 <ruby>有宋<rt>유송</rt></ruby>이 <ruby>存焉<rt>존언</rt></ruby>이어니와 <ruby>吾學周禮<rt>오학주례</rt></ruby>하니 <ruby>今用之<rt>금용지</rt></ruby>라 <ruby>吾從周<rt>오종주</rt></ruby>하리라

| 언해 |

子ㅣ ᄀᆞᆯᄋᆞ샤ᄃᆡ 내 夏ㅅ禮ᄅᆞᆯ 說ᄒᆞ나 杞ㅣ 足히 徵티 몯ᄒᆞ고 내 殷ㅅ禮ᄅᆞᆯ 學호니 宋이 잇거니와 내 周ㅅ禮ᄅᆞᆯ 學호니 이제 ᄡᅳᄂᆞᆫ디라 내 周ᄅᆞᆯ 조초리라

| 직역 |

공자가 말씀하셨다. "내가 하나라의 예를 말하지만 기나라가 충분히 증명해 주지 못한다. 내가 은나라의 예를 배웠는데 송나라가 있으나, 내가 주나라의 예를 배웠는데 지금 이것을 쓰고 있으니, 나는 주나라 예를 좇으리라."

| 자해 |

杞 : 하(夏) 나라의 후예. • 徵 : 증명함. • 宋 : 은(殷)나라의 후예.

| 의해 |

비록 공자가 성인으로서의 덕은 갖추고 있으나 천자의 지위가 없기 때문에 감히 주나라의 예를 어기지 않았다. 또한 "내가 일찍이 하나라의 예를 말함에 천・백 가지에서부터 열・하나에 이르기까지 일일이 들어서 그 뜻을 말할 수는 있으나, 하나라의 뒤를 이은 기나라에 문헌이 남아있지 않으니 증명할 수가 없다. 내가 일찍이 은나라 예를 배우고 또한 상고하여 문헌을 구하여 복습하였는데, 은나라의 뒤를 이은 뒤에는 송나라가 겨우 있기는 하지만 이미 지나간 선대(先代)의 일이다. 오직 내가 배운 바 주나라 예만이 바로 우리 문왕・무왕이 지은 것으로 지금 천하의 신민이 좇아서 쓴다. 하나라처럼 예를 징험할 수 없는 것도 아니고, 또한 은나라 예처럼 이미 지나간 것도 아니니 나는 오직 주나라를 좇아서 신민으로서 분수를 지킬 따름이다"라고 말씀하셨다. 그러므로 아랫사람이 되어 배반하지 않는 의리를 부자의 말씀에서 더욱 잘 알 수 있다. 그러나 덕을 닦고 일에 대응하는 것에 이미 지극하고 맹렬하여 몸을 보존하는 군자가 아니라면 그 누가 할 수 있겠는가?

이상은 제28장(第二十八章)이다. 윗 글장의 '아랫사람 되어 배반한지 않는다'라고 함을 이어서 말한 것이니, 또한 인도이다.

| 요지 |

이 장은 윗장의 "아랫사람이 되어서는 배반하지 않는다."는 것을 이어서 말한 것이니, 아래 신분이 되면 감히 제멋대로 하지 않는다는 것을 강조한 것이다. 오직 문왕・무왕의 법제가 있으니 지위가 있으나 덕이 없고, 덕이 있으나 지위가 없는 자는 모두 함부로 예와 악을 짓지 못한다는 것이다. 그러므로 비록 부자와 같은 성인도 함부로 하지 않았는데 하물며 다른 사람이 어찌 함부로 할 수 있겠는가? 진실로 아래 지위에 있으면서 어긋나서는 안되는 것이다.

제 29 장

第二十九章

왕천하 유삼중언 기과과의호
王天下 有三重焉이니 其寡過矣乎인저

| 언해 |

天下ᄅᆞᆯ 王ᄒᆞᆷ이 세 重ᄒᆞᆫ 거시 이시니 그 허므리 져그린뎌

| 직역 |

천하를 다스리는 데에 세 가지 중요한 것이 있으니, 그 허물이 적을 것이다.

| 자해 |

三重 : 예를 논의함과 법도를 지음과 문자를 상고하는 것.

| 의해 |

자사가 말하였다. "'윗사람이 되어서 교만하지 않음'을 어디에서 볼 수 있는가? 성인이 천명을 받아서 천하를 다스릴 때에, 예를 논의하고 법도를 제정하고 문자를 상고하여 바로잡는 세 가지 지극히 중요한 일이 있다. 이 세 가지로써 천하의 보고 듣는 것을 새롭게 하고 천하의 마음과 뜻을 하나로 모으면, 나라마다 정치가 다르지 않고 집집마다 풍속이 다르지 않아서 수레바퀴의 치수와 폭이 같고 차서의 체통이 같고 문자가 한결 같아 도와 의를 좇

을 것이니, 천하 사람들 모두의 허물이 적어질 것이다."

上焉者(상언자)는 雖善(수선)이나 無徵(무징)이니 無徵(무징)이라 不信(불신)이요 不信(불신)이라 民弗從(민부종)이니라 下焉者(하언자)는 雖善(수선)이나 不尊(부존)이니 不尊(부존)이라 不信(불신)이요 不信(불신)이라 民弗從(민부종)이니라

| 언해 |

上인 者ᄂᆞᆫ 비록 善ᄒᆞ나 徵홈이 업스니 徵홈이 업슨디라 信티 아니ᄒᆞ고 信티 아니ᄒᆞᄂᆞᆫ디라 民이 좃디 아닌ᄂᆞ니라 下ㅣᆫ 者ᄂᆞᆫ 비록 善ᄒᆞ나 尊티 아니ᄒᆞ니 尊티 아닌디라 信티 아니ᄒᆞ고 信티 아니ᄒᆞᄂᆞᆫ디라 民이 좃디 아닌ᄂᆞ니라

| 직역 |

윗 시대의 것은 비록 훌륭하지만 증거가 없다. 증거가 없어 믿을 수가 없고, 믿을 수가 없으니 백성들이 따르지 않는다. 아랫사람은 비록 훌륭하지만 높은 지위가 없다. 높은 지위가 없으니 믿을 수 없고, 믿을 수 없으니 백성들이 따르지 않는다.

| 자해 |

上焉者 : 현재의 왕 이전 시대를 말하니, 하나라와 은나라의 예와 같은 것. • 下焉者 : 성인이 아랫자리에 있음을 말하니, 공자가 예를 잘 알지만 높은 지위에 있지 않았던 사실과 같은 것.

| 의해 |

이른바 '천하를 다스리는 자'는 덕이 있고 지위가 있고 시대를 만

난 자이다. 현재의 왕 이전 시대인 하나라·상나라의 예제가 비록 훌륭하지만 시대가 멀고 사람이 없어서 증명하여 상고할 수가 없다. 증명하지 못하면 사람들에게 믿음을 얻지 못하고 믿지 못하면 백성들이 이상하게 여겨 따르지 않을 것이다. 또 성인이라도 아래의 지위에 있으면 이는 아랫사람이니 비록 예제를 잘 알아서 새로 지을 수 있지만, 몸이 물러나 있고 도가 막히며 그 지위가 없으므로 높지 않다. 높지 않으면 백성에게 믿음을 얻지 못하고 믿지 못하면 백성이 구경만하고 따르지 않을 것이니 백성들의 허물을 적게 하고자 한들 무슨 소용이 있겠는가?

故로 君子之道는 本諸身하여 徵諸庶民하며 考諸三王而不謬하며 建諸天地而不悖하며 質諸鬼神而無疑하며 百世以俟聖人而不惑이니라

| 언해 |

故로 君子의 道ᄂᆞᆫ 身에 本ᄒᆞ야 庶民에 徵ᄒᆞ며 三王에 考ᄒᆞ야도 謬티 아니ᄒᆞ며 天地에 建ᄒᆞ야도 悖티 아니ᄒᆞ며 鬼神에 質ᄒᆞ야도 疑ㅣ 업ᄉᆞ며 百世예 ᄡᅥ 聖人을 俟ᄒᆞ야도 惑디 아니ᄒᆞᄂᆞ니라

| 직역 |

그러므로 군자의 도는 자기 몸에 근본을 두어 모든 백성에게 징험하며, 삼왕에게 상고하여도 그릇되지 않으며, 천지에 세워도 어긋나지 않으며, 귀신에게 질정하여도 의심이 없으며 백세에 성인을 기다려도 의혹되지 않는다.

| 의해 |

예제 제작의 권한을 잡은 자는 반드시 덕이 있고 지위가 있으며 시대에 맞아야 백성들이 믿고 따라서 모두 훌륭하다고 할 것이다. 그러므로 천하를 다스리는 군자에게 세 가지 중요한 도가 있으니 덕성을 높이 함양하고, 학문을 닦아 예악의 실정을 밝히며, 사물의 법칙을 따라 하나하나 자기 몸에 근본을 두어야 한다. 또 하늘의 명을 받아 천자가 되어 개혁할 때를 만나 예제를 제작할 위치에 거하여 천하의 모든 백성에게 징험하면, 백성들이 반드시 믿고 따라야 할 이치가 있어서 내가 제작한 예제가 훌륭함을 징험할 수 있을 것이다. 이에 지금 시대에 제작한 예를 삼왕(三王)에 상고해 보아도, 옛것을 따르거나 바꾸고 줄이거나 보탠 것이 예전에 행해진 것과 어긋나지 않는다. 내가 세운 것을 천지에 비추어 보아도 '마름질하고 이루고 돕고 도움[裁成輔相]'이 천지가 만물을 화육하는 도를 거슬리거나 어긋나지 않는다. 귀신은 형상이 없어서 알기가 어렵지만 내가 제작한 것은 가변적인 것이 아니기 때문에 귀신에게 질정하여도 그 '굽히고 펴며 변하고 화함[屈伸變化]'이 그윽한 것으로써 밝은 것을 징험할 수 있어서 의심이 없을 것이다. 훗날의 성인이 아직 이르지 않았으니 헤아리기 어렵지만, 내가 제작한 것은 이미 더할 것이 없기 때문에 백세(百世)의 성인을 기다려도 먼 것을 가까운데서 징험할 수 있어 의혹되지 않을 것이다. 대개 군자의 세 가지 중요한 도가 여기에 부합하지 않음이 없으니 그 효과와 작용이 크고 오래감이 이와 같다.

질저귀신이무의 지천야 백세이사성인이불혹
質諸鬼神而無疑는 知天也이요 百世以俟聖人而不惑은

지인야
知人也이니라

| 언해 |

鬼神에 質ᄒᆞ야도 疑ㅣ 업슴은 天을 알심오 百世예 ᄡᅧ 聖人을 俟ᄒᆞ야도 惑디 아니홈은 人을 알심이니라

| 직역 |

귀신에게 질정하여도 의심이 없음은 하늘을 아는 것이요, 백세에 성인을 기다려도 의혹되지 않음은 사람을 아는 것이다.

| 자해 |

知天·知人 : 그 이치를 아는 것.

| 의해 |

군자가 제작한 예제가 천도와 인도에 모두 부합하는 까닭은 하늘과 사람의 이치를 알기 때문이다. 귀신은 지극히 그윽하지만 질정하여 의심이 없는 것은 하늘의 이치를 알기 때문이다. 대개 귀신은 하늘의 작용이니 군자가 신(神)을 궁구하고 변화를 알아 하늘의 이치를 알기 때문에 제작한 것이 모두 하늘의 도에 부합하여 스스로 질정하여도 의심이 없으니, 귀신에 대하여 말한다면 천지를 알 수 있다. 뒤에 오는 성인은 지극히 멀지만 기다려서 의혹되지 않는 것은 사람의 이치를 알기 때문이다. 대개 성인은 사람의 지극한 덕을 갖추었으니 군자가 사물에 밝고 차서를 살펴서 사람 마음이 한결같이 그러한 이치를 온전하게 알기 때문에 제작한 것이 모두 사람의 도에 부합하여 스스로 기다려도 의혹되지 않으니 뒷 성인에 대하여 말한다면 삼왕(三王)을 알 수 있다. 군자가 덕성을 높이고 학문을 닦은 뒤에, 그 마음이 근본과 시작을 일관하여 하늘과 사람의 이치가 하나의 근원에 모이기 때문에 모르는 것이 없어서 제작한 것이 모두 훌륭하다.

是故로 君子는 動而世爲天下道니 行而世爲天下法하며 言而世爲天下則이라 遠之則有望이요 近之則不厭이니라

| 언해 |

이런 故로 君子는 動홈애 世로 天下엣 道ㅣ 되ᄂᆞ니 行홈애 世로 天下엣 法이 되며 言홈애 世로 天下엣 則이 되ᄂᆞᆫ디라 遠ᄒᆞ면 望홈이 잇고 近ᄒᆞ면 厭티 아닌ᄂᆞ니라

| 직역 |

그러므로 군자가 움직임에 대대로 천하의 도가 되는 것이니, 행함에 대대로 천하의 법도가 되며 말함에 대대로 천하에 준칙이 된다. 멀리 있으면 우러러보고 가까이 있으면 싫어하지 않는다.

| 자해 |

動 : 말과 행동을 겸하여 말한 것. • 道 : 법칙을 겸하여 말한 것. • 法 : 법도. • 則 : 준칙.

| 의해 |

군자가 하늘과 사람의 이치를 알아서 제작하는 것이 이와 같이 훌륭할 것 같으면 사람들이 어찌 믿고 좇아서 허물을 적게 하지 않겠는가? 그러므로 군자의 세 가지 중요한 도를 한 몸에 다 갖추어 행하여 천하에 베풀고 조처함이 한결같아 모두 하늘을 어기지 않고 바꾸지 못할 것이니, 다만 한 시대에만 통용되는 것이 아니라 대대로 천하가 한결같이 따라야 할 도리가 될 것이다. 세 가지 중요한 도를 내 몸에 모두 체득하여 나라를 다스리면 이것이

작동하여 시행되는 것마다 사람들이 모두 그 행동을 따라서 대대로 천하의 법과 규정이 되어 모든 사람이 이를 지킬 것이다. 세 가지 중요한 도로써 논의하고 명령을 하면 이것이 작동하여 말하는 것마다 사람들이 모두 그 말을 따라서 대대로 천하의 준칙이 되어 모든 사람들이 바르게 될 것이다. 이와 같이 한다면 뒤에 오는 세상의 모든 사람들이 믿고 좇아서 허물이 적을 것이다. 사해(四海)의 먼 지역에 사는 사람들은 그 언행이 넓게 펴짐을 기뻐하고 우러러 법칙을 사모하는 바람[望]이 있고, 기내(畿內)의 가까운 지역에 사는 사람들은 그 변함없는 언행에 익숙해지고 법칙을 편안하게 여겨 싫어하지 않을 것이니, 이와 같이 한다면 천하가 모두 믿고 좇아서 허물이 적을 것이다. 세 가지 중요한 도가 진실로 참되고 훌륭하다.

시 왈 재 피 무 악 재 차 무 역 서 기 숙 야 이 영 종
詩曰 在彼無惡하며 在此無射이라 庶幾夙夜하여 以永終

예 군 자 미 유 불 여 차 이 조 유 예 어 천 하 자
譽라하니 君子 未有不如此而蚤有譽於天下者니라

| 언해 |

詩예 ᄀᆞᆯ오ᄃᆞ ㅣ 뎌에 이셔 惡홈이 업스며 이에 이셔 射홈이 업ᄉᆞᆫ디라 거의 夙夜ᄒᆞ야 ᄡᅥ 譽ᄅᆞᆯ 기리 終타 ᄒᆞ니 君子ㅣ 이ᄀᆞᆮ디 아니ᄒᆞ고 일쓰이 譽ᄅᆞᆯ 天下에 둘 者ㅣ 잇디 아니ᄒᆞ니라

| 직역 |

『시경』에서 "저기에 있어도 미워하는 사람이 없고 여기에 있어도 싫어하는 사람이 없다. 거의 일찍부터 밤늦게까지 명예를 길이 마친다"라고 하였으니, 군자가 이와 같이 하지 않고서 일찍이 천

하에 명예를 둔 자가 있지 않다.

| 자해 |

詩 :『시경(詩經)』「주송(周頌)」「진로(振鷺)」편. • 射 : 싫어함, 음은 역. • 如此 : 차(此)자는 본저신(本諸身) 이하의 여섯 가지 일을 가리킴.

| 의해 |

군자가 허물을 적게 하는 것이 천하에 있으면 군자를 기리는 것 또한 천하에 있으니 모두 세 가지 중요한 참되고 훌륭한 도에 근본을 둔 것으로, 요행히 이룬 것이 아니니다. 『시경』「주송(周頌)」「진로(振鷺)」의 글에 삼왕(三王)의 후예를 아름답게 여겨 "본국(本國)에 있어도 미워하는 자가 없고 우리 주(周)나라에 있어도 싫어하는 자가 없는 것은 저기와 여기에 모두 마땅하기 때문이다. 새벽부터 밤늦까지 길이 그 아름다운 명예를 이룰 것이다"라고 하였다. '길이 명예를 이룬다'는 것은 반드시 사람들이 미워하지 않고 싫어하지 않기 때문에 가능한 것이다. 세 가지 중요한 도를 갖춘 군자가 몸에 근본하고 백성에게 징험하여 어그러지지 않고 의혹되지 않음이 이와 같지 않다면, 사람들이 대대로 본받아 따를 도와 법과 준칙을 만들고 또 그를 원하고 싫어하지 않아 일찍이 천하에 명예를 누리는 자가 없다. 그러므로 덕을 닦고 도에 순응하여 위에 거해서는 교만하지 않음이 어찌 우연한 것이겠는가? 이것이 인도이다.

이상은 제29장(第二十九章)이다. 윗 장의 "위에 거해서는 교만하지 않는다"라는 것을 이어서 말한 것이니, 인도이다.

| 요지 |

첫 번째 두 구절이 이 장 전체의 큰 뜻이다. '본신(本身)' 두 절은 군자가 짓는 것이 모두 훌륭한 점을 말하여 '세 가지 중요한 도

(三重)' 구절에 대응하고 '시고(是故)' 절은 군자가 짓는 것이 백성에게 마땅함을 말하여 '허물이 적다'는 구절에 대응하며, 마지막 절은 시를 인용하여 백성에게 허물이 적은 이유가 선한 자신의 몸에서 비롯됨을 말한 것이니, 위에 거한 자는 반드시 학문을 닦고[修] 천도와 인도에 순응[應]해야 한다.

제 30 장

第三十章

> 仲尼(중니)는 祖述堯舜(조술요순)하시고 憲章文武(헌장문무)하시며 上律天時(상률천시)하시고 下襲水土(하습수토)하시니라

| 언해 |

仲尼ᄂᆞᆫ 堯舜을 祖述ᄒᆞ시고 文武ᄅᆞᆯ 憲章ᄒᆞ시며 우ᄒᆞ로ᄂᆞᆫ 天時ᄅᆞᆯ 律ᄒᆞ시고 아래로ᄂᆞᆫ 水土ᄅᆞᆯ 襲ᄒᆞ시니라

| 직역 |

중니는 요순을 조종(祖宗)으로 이어받으시고, 문왕 · 무왕을 법으로 지키셨으며, 위로는 천시를 법으로 본받으시고, 아래로는 땅의 이치를 따르셨다.

| 자해 |

祖述 : 멀리 그 도를 높임. • 憲章 : 가까이 그 법을 지킴. • 律天時 : 자연의 운행을 법으로 삼음. • 襲水土 : 물과 흙, 곧 땅의 일정한 이치를 인(因)함. 조술 · 헌장 · 율천시 · 습수토는 모두 안과 밖을 겸하고 근본과 끝을 갖추어서 말한 것.

| 의해 |

자사가 앞에서 요순·문무·주공이 중용의 도를 체득하심을 말하였고, 여기에서 공자가 요순·문무·주공을 법으로 삼아 중용의 도를 체득하심을 말하여 천도와 인도에 대한 말로서 마무리 하였다. "큰 도를 이루어 모은 자는 오직 우리 중니이시다. 요순은 인도에 극진하였는데 중니가 이를 받들고 높여서 전술(傳術)하시니 '박(博)'과 '약(約)'은 '정(精)'과 '일(一)'의 뜻에 부합하고 '시중(時中)'은 '집중(執中)'을 전수하는 데에 근본을 두는 것이니, 모두 멀리 그 심법을 높인 것이다. 문왕·무왕은 법제를 완비하였는데 중니가 받들어 법으로 삼아 표장(表章)하셨다. 정치는 방책을 들어 말하시고 예악은 반드시 선진을 따랐으니 모두 가까이 그 계책과 위엄을 지키신 것이다. 하늘에는 사시의 자연스런 운행이 있으니 중니는 위로 하늘을 법으로 삼아 '나아가고 멈춤[行止]'과 '오래하고 빠르게 함[久速]'을 사시에 따라 맞게 하고, 사방(四方)의 물과 흙에는 일정한 이치가 있으니 중니는 아래로 이 이치를 따라 '쓰고 버림[用舍]'과 '행하고 물러남[行藏]'을 편안하게 하셨다. 제왕의 정밀함에 부합되고 천지의 법을 체득하시니 중니의 도는 성대하다."

비 여 천 지 지 무 불 지 재 　 무 부 도 주 　 비 여 사 시 지 착
辟如天地之無不持載하며 無不覆幬하며 辟如四時之錯
행 　 여 일 월 지 대 명
行하며 如日月之代明이니라

| 언해 |

辟컨댄 天地의 持載티 아니홈이 업스며 覆幬티 아니홈이 업슴 ᄀᆞᆮᄐᆞ며 辟컨댄 四時의 錯ᄒᆞ야 行홈 ᄀᆞᆮᄐᆞ며 日月의 代ᄒᆞ야 明홈 ᄀᆞᆮ

ㅌ니라

| 직역 |

비유하면 하늘과 땅이 갖고 실어주지 않음이 없고 덮어주고 감싸 주지 않음이 없는 것과 같으며, 비유하면 사시가 갈마들어 운행함과 같으며 해와 달이 번갈아 밝음과 같다.

| 자해 |

辟 : 비유할 비(譬) 자와 같음. • 착(錯) : 번갈아 갈마듬[迭]과 같으니 이것은 성인의 덕을 말한 것.

| 의해 |

중니가 요순을 조술하고 문무를 헌장하며, 위로 하늘을 법 삼고 아래로 땅을 인하여 고금과 상하의 도를 겸하여 몸에 갖추어서 빠지는 것이 없으니, 비유하면 천지가 한 물건도 가지고 싣지 않음이 없으며 한 물건도 덮어주지 않음이 없는 것과 같다. 고금과 상하의 도를 갖추어서 번갈아 운용하여 다함이 없으니, 비유하면 천지 가운데 사시가 갈마들어 순환함과 같으며 해와 달이 서로 번갈아 밝은 것과 같다. 중니의 위대함이 이와 같으니 중니가 하나의 천지이다.

만물 병육이불상해 도병행이불상패 소덕 천
萬物이 竝育而不相害하며 道竝行而不相悖라 小德은 川
류 대덕 돈화 차천지지소이위대야
流이요 大德은 敦化니 此天地之所以爲大也니라

| 언해 |

萬物이 ᄀᆞᆯ와 育ᄒᆞ야 서르 害티 아니ᄒᆞ며 道ㅣ ᄀᆞᆯ와 行ᄒᆞ야 서르 悖티 아니ᄒᆞᄂᆞᆫ디라 小德은 川의 流홈이오 大德은 化를 敦ᄒᆞ니 이 天地의 ᄡᅧ 큰 배니라

| 직역 |

만물이 아울러 길러져서 서로 해치지 않으며, 도가 아울러 행해져 서로 어긋나지 않는다. 작은 덕은 냇물의 흐름이요 큰 덕은 조화(造化)를 도탑게 하니, 이것이 하늘과 땅의 위대함이다.

| 자해 |

悖 : 배(背) 자와 같으니 어긋남.

| 의해 |

시험 삼아 자연을 보면 더욱 중니의 뜻을 잘 알 수 있다. 하늘은 모든 것을 덮고 땅은 모든 것을 싣고 있으니, 만물이 함께 더불어 그 사이에 길러져서 성(性)과 명(命)이 각각 바르게 되어 서로 침해하지 않는다. 한 번 추우면 한 번 덥고, 한 번 낮이 되고 한 번 밤이 되어 만물이 함께 그 사이에 운행하여 번갈아 차례를 따르는 것이 서로 어긋나지 않는다. 침해하지 않고 어긋나지 않는 것은, 천지에 흩어져 나누어진 작은 덕이 내[川]가 흘러갈 때에 만 가지 물결이 분명하여 쉬지 않는 것과 같다. 함께 더불어 길러지고 운행하는 것은, 천지가 합하여 만물을 조화하는 돈후성대(敦厚盛大)한 큰 덕이 때때로 나타나서 끝이 없는 것이다. 작은 덕은 나누어지고 큰 덕은 합하여 지니, 이것이 천지의 도가 지극히 커서 미치지 못할 바이다. 진실로 이것이 중니의 도가 지극히 위대해서 미치지 못할 바가 아니겠는가.

이상은 제30장(第三十章)이다. 천도를 말한 것이다.

| 요지 |

이 장은 중용의 도를 중니가 충분히 실현했던 사실을 보여준 것이다. 첫 번째 절에서 이미 중니의 위대함을 모두 말했기 때문에 다음 절에서는 그 위대함을 비유하고 마지막 절에서는 천지가 위대한 까닭을 말하였으니, 중니가 천지와 더불어 그 위대함을 함께하고 있는 것이 자연스럽게 드러난다. 위의 두어 장에서 천도와 인도의 일을 자세하고 또 충분하게 말했는데 이 장에서 다시 중니 한 몸의 일로써 글을 마쳤으니, 여러 성인의 도가 공부자의 몸에 모두 갖추어졌음을 말한 것이다.

제 31 장

第三十一章

유천하지성 위능총명예지 족이유림야 관유
唯天下至聖이어야 爲能聰明睿知 足以有臨也니 寬裕
온유 족이유용야 발강강의 족이유집야 재장중
溫柔 足以有容也며 發强剛毅 足以有執也며 齊莊中
정 족이유경야 문리밀찰 족이유별야
正이 足以有敬也며 文理密察이 足以有別也니라

| 언해 |

오직 天下읫 지극ᄒᆞᆫ 聖이아 能히 聰이며 明이며 睿ㅣ며 知ㅣ 足히 ᄡᅧ 臨홈이 인ᄂᆞ니 寬이며 裕ㅣ며 溫이며 柔ㅣ 足히 ᄡᅧ 容홈이 이시며 發이며 强이며 剛이며 毅ㅣ 足히 ᄡᅧ 執홈이 이시며 齊ㅣ며 莊이며 中이며 正이 足히 ᄡᅧ 敬홈이 이시며 文이며 理ㅣ며 密이며 察이 足히 ᄡᅧ 別홈이 인ᄂᆞ니라

| 직역 |

오직 천하의 지극한 성인이어야 총명예지가 아래로 임할 수가 있으니, 너그럽고 넉넉하고 따스하고 부드러움은 족히 포용할 수가 있으며, 분발하고 강하며 굳세고 꿋꿋함은 족히 잡을 수가 있으며, 재계하며 장중하며 중용을 지키고 올바름은 족히 공경할 수 있으며, 문장과 조리와 자세함과 살핌은 족히 분별할 수 있는 것이다.

| 자해 |

臨 : 위에 있으면서 아래에 이르러 임함을 말함. • 文 : 문장. • 理 : 조리. • 密 : 자세함. • 察 : 밝게 분별함.

| 의해 |

위에서 '작은 덕이 냇물같이 흐른다'고 한 것을 이어서 말하였다. "덕을 갖추지 못한 자는 모두 성(誠)함이 지극하지 못한 것이다. 오직 천하의 지극히 성한 자만이 천성이 순수하고 온전하고 세밀하며, 태어날 때부터 아는 자질이라야 귀가 밝아 듣지 못하는 것이 없고 눈이 밝아 보지 못하는 것이 없고 포용하여 통하지 못하는 것이 없고 지혜로워 모르는 것이 없다. 만물 중에 으뜸으로 나와서 다른 사람보다 크게 뛰어나기 때문에 족히 위에 있으면서도 아래에 임할 것이니 바탕이 온전하여 덕이 갖추어지지 않음이 없다. 그 인의 덕을 말하면 너그럽고 넓어서 좁고 막힘이 없고, 넉넉하고 너그러워 급박하지 않으며, 온유하고 공손하고 두터워서 혹독하고 각박하지 않고, 부드럽고 순응하여 어그러지고 벗어나지 않는다. 이것이 바로 사해를 안아 보존하는 도량이니 족히 사물을 길러서 용납할 수 있을 것이다. 그 의(義)의 덕을 말하면 분발하여 닫히고 풀리지 않고, 강하고 용맹하여 버리고 쓰러지지 않으며, 굳고 강직하여 굽히지 않고, 과단하고 굳세어서 쉬지 않으니 족히 일을 제어하여 과감하게 집행할 수 있을 것이다. 그 예의 덕을 말하면 재계하여 순일하고 잡박하지 않고, 씩씩하여 장중하고 엄정하여 태만하고 소홀하지 않으며, 지나치고 모자람이 없으며 편벽되지 않고 기울어지지 않고 바르다. 이것이 바로 '불현(不顯)・독공(篤恭)'의 신(神)이니, 신을 족히 법도에 맞게 공경함이 있을 것이다. 그 지의 덕을 말하면 문장이 찬연하게 빛나고, 조리에 본래 차서가 있어서 매사에 자세하고 세밀하여 거칠고 경망스러움이 없으며, 살피고 살펴서 혼잡하지 않으니 족히 기미를 분석하여 분별할 수 있을 것이다. 이것이 천하의 지극히

성한 자가 된 까닭이다."

부 박 연 천 이 시 출 야
溥博淵泉하여 而時出也니라

| 언해 |

溥ᄒᆞ고 博ᄒᆞ며 淵ᄒᆞ고 泉ᄒᆞ야 時로 出ᄒᆞᄂᆞ니라

| 직역 |

두루하고 넓으며 고요하고 깊어서 때때로 발현한다.

| 자해 |

溥博 : 두루하고 넓은 것. • 淵泉 : 고요하고 깊어서 근본이 있음. • 出 : 발현(發見)함.

| 의해 |

성인이 윗글에서 말한 다섯 가지 덕을 갖추어, 속에서 충만하고 밖으로 두루 갖추어 광활하게 포용한다. 두루 하고 넓어서 두텁게 축적되고, 고요하고 깊게 감추어서 근원과 근본이 무궁하다. 본체를 모두 갖추었기 때문에 두루 작용하여 다섯 가지 덕이 때에 따라 나와서 바깥으로 나타나 보이니 매우 풍요롭다.

부박 여천 연천 여연 현이민막불경 언
溥博은 如天하고 淵泉은 如淵이라 見而民莫不敬하며 言
이민막불신 행이민막불열
而民莫不信하며 行而民莫不說이니라

| 언해 |

溥博은 天ᄀᆞᆮ고 淵泉은 淵ᄀᆞᆮᄐᆞᆫ디라 見홈애 民이 공경티 아니리 업스며 言홈애 民이 ㄱ믿디 아니리 업스며 行홈애 民이 깃거 아니리 업스니라

| 직역 |

두루 하고 넓은 것은 하늘과 같고, 고요하고 깊은 것은 못과 같다. 나타남에 백성들이 공경하지 않음이 없고, 말씀함에 백성들이 믿지 않음이 없으며, 행함에 백성들이 기뻐하지 않음이 없다.

| 자해 |

見 : 나타날 현(現)자와 같음. • 說 : 기쁠 열(悅)자와 같음.

| 의해 |

지극한 성(誠)이 '두루 하며 넓고, 고요하고 깊어서 때로 나타남'은 범상한 일이 아니다. 그 '두루하며 넓음'은 하늘과 같으니, 하늘의 크기는 바깥이 없는데 성인의 덕도 또한 바깥이 없다. 그 '고요하고 깊음'은 연못과 같으니, 못의 깊이를 측량할 수 없는데 성인의 덕도 또한 측량할 수가 없다. 성인의 도량이 넓고 감싸는 것이 지극히 성대하기 때문에 이 성대한 덕이 때때로 나타나면 덕으로 감싸 안는 행동이 되어, 백성들이 보면 마음에 들어맞아 공경하지 않는 이가 없고, 때때로 말하면 덕의 목소리와 질서가 되어 말이 백성들의 마음에 들어맞아 높이고 믿지 않는 이가 없으

며, 때때로 행하면 덕행의 베풂이 되어서 행함이 백성들의 마음에 들어맞아 백성들 가운데 마음으로 기뻐 따르지 않을 이가 없을 것이다. 성인의 성대한 덕이 나타나서 보이는 것이 이와 같다.

是以로 聲名이 洋溢乎中國하여 施及蠻貊하여 舟車所至와 人力所通과 天之所覆와 地之所載와 日月所照와 霜露所隊에 凡有血氣者 莫不尊親하니 故로 曰配天이니라

| 언해 |

일로ᄡᅥ 聲名이 中國에 洋溢ᄒᆞ야 蠻貊에 施ᄒᆞ야 及ᄒᆞ야 舟車의 니ᄅᆞᄂᆞᆫ 바와 人力의 通ᄒᆞᄂᆞᆫ 바와 天의 覆ᄒᆞᆫ 바와 地의 載ᄒᆞᆫ 바와 日月의 照ᄒᆞᄂᆞᆫ 바와 霜露의 隊ᄒᆞᄂᆞᆫ 바애 믈읫 血氣인ᄂᆞᆫ 者ㅣ 尊ᄒᆞ며 親티 아니리 업ᄂᆞ니 故로 ᄀᆞᆯ오ᄃᆡ 天을 配홈이니라

| 직역 |

이런 까닭으로 성인의 명성이 중국에서 넘쳐나 오랑캐에까지 뻗어가서, 배와 수레가 이르는 곳과 사람의 힘이 통하는 곳과 하늘이 덮고 있는 곳과 땅이 싣고 있는 곳과 해와 달이 비추는 곳과 서리와 이슬이 내리는 곳에, 혈기를 지닌 모든 것들이 높이고 친애하지 않음이 없다. 그러므로 '하늘을 짝한다'고 말한 것이다.

| 자해 |

施 : 뻗어감. • 隊 : 떨어질 추(墜)자와 같음. • 配天 : 그 덕이 미치는 바가 넓고 큼이 하늘과 같음을 말함.

| 의해 |

채우고 쌓인 것이 이미 충만하면, 드러나 보이는 것이 합당하여 성인의 덕에 실상이 있게 된다. 그러므로 융성한 덕의 명성이 안으로 중국에서 넘쳐나 밖으로 오랑캐 땅에까지 뻗어 미쳐서, 배와 수레가 이르는 곳과 사람의 힘이 통하는 곳과 하늘이 덮고 있는 곳과 땅이 싣고 있는 것과 해와 달이 비추는 곳과 서리와 이슬이 떨어지는 곳에 모두 다다르니, 중국과 오랑캐의 땅에까지 영향을 준 것이다. 그 사이에 혈기가 있어 사람의 류가 된 자들은 모두 성인의 덕을 우러러 높여서 임금을 삼고, 부모와 같이 친애하지 않는 이가 없을 것이다. 대개 공경하고 믿고 기뻐함이 여기에 이르니 덕이 미치는 바가 하늘처럼 넓고 큰 것이다. 그러므로 하늘을 짝한다고 말하니 이것은 지극한 성(誠)이 천도가 된 것이다.

이상은 제31장(第三十一章)이다. 윗 장을 이어서 '작은 덕이 냇물의 흐름과 같음'을 말한 것이니, 하늘의 도이다.

| 요지 |

이 장은 계속하여 성인의 덕을 설명한 것으로 첫 번째 절이 중점이다. 첫 번째 절에서 성인의 덕을 자세하게 논하고 그 아래 절에서 그 성대함을 극진히 묘사하여 깊이 찬미한 것이다. 대개 '두루 넓음[溥博]'과 '고요하고 깊음[淵泉]'과 '때로 나타남[時出]'은 다섯 가지 덕을 이어 설명한 것이고, '하늘 같음[如天]'과 '못 같음[如淵]'은 '두루 넓음'과 '고요하고 깊음'을 이어 설명한 것이고, '공경[敬]'과 '믿음[信]'과 '기쁨[說]'은 '때로 나타남[時出]'을 이어 설명한 것이며, '명성[聲名]'과 '높여 친애함[尊親]'은 또 '공경'과 '믿음'과 '기쁨'을 이어 설명한 것이니, 모두 성인의 덕이 바깥에 나타남을 말한 것이며, 바깥에 나타나 다른 사람에게 미치는 것이 마치 하늘과 같음을 찬미한 것이다.

제 32 장

第三十二章

유천하지성　　　위능경륜천하지대경　　　입천하지
唯天下至誠이어야 爲能經綸天下之大經하며 立天下之

대본　　　지천지지화육　　　부언유소의
大本하며 知天地之化育이니 夫焉有所倚리오

| 언해 |

오직 天下의 지극ᄒᆞᆫ 誠이아 能히 天下읫 큰 經을 經ᄒᆞ며 綸ᄒᆞ며 天下읫 큰 本을 立ᄒᆞ며 天地의 化育을 아ᄂᆞ니 엇디 倚ᄒᆞᆫ 배이시리오

| 직역 |

오직 천하의 지극한 성(誠)이어야 천하의 큰 법을 경륜하며, 천하의 큰 근본을 세우며 하늘과 땅의 화육을 알 수 있으니, 어찌 의지하는 바가 있겠는가?

| 자해 |

經綸 : 모두 실[絲]을 다스리는 일이니, 경은 실의 머리를 나누는 것이고, 륜은 그 갈래를 맞게 합하는 것. • 經 : 떳떳함. 대경(大經)은 오륜임. • 大本 : 하늘로부터 품부 받은 모든 본성.

| 의해 |

자사가 윗 장의 '큰 덕은 조화를 도탑게 한다'는 것을 이어서, 이치가 인륜으로 흩어지고 본성과 천명에 근원하여 모두 하나의 성(誠)에 갖추어짐을 말한 것이다. 오직 성인의 마음만이 지극히 진실하여 거짓이 없으니, 이것이 천하의 지극한 성이다. 오륜에 능하여 천하의 큰 법을 경륜하며, 나누어진 규범을 분별하여 서로 어지럽지 않게 하고 같은 류(類)를 합해서 서로 어그러지지 않게 하여 마땅히 실천해야 할 도리를 다하니 천하 후세의 표준이 될 수 있다. 품부 받은 모든 본성을 잘 다스리고 천하의 큰 근본을 세워서 하나의 이치가 혼연하여 치우침이 없어서 모든 변화가 여기에서부터 나오고, 하나의 근원이 갈마들어 운행하는 원리를 잘 알아 천지의 화육에 대하여 밝게 인식하니, 대개 음양과 오행이 모두 이러한 실상의 이치이다. 지극한 성의 인의예지가 천지의 원형이정과 더불어 근본적으로 서로 합하여 사이가 없으니, 어찌 융회하고 관통하지 않겠는가? 이것은 모두 그 효과와 작용이 스스로 그럴 뿐 일부러 생각하거나 억지로 힘써서 그런 것이 아니니, 어찌 바깥의 사물에 의지해서 그렇게 하겠는가?

肫肫其仁(준준기인)이며 淵淵其淵(연연기연)이며 浩浩其天(호호기천)이니라

| 언해 |

肫肫ᄒᆞᆫ 그 仁이며 淵淵ᄒᆞᆫ 그 淵이며 浩浩ᄒᆞᆫ 그 天이니라

| 직역 |

간절하고 지극한 그 인이며, 고요하고 깊은 그 못이며, 넓고 넓은

그 하늘이다.

| 자해 |

肫肫 : 간절하고 지극한 모양이니 경륜으로써 말함. • 淵淵 : 고요하고 깊은 모양이니 근본을 세움으로써 말함. • 浩浩 : 넓고 큰 모양이니 화육을 앎으로써 말한 것이다. 그 못이고 그 하늘이면 단지 그와 같을 뿐만이 아님.

| 의해 |

이것은 지극한 성의 효과와 작용으로써 지극히 성한 마음의 본체를 말한 것이다. 경륜함에 의착한 곳이 없는 것은 사랑이 젖어들고 은혜가 두루 흘러서 간절하고 지극하며 도탑고 지극한 것이니 성인의 마음이 인한 것이다. 그 근본을 세움에 의착한 곳이 없는 것은 사사로운 욕심이 끼어들지 않아서 일만 가지 이치가 잠기고 젖어 고요하고 깊음을 측량할 수 없으니 성인의 마음이 바로 깊은 연못과 같다. 천지가 화육함에 의착한 곳이 없음을 아는 것은 마음이 조화를 꿰뚫어 통하고 다시 한 곳에 국한되지 않아 광대하여 측량할 수 없으니 성인의 마음이 바로 하늘과 같다. 지극한 성의 덕이 이와 같이 성대한 것이다.

구불고총명성지달천덕자 기숙능지지
苟不固聰明聖知達天德者면 其孰能知之리요

| 언해 |

진실로 진짓 聰ᄒᆞ며 明ᄒᆞ며 聖ᄒᆞ며 知ᄒᆞ야 天德을 達ᄒᆞᆫ 者ㅣ 아니면 그 뉘 能히 알리오

| 직역 |

진실로 총명하며 성스럽고 지혜로워 하늘의 덕을 통달한 자가 아

니면 그 누가 이것을 알 수 있겠는가?

| 자해 |

固 : 실상과 같음.

| 의해 |

지극한 성의 도가 이와 같으니, 이것을 알 수 있는 사람 또한 오직 성인일 것이다. 진실로 총명하고 성스럽고 지혜로운 자품이 있어서 인의예지의 천덕을 통달한 자가 아니면 마음이 지극한 성의 마음이 아니고, 밝음도 지극한 성의 밝음이 아닐 것이니, '경륜(經綸)'과 '입본(立本)'과 '지화육(知化育)'을 또한 누가 할 수 있겠는가? 성인이 천도를 극진하게 이룸이 이와 같으니 더할 것이 없다.

이상은 제32장(第三十二章)이다. 윗 장을 이어서 '큰 덕이 천지의 화육을 도탑게 함'을 말한 것이니, 하늘의 도이다. 앞 장에서는 지극한 성의 덕을 말하고, 이 장에서는 지극한 성의 도를 말하였지만 지극한 성의 도는 지극히 성한 자가 아니면 알 수 없는 것이고, 지극한 성의 덕은 지극히 성한 자가 아니면 이룰 수 없는 것이니, 두 가지로 다른 것이 아니다. 이 편(篇)에서 성인과 천도의 극치(極致)를 남김없이 말하였다.

| 요지 |

이 장은 첫 번째 절에서 지극한 성의 효과와 작용이 스스로 그러함을 말하였고, 다음 절에서는 그 성대함을 거듭 밝혔으니, 성인의 마음을 그대로 묘사한 것뿐이지만 윗 절에 비교하면 한 층 더 깊이가 있다. 마지막 절에서 지극히 성한 자가 아니면 알 수 없다고 한 것은 융성한 덕의 신묘함을 찬미한 것이다. 윗 장에서 지극한 성을 작은 덕과 결부하여 말한 것은 지극한 성을 행하는 것으

로서 본체로부터 작용에 이르는 것이고, 이 장에서 지극한 성을 큰 덕에 결부하여 말한 것은 지극한 성의 마음을 말한 것으로서 작용으로부터 본체로 들어가는 것이다.

제 33 장

第三十三章

詩曰 衣錦尙絅이라하니 惡其文之著也라 故로 君子之道는 闇然而日章하고 小人之道는 的然而日亡하나니 君子之道는 淡而不厭하며 簡而文하며 溫而理니 知遠之近하며 知風之自하며 知微之顯이면 可與入德矣리라

| 언해 |

詩예 ᄀᆞᆯ오ᄃᆡ 錦을 衣ᄒᆞ고 絅을 尙ᄒᆞ다 ᄒᆞ니 그 文의 著홈을 惡홈이라 故로 君子의 道ᄂᆞᆫ 闇然호ᄃᆡ 날로 章ᄒᆞ고 小人의 道ᄂᆞᆫ 的然호ᄃᆡ 날로 亡ᄒᆞᄂᆞ니 君子의 道ᄂᆞᆫ 淡호ᄃᆡ 厭티 아니ᄒᆞ며 簡호ᄃᆡ 文ᄒᆞ며 溫호ᄃᆡ 理ᄒᆞ니 遠의 近으로 홈을 알며 風의 自홈을 알며 微의 顯홈을 알면 可히 더브러 德애 入ᄒᆞ리라

| 직역 |

『시경』에서 "비단옷을 입고 홑옷을 덧입는다"라고 하였으니, 그 문채가 드러남을 싫어한 것이다. 그러므로 군자의 도는 어둡지만 날로 빛나고 소인의 도는 밝지만 날로 사그라진다. 군자의 도는 담박하나 싫지 않으며 간략하나 문채가 나며 온화하나 조리가 있으니, 먼 것이 가까운 데에서 시작함을 알며 바람이 비롯되는 곳

을 알며 은미한 것이 드러남을 안다면 더불어 덕에 들어갈 수 있을 것이다.

| 자해 |

詩 : 『시경(詩經)』「위풍(衛風)」「석인(碩人)」의 편과 「정풍(鄭風)」「봉(丰)」의 편에 모두 '의금상경(衣錦尙絅)'이라고 하였음. • 絅 : 홑옷 경(褧)과 같음. • 尙 : 더함.

| 의해 |

자사는 지극한 성과 그 효과· 작용이 지극함을 극진히 말하고, 배우는 자가 높고 멀리 있는 것에 힘써서 하학(下學)에 힘쓸 것을 잊을까 염려하였다. 그러므로 이 장에서 다시 하학에 힘썼던 초심을 미루어서 그 극진한 경지에 도달함을 말한 것이다. 국풍(國風)의 시(詩)에 "비단 옷을 입고 홑옷을 덧입는다"라고 하였으니, 시의 뜻은 비단의 아름다운 광채가 밖으로 드러남을 꺼려 안으로 거두어들이고자 한 것이다. 옛 사람들이 마음을 세운 것이 이와 같았으니, 옛사람이 마음 세운 것을 보면 군자가 자기를 위하는[爲己] 마음을 미루어 알 수 있다. 그러므로 군자의 도는 오로지 자기를 위하는 데에 힘쓰고 다른 사람이 알아주기를 구하지 않으니, 외면은 어두워 밝지 않지만 마음 한가운데에는 아름다움이 쌓여서 자연히 날로 빛나고 밝아 밖으로 드러남을 가리지 못할 것이다. 소인의 도는 오로지 다른 사람이 알아주기만을 힘써서 밝게 겉으로 드러나 보이지만 마음 한가운데는 실상이 없어서 날로 사라지고 없어질 것이니, 어찌 군자라고 말할 수 있겠는가? 이른바 '어둡지만 날로 빛난다'는 것은 무엇인가? 군자가 일상생활 가운데에 말하고 행동함에 외면은 비록 평범하고 담박하지만 그 가운데를 음미하면 도리어 싫지 않고, 외면은 비록 간소하고 순박하며 꾸밈없이 수수하지만 그 가운데는 도리어 아름다운 광채가 눈부시게 밝고, 그 사물에 응함에 외면은 비록 온화하고 원

만하여 인정이 두텁지만 그 가운데는 도리어 저절로 조리가 있으니, 이 모두가 비단옷을 입고 홑옷을 덧입어서 자기를 위하는 마음이다. 또한 기미를 아는 예지가 있다. 먼 곳의 기미(幾微)를 가까운데서 알 수 있으니, 멀리 집과 나라와 천하가 다스려지고 다스려지지 못하는 이유가 가까이 내 몸에서 얻고 잃어버림에 달려 있다. 바람이 비롯되는 곳을 알 수 있으니, 풍습을 교화하는 자는 얻고 잃어버림이 내 마음의 간사함과 바름에서 연유하는 것이다. 은미한 것이 나타남에 기미가 있음을 아는 것은 간사함과 바른 것이 마음속에 있어서 매우 은미하지만 선하고 악한 마음으로부터 밖으로 뚜렷하게 드러나는 보이기 때문이다. 진실로 이 세 가지를 알 수 있으면 자기를 위하는 근본을 맑게 하고, 자기를 위하는 마음을 채울 것이니 더불어 덕에 들어갈 수 있을 것이다.

시운 잠수복의 역공지소 고 군자 내성불
詩云 潛雖伏矣나 亦孔之昭라하니 故로 君子는 內省不
구 무오어지 군자지소불가급자 기유인지소
疚하여 無惡於志니 君子之所不可及者는 其唯人之所
불견호
不見乎인져

| 언해 |

詩예 닐오ᄃᆡ 潛ᄒᆞᆫ 거시 비록 伏ᄒᆞ나 ᄯᅩᄒᆞᆫ 심히 昭타 ᄒᆞ니 故로 君子ᄂᆞᆫ 內로 省ᄒᆞ야 疚티 아니ᄒᆞ야 志애 惡홈이 업ᄂᆞ니 君子의 可히 믿디 몯홀 바ᄂᆞᆫ 그 오직 사ᄅᆞᆷ의 보디 몯ᄒᆞᄂᆞᆫ 바엔뎌

| 직역 |

『시경』에서 "잠긴 것이 비록 엎드려 있으나 또한 매우 밝다"라고 하였다. 그러므로 군자는 안으로 살펴보아 잘못이 없어 마음에

부끄러움이 없으니, 군자에게 미칠 수 없는 것은 오직 사람들이 보지 못하는 곳이다.

| 자해 |

詩 : 『시경(詩經)』「소아(小雅)」「정월(正月)」 편. • 疚 : 병(病). • 無惡於志 : 마음에 부끄러움이 없다는 말과 같으니 군자가 근독(謹篤)하는 일.

| 의해 |

덕에 들어가는 길은 『시경(詩經)』「소아(小雅)」「정월(正月)」의 시에 나와 있다. 마음에 한 생각이 일어나면 안에 잠겨서 감추어져 비록 물고기가 숨어 엎드린 듯하지만, 그 이치가 아주 밝고 분명하다. 그러므로 덕에 들어가는 군자는 한 생각이 일어나면 혼자 있을 때에 더욱 삼가야 한다. 그리고 마음 한가운데에서 선악을 살펴 마음에 이치만 있고 욕심이 없기를 기약하되 한 터럭도 잘못이 없어야 마음이 편안하여 부끄러움이 없을 것이다. 이것이 일반인들이 미칠 수 없는 군자의 경지이니, 모두 안을 살피는 것에서 비롯된다. 군자에게 미칠 수 없는 이유는 다른 사람들이 보지 않는 곳에서도 홀로를 삼갈 수 있는 것이니, 이것이 바로 성찰하여 자기를 위하는 공부이다.

詩云 相在爾室한대 尙不愧于屋漏라하니 故로 君子는 不動而敬하며 不言而信이니라

| 언해 |

詩예 닐오되 네 室에 在홈을 相혼되 거의 屋漏에 붓그럽디 아니

타 ᄒᆞ니 故로 君子ᄂᆞᆫ 動티 아니ᄒᆞ야셔 敬ᄒᆞ며 言티 아니ᄒᆞ야셔 信ᄒᆞᄂᆞ니라

| 직역 |

『시경』에서 "네가 방안에 있는 것을 살펴보니, 방 모퉁이에서도 부끄럽지 않다"라고 하였다. 그러므로 군자는 움직이지 않고서도 공경하며, 말하지 않아도 믿는 것이다.

| 자해 |

詩 : 『시경(詩經)』「대아(大雅)」「억(抑)」의 편. • 相 : 보다. • 屋漏 : 방의 서북 모퉁이 은밀한 곳. 윗글을 이어서 군자가 계근(戒謹) · 공구(恐懼)함을 말한 것.

| 의해 |

『시경(詩經)』「대아(大雅)」「억(抑)」의 시(詩)에도 나와 있으니 "네가 너의 집안에 홀로 있는 것을 살펴보니, 항상 삼가고 두려워하며 매우 위태로운 듯이 하여 은밀한 방 모퉁이 귀신에게도 부끄럽지 않다"라고 하였다. 그러므로 덕에 들어가는 군자는 계신공구를 잊을 때가 없어서 움직임 하나도 진실로 공경스럽지만 비록 움직이지 않아도 반드시 공경하는 마음이 있으며, 말 한마디라도 진실로 신실(信實)하지만 비록 말하지 않아도 반드시 신실한 마음이 있으니, 이는 존양(存養)하는 공부로써 자기를 위함이 더욱 세밀한 것이다.

> 詩曰 奏假無言하여 時靡有爭이라하니 是故로 君子는 不賞而民勸하며 不怒而民威於鈇鉞이니라

| 언해 |

詩예 ᄀᆞᆯ오ᄃᆡ 奏ᄒᆞ야 假홈애 言이 업서 時예 爭ᄒᆞ리 잇디 아니타 ᄒᆞ니 이런 故로 君子ᄂᆞᆫ 賞티 아니ᄒᆞ야셔 民이 勸ᄒᆞ며 怒티 아니ᄒᆞ야셔 民이 鈇鉞두곤 威ᄒᆞᄂᆞ니라

| 직역 |

『시경』에서 "나아가서 이르게 할 적에 말이 없어, 이에 다투는 이가 있지 않구나"라고 하였다. 그러므로 군자는 상을 주지 않아도 백성들이 힘쓰게 되며, 노하지 않아도 백성들이 작도와 도끼보다 두려워한다.

| 자해 |

詩 : 『시경(詩經)』「상송(商頌)」「열조(烈祖)」편. • 奏 : 나아감. • 假 : 이를 격(格)자와 같으니 신명(神明)을 감동시켜 이곳에 이르도록 한다는 뜻. • 威 : 두려워함. • 鈇 : 작도(斫刀). • 鉞 : 도끼[斧].

| 의해 |

군자의 존양성찰(存養省察)하는 공부가 정밀하니 그 효험은 어떠한가? 『시경(詩經)』「상송(商頌)」「열조(烈祖)」의 시에서 "제사를 주관하는 자가 나아가서 신명(神明)을 감동시켜 이르게 할 적에 정성스럽고 진실하여, 말이 없으나 종묘(宗廟)에 있는 사람들이 교화되어 다투어서 예를 잃어버리지 않는다"라고 하니, 여기서 군자의 덕이 있으면 교화가 이루어짐을 알 수 있을 것이다. 그러므로 군자는 자기를 위하는 공부가 덕을 이루는 지위에 이르러서 자

기의 덕이 백성들에게 미치면, 비록 상을 주어 권장하지 않아도 백성 가운데 그 덕을 입은 자는 자연히 크게 우러러서 착함에 힘쓰게 될 것이고, 비록 노하여 위엄을 보이지 않아도 백성 가운데 그 덕을 입은 자는 자연히 작도와 도끼보다 두려워하여 감히 악을 일삼지 않을 것이니, 대개 덕이 사람에게 미치는 효과가 이와 같다.

시왈 불현유덕 백벽기형지 시고 군자 독
詩曰 不顯惟德을 百辟其刑之라하니 是故로 君子는 篤
공이천하 평
恭而天下 平이니라

| 언해 |

詩예 ᄀᆞᆯ오ᄃᆡ 顯티 아니ᄒᆞᆫ 德을 百辟이 그 刑ᄒᆞ다 ᄒᆞ니 이런 故로 君子ᄂᆞᆫ 恭을 篤히 홈애 天下ㅣ 平ᄒᆞᄂᆞ니라

| 직역 |

『시경』에서 "나타나지 않은 덕을 여러 제후들이 본받는다"라고 하였다. 그러므로 군자가 공손함을 두텁게 함에 천하가 화평해진다.

| 자해 |

詩 : 『시경(詩經)』「주송(周頌)」「열문(烈文)」편. • 不顯 : 같은 말이 26장에 나왔으니, 여기서는 이를 인용해서 '그윽히 깊고[幽深] 아득히 멀다[玄遠]'라는 뜻으로 씀. • 百辟 : 제후(諸侯). • 篤 : 두텁다.

| 의해 |

『시경(詩經)』「주송(周頌)」「열문(烈文)」의 시에서 "천자가 유원

(幽遠)한 덕이 있으면 여러 제후들이 모두 본받는다"라고 하였으니, 여기에서 덕이 더욱 성대하면 교화도 더욱 넓어지는 것을 알 수 있다. 그러므로 군자는 '존양성찰'하는 공부를 극진히 해야 하니, 이러한 마음이 곧 혼연한 천리이기 때문에 하나하나의 생각이 공손하며, 또한 때때로 공손하게 행하여 도탑고 두터움이 혼연하게 깊어서 쉽게 측량하기 어렵다. 천하 사람들이 스스로 법에 순응하는 것을 알지 못하지만 뜻이 하나로 모아져 화평하게 다스려져서 일부로 권면하고 위엄을 내세울 일이 자연히 모두 없어질 것이다. 이것이 성신(聖神)의 공부와 교화가 극진하게 드러난 것이다.

詩云 予懷明德의 不大聲以色이라하여늘 子曰 聲色之於以化民에 末也라하시니라 詩云 德輶如毛라하니 毛猶有倫이어니와 上天之載 無聲無臭아 至矣니라

| 언해 |

詩예 닐오ᄃᆡ 내 明德의 聲과 다믓 色을 크게 아니홈을 懷ᄒᆞ노라 ᄒᆞ야ᄂᆞᆯ 子ㅣ ᄀᆞᆯᄋᆞ샤ᄃᆡ 聲과 色이 ᄡᅥ 民을 化홈애 末이라 ᄒᆞ시니라 詩예 닐오ᄃᆡ 德의 輶홈이 毛ᄀᆞᆮ다 ᄒᆞ니 毛ᄂᆞᆫ 오히려 倫이 잇거니와 上天의 載ㅣ 聲이 업ᄉᆞ며 臭ㅣ 업다 홈이아 지극ᄒᆞ니라

| 직역 |

『시경』에서 "나는 밝은 덕이 소리와 빛을 크게 하지 아니함을 생각한다"라고 하니, 공자께서 "소리와 빛은 백성을 교화시킴에 말단적인 것이다"라고 말씀하셨다. 『시경』에서 "덕은 가벼움이 터럭

과 같다"라고 하니, 터럭은 오히려 비교될 수 있거니와 "상천(上天)의 일은 소리도 없고 냄새도 없다"라고 말함이야말로 지극한 것이다.

| 자해 |

詩 : 『시경(詩經)』「대아(大雅)」「황의(皇矣)」편과 「대아(大雅)」「증민(蒸民)」편. • 載 : 일.

| 의해 |

군자가 겉으로 드러내지는 않지만, 공경을 도탑게 하여 천하가 저절로 화평해지니 그 덕이 얼마나 미묘한가? 『시경(詩經)』「대아(大雅)」「황의(皇矣)」의 시에서 "상제가 문왕에게 '나는 너의 밝은 덕이 그 음성과 얼굴빛을 크게 하지 아니함을 생각한다'라고 하셨다"라고 하니, 이 말은 '나타내지 않은 덕'을 형용한 같지만, 공자가 "정치를 하는 자는 백성을 교화하는 것이 근본이니, 큰 음성과 위엄 있는 얼굴빛 같은 것은 백성을 교화함에 있어 지엽적인 일이다"라고 하셨다. 시의 '크게 하지 아니한다'는 말에 의하면, 목소리와 얼굴빛이 없다고 해도 자취를 없애지는 못하니, 이것으로 그 미묘함을 모두 형용할 수 없다. 「증민(蒸民)」 시에서 "덕의 가벼움이 터럭과 같다"라고 하였으니, '드러나지 않은 덕'을 형용한 것 같지만, 터럭이 비록 미미하나 덕에 비교할 수는 없다. 덕은 오히려 비교할만한 것이 있으니, 비교할만한 것을 버리고 형상이 없는 것으로 나아가서는 안된다. 그러므로 비교될 수 있는 것을 가지고 덕의 미묘함을 모두 형용할 수 있겠는가? 문왕의 시에서 "상천(上天)의 일은 소리를 들을 수도 없고 냄새를 맡을 수도 없다"라고 하였으니, 소리와 냄새는 기운은 있고 형상은 없으니, 미묘한 것이지만 만일 없다고 말한다면 미묘한 것의 자취를 보지 못하고 그 까닭을 모르는 것이다. 이 시를 통해서 군자의 '나타나지 않은 덕'이 하늘과 부합됨을 알 수 있을 것이니 진실로 지극하

여 더할 수 없는 것이라고 할 만하다. 군자의 덕이 여기에 이르면 하늘과 같이하여 중용의 지극한 공효를 낳을 것이니, 마음을 세우고 몸을 위하는 공부가 아니면 또한 여기에 이를 수 없다.

이상은 제33장(第三十三章)이다. 자사가 앞 장에서 '성인의 도가 극진하다'라고 한 말을 이어서 돌이켜 근본을 밝혔으니, 다시 아래로 배우고 자기를 위하고 홀로 있을 때 삼가는 일로부터 공손함을 독실하게 함에 천하가 화평하다는 덕의 성대함을 말하고, 또 군자의 덕이 미묘함을 찬미하여 '소리도 없으며 냄새도 없음'을 말한 후에 끝마치니, 대개 한 편의 중점을 들어서 간략하게 말한 것이다. 반복해서 친절하게 사람들에게 보인 뜻이 지극히 깊고 간절하니 배우는 사람이 어찌 그 마음을 다하지 않을 수 있겠는가?

| 요지 |

이 장의 의미는 『중용』의 첫 번째 장과 서로 응하여 맺음말이 된다. 첫 번째 장에서는 천명으로부터 도를 체득하는 공부에 미치니 하늘로부터 사람에게 미루어 간 것이고, 이 장은 자기를 위함으로부터 상천(上天)의 일에 미치니 사람으로부터 하늘에 도달한 것이니, 덕에 들어가고 덕에 이르는 것이 서로 머리와 꼬리가 되어 상응한다. 시를 여덟 번 인용하였으니 '의금상경(衣錦尙絅)'으로부터 '불현유덕(不顯惟德)'까지 다섯 조목은 처음 배움과 덕을 이룸에 있어 성기고 빽빽하며 얕고 깊은 순서를 말한 것이다. 그리고 '불대성색(不大聲色)'으로부터 '무성무취(無聲無臭)'까지 세 조목은 모두 '나타나지 않은 덕'을 찬미한 것이다. 세분해보면 첫 번째 절에서는 덕에 들어감이 자기를 위하고 기미를 아는 것에서 비롯됨을 말하고 공부에는 미치지 않았으며, 둘째 절에서는 시를 인용하여 홀로 있을 때 삼가는 일을 말하니 자기를 위하는 공효를 보인 것이고, 셋째 절에서는 시를 인용하여 존양하는 일을 말

하여 공효가 더욱 세밀함을 말하였고, 넷째 절에서는 시를 인용하여 백성을 교화하는 일을 말하니 자기를 위하는 효험을 보인 것이고, 다섯째 절에서는 시를 인용하여 교화를 이룬 일을 말하여 효험이 더욱 먼 데까지 미침을 말한 것이고, 여섯째 절에서는 세 번 시를 인용하여 '나타나지 않은 덕'의 미묘함을 찬미하였으니 '하학(下學)'과 '위기(爲己)'의 극진한 공효를 들어 이 한 장의 뜻을 끝맺은 것이다.

찾아보기

마

바

사

아

자

차

타

파

하